¡Te muestra el camino!

·HSP· Excursiones en California

A través de los mares

Autoras

Alma Flor Ada • F. Isabel Campoy

Harcourt

SCHOOL PUBLISHERS

www.harcourtschool.com

HSP Excursiones en California

A través de los mares

Harcourt
SCHOOL PUBLISHERS

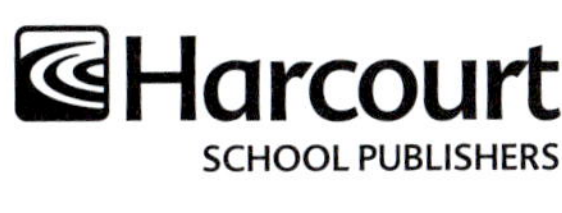

www.harcourtschool.com

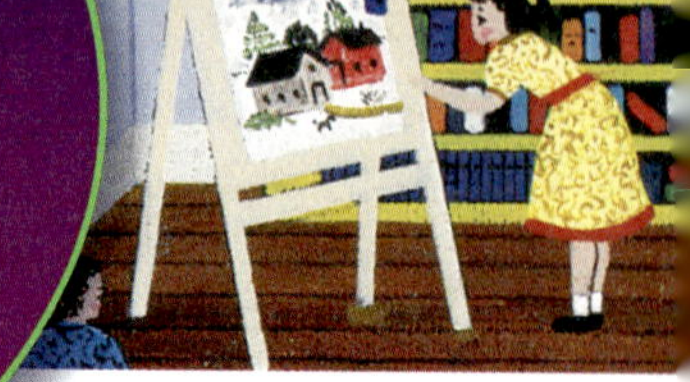

Tema **1**

Días escolares

Contenido

Lecturas conjuntas

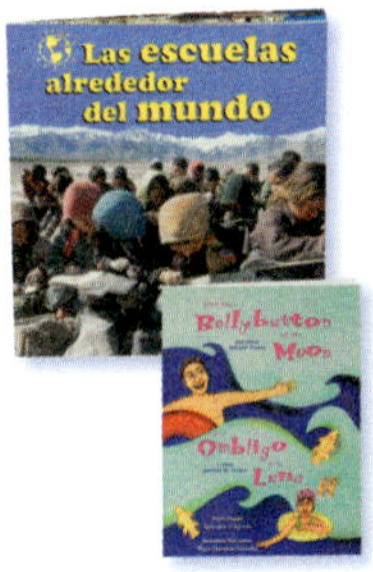

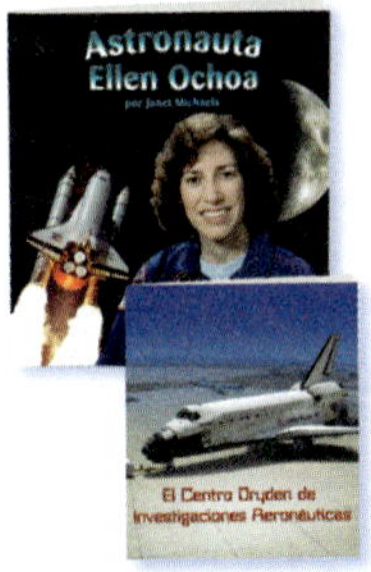

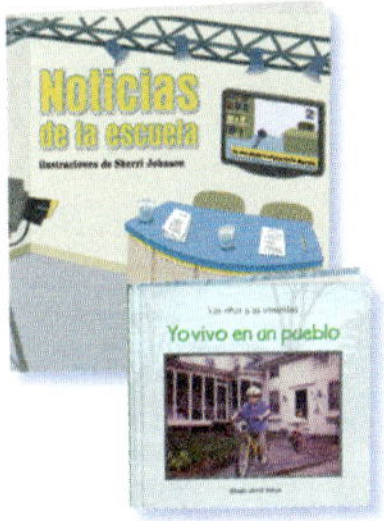

¡Juntos sí podemos!

Contenido

Tema 3
Tiempo para crecer

Contenido

Ciencias

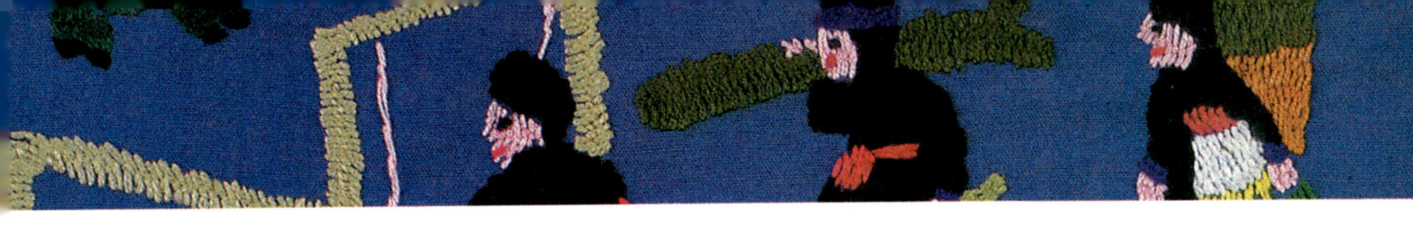

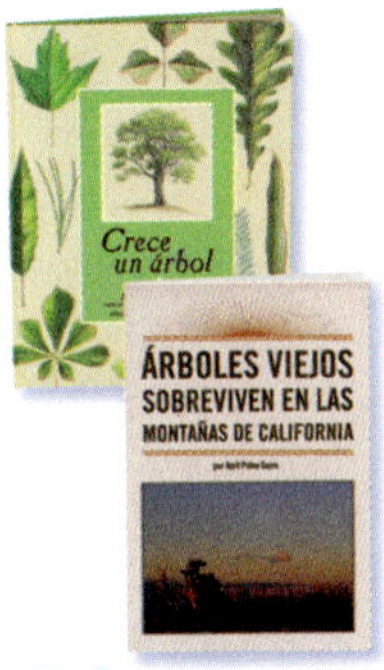

Ciencias

Lección 13

Ciencias

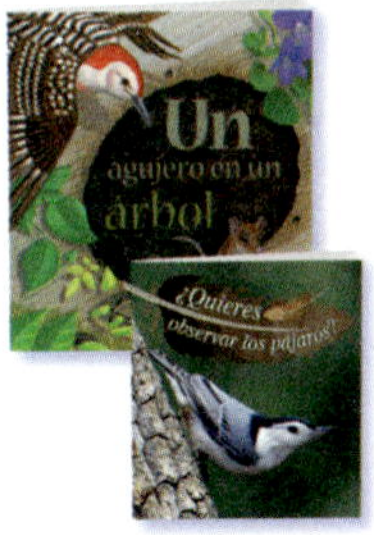

Ciencias

Lección 14

Estudios Sociales

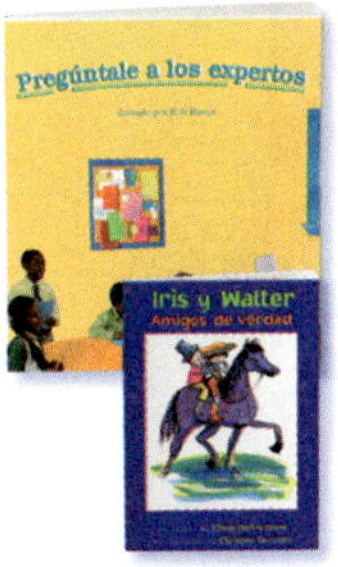

Artes del Lenguaje

Lección 15 Repaso del tema

Estrategias de lectura

Una **estrategia** es un plan para hacer algo bien. Puedes usar estrategias antes, durante y después de la lectura.

Antes de leer

- **Dale un vistazo preliminar al texto:** lee el título, los encabezamientos y observa las fotografías o ilustraciones.
- **Usa los conocimientos previos** intentando recordar lo que ya sabes sobre el tema.
- **Predice** de lo que tratará el texto y también lo que podrías aprender de él. Después **establece un propósito** para leer.

Mientras lees

Observa lo que entiendes y lo que no te queda claro aún. Usa las estrategias de comprensión de la página 11 para leer y comprender mejor la lectura.

Después de leer

Comenta con un compañero de clases cuáles estrategias usaste y por qué elegiste ésas.

Estrategias que debes usar durante la lectura

- **Usar la estructura del cuento** Mantente atento a los personajes, el escenario y los sucesos de la trama para que comprendas mejor la lectura.

- **Resumir** Haz una pausa en la lectura para que pienses en las ideas más importantes del texto.

- **Preguntar y contestar** Plantéate a ti mismo y a otros compañeros algunas preguntas sobre lo que estás leyendo. Contesta las preguntas que haga tu maestro para comprender mejor la lectura.

- **Usar organizadores gráficos** Usa tablas y gráficas para apoyar la lectura.

- **Verificar la comprensión** Cuando no entiendas bien lo que estás leyendo, usa algunas de las siguientes estrategias de apoyo.
  - Volver a leer
  - Hacer una lectura anticipada
  - Regular el ritmo de lectura
  - Autocorregirse

Lección 1

TÍTULOS DE LAS LECTURAS

Rubí, la imitadora
La maravilla del canto

Estrategia de comprensión

Usar organizadores gráficos

Destreza de enfoque

Personajes y escenario

Lectura 3.3 Determinar cómo son los personajes de acuerdo con lo que dicen o hacen y de acuerdo a cómo los representa el autor o el ilustrador.

Lección 2

El día que Eduardito conoció a la escritora
¡Buenos libros, ratos buenos!;
   Sorpresa

Usar organizadores gráficos

Personajes y escenario

Lectura 3.3 Determinar cómo son los personajes de acuerdo con lo que dicen o hacen y de acuerdo a cómo los representa el autor o el ilustrador.

ESTÁNDARES DE CALIFORNIA
ESTÁNDARES DE CONTENIDO ACADÉMICO DE LENGUA Y LITERATURA EN INGLÉS

Tema **1** Días escolares

▶ *Antes del timbre de las nueve,*
Jane Wooster Scott

Lección 3 ▶   **Lección 4** ▶   **Lección 5**   **Repaso**

Las escuelas alrededor del mundo Las llaves del universo	**Astronauta Ellen Ochoa** El Centro Dryden de Investigaciones Aeronáuticas	**Noticias de la escuela** Yo vivo en un pueblo
Usar los conocimientos previos	**Usar los conocimientos previos**	**Repasar las destrezas y estrategias**
Localizar información	**Localizar información**	

Lectura 2.1 Usar títulos, tablas de contenidos, encabezamientos de capítulos, glosarios e índices para localizar la información en el texto; **L2.2** Formular preguntas y respaldar las respuestas mediante la conexión del conocimiento previo con la información literal que se encontró y se infirió del texto.

Lectura 2.1 Usar títulos, tablas de contenidos, encabezamientos de capítulos, glosarios e índices para localizar la información en el texto; **L2.2** Formular preguntas y respaldar las respuestas mediante la conexión del conocimiento previo con la información literal que se encontró y se infirió del texto.

Lectura 2.2 Formular preguntas y respaldar las respuestas mediante la conexión del conocimiento previo con la información literal que se encontró y se infirió del texto.

13

CONTENIDO

Género: Ficción realista
Rubí, la imitadora
por Peggy Rathmann
LA MARAVILLA DEL CANTO
por Leonora y Arthur Hornblow
Género: No ficción

 ## Personajes y escenario 

L2.6
L3.3

Todos los cuentos tienen elementos importantes, o partes, entre los cuales se encuentran los personajes, el escenario y la trama.

- Los **personajes** son las personas o los animales del cuento. Las cosas que los personajes dicen y hacen describen cómo son en realidad.

- El **escenario** es el lugar y el tiempo en que se desarrolla un cuento. Dónde y cuándo ocurre un cuento puede ser importante para la trama.

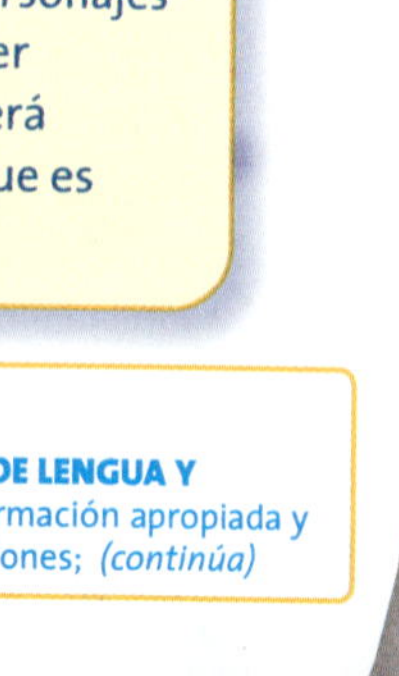

Personajes	Escenario

Clave

Aprender a identificar los personajes y el escenario te ayudará a entender mejor la lectura. También te ofrecerá claves valiosas para reconocer lo que es importante en el cuento.

ESTÁNDARES DE CALIFORNIA
ESTÁNDARES DE CONTENIDO ACADÉMICO DE LENGUA Y LITERATURA EN INGLÉS—Lectura 2.6 Extraer la información apropiada y significativa del texto, incluyendo problemas y soluciones; *(continúa)*

Lee el siguiente cuento y observa la tabla de abajo. ¿Qué sabes sobre el personaje principal y el escenario?

Los bomberos vinieron hoy a la escuela de Luisa para hablar sobre el trabajo que hacen. Un enorme camión rojo entró al estacionamiento con sus luces encendidas. Los bomberos les mostraron a los estudiantes todo su equipo. De pronto, Luisa escuchó un fuerte maullido. Al ver un gato que estaba en lo alto de un árbol, lo señaló afligida. Los bomberos tendieron una escalera hasta el árbol y bajaron sano y salvo al gatito. Luisa se sintió muy feliz.

Personajes	Escenario
• Luisa	• escuela
•	•

Inténtalo

Vuelve a leer el cuento. ¿Qué acción de Luisa nos muestra que ella es útil? ¿Por qué el escenario es importante?

www.harcourtschool.com/reading

Día de entrenamiento

coincidencia

agradable

recitó

murmuró

imitar

lustradas

Hoy fue nuestra primera clase de entrenamiento canino. No fue **coincidencia** que el collar rojo de Chato combinara con mi suéter rojo. ¡Quería que ambos luciéramos como un equipo!

La entrenadora era muy **agradable** y estaba muy tranquila. Con mucha claridad y énfasis **recitó** la primera orden. —¡Siéntate! —dijo, colocando la mano justo sobre la cabeza de su perro. El perro obedeció sin dejar de mirar la mano de la entrenadora—. Perro obediente —**murmuró** ella. Imité la orden, pero ¡Chato no supo qué hacer!

Chato y yo practicamos la misma
orden toda la mañana. Fui la primera
en intentarlo frente al resto de la clase.

—¡Siéntate! —dije, intentando
imitar a la entrenadora. Chato me
miró inquieto sobre sus cuatro
patas.

—Háblale con firmeza —me
dijo la entrenadora mientras
caminaba hacia mí con sus botas
bien **lustradas**—. Tu perro es leal y
quiere obedecerte.

—¡Siéntate! —ordené. ¡Y Chato
se sentó!—. Bien hecho —le dije.

Seguimos aprendiendo más órdenes.
Mientras practicábamos cada una de
ellas, Chato parecía entender qué
hacer. ¡Me sentí muy orgullosa de él!

En Internet www.harcourtschool.com/reading

Detectives de las palabras

Esta semana, tu misión es buscar
algunas palabras del vocabulario en los
libros de la biblioteca que leas por
diversión. Cada vez que encuentres una de ellas,
anótala en tu diario de vocabulario. No te olvides de
anotar dónde encontraste cada una de esas palabras.

Estudio del género

L3.1

La **ficción realista** es una historia o cuento que describe personajes y escenarios como las personas y los lugares de la vida real. Identifica

- el comienzo, el medio y el final.

- los personajes y el escenario que podrían ser reales.

Personajes	Escenario

Estrategia de comprensión

Usa organizadores gráficos como el anterior para conocer los personajes y el escenario.

RUBÍ,

por

Peggy Rathmann

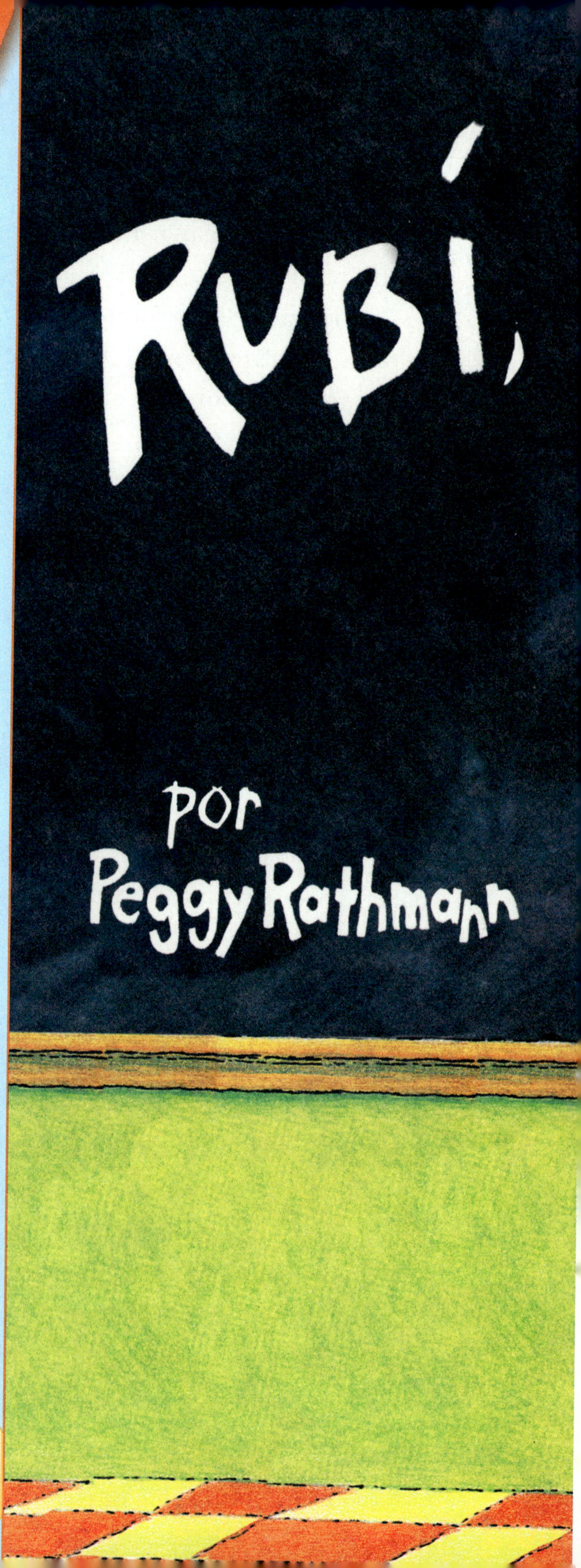

la imitadora

El lunes, Rubí pasó su primer día en el salón de la
señorita Jiménez.

—Niños, conozcan a Rubí —dijo la señorita Jiménez—.
Rubí, puedes usar el escritorio detrás del de Ángela.
Ángela es la niña que tiene el lazo rojo tan lindo en
el pelo.

Ángela le sonrió a Rubí.

Rubí le sonrió al lazo de Ángela y de puntillas se
dirigió a su asiento.

—Espero que todos hayan tenido un fin de semana
muy agradable —dijo la señorita Jiménez—. ¿Quién tiene
algo que contarnos?

—Yo llevé el cestito con pétalos de flores en la boda de
mi hermana —dijo Ángela.

—¡Qué interesante! —exclamó la señorita Jiménez.

Rubí alzó la mano a medias. —Yo también llevé el
cestito con pétalos de flores en la boda de mi hermana.

—¡Qué coincidencia! —dijo la señorita Jiménez.

Ángela se volvió y le sonrió a Rubí.

Rubí le sonrió a la parte de arriba de la cabeza
de Ángela.

—Clase, por favor, saquen sus libros de lectura
—pidió la señorita Jiménez.

A la hora del almuerzo, Rubí se fue a su casa saltando en un solo pie.

Cuando Rubí volvió a la escuela, traía un lazo rojo en el pelo. Se deslizó en el asiento detrás de Ángela.

—Me gusta tu lazo —susurró Ángela.

—A mí también me gusta el tuyo —susurró Rubí.

—Clase, por favor, saquen sus libros de matemáticas —dijo la señorita Jiménez.

El martes, Ángela se puso un suéter con margaritas.

A la hora del almuerzo, Rubí se fue a su casa saltando de lado.

Cuando Rubí volvió después del almuerzo, llevaba un
suéter con margaritas.

—Me gusta tu suéter —susurró Ángela.

—A mí también me gusta el tuyo —susurró Rubí.

El miércoles, Ángela se puso una camiseta pintada a
mano, con zapatos que le hacían juego.

Después del almuerzo, Rubí regresó saltando a la
escuela. Llevaba una camiseta pintada a mano, con
zapatos que le hacían juego.

—¿Por qué estás sentada así? —susurró Ángela.

—Pintura fresca —dijo Rubí.

El jueves por la mañana, Ángela se puso el vestido
que llevó en la boda de su hermana, para que lo vieran
sus compañeros.

Rubí también se puso el suyo después del almuerzo.

Ángela no susurró nada.

Por coincidencia, el viernes por
la mañana, las dos niñas se pusieron
vestidos a rayas rojas y lilas.

A la hora del almuerzo, Ángela se
fue corriendo a su casa.

Cuando Ángela volvió a la escuela,
estaba vestida de negro.

El viernes por la tarde, la señorita Jiménez les pidió
a todos los niños que escribieran un poema corto.

—¿A quién le gustaría leer primero? —preguntó la
señorita Jiménez.

Ángela alzó la mano. Se paró al lado del escritorio
y leyó:

> *Yo tenía un gato que nunca vi*
> *porque se paraba detrás de mí.*
> *Aunque nunca nos conocimos,*
> *buenos amigos siempre fuimos.*

—¡Qué poema tan bonito! —dijo la señorita Jiménez—.
¿A quién le toca ahora?
La señorita miró alrededor del salón. —¿Rubí?

Rubí se puso de pie y recitó muy despacio:

Yo tenía una mascota que nunca vi
porque se paraba detrás de mí.
Aunque nunca nos conocimos,
me parece que era un gato también.

Rubí le sonrió a la parte de atrás de la cabeza de
Ángela. Alguien dijo algo en voz baja. Rubí se sentó.
—¡Qué coincidencia! —murmuró la señorita Jiménez.

Ángela escribió algo en un pedacito de papel. Se lo
pasó a Rubí.

La notita decía:

¡TÚ ME COPIASTE!
SE LO VOY A DECIR A LA SEÑORITA JIMÉNEZ.
P.D. NO ME GUSTA TU PEINADO NI UN POQUITO.

Rubí escondió la barbilla en el cuello de la blusa. Una
lágrima enorme le bajó por la nariz y cayó "¡PLOP!" en
la notita.

Cuando sonó el timbre, la señorita Jiménez despidió
a todos menos a Rubí.

La señorita Jiménez cerró la puerta del salón de clases y se sentó en la esquina del escritorio de Rubí.

—Rubí querida —dijo dulcemente—, no tienes que **imitar** todo lo que hace Ángela. Puedes ser todo lo que quieras ser, pero antes que nada debes ser Rubí. A mí, Rubí me cae muy bien.

La señorita Jiménez le sonrió a Rubí. Rubí le sonrió a las uñas muy bellas y **lustradas** de la señorita Jiménez.

—¡Que pases un buen fin de semana! —dijo la señorita Jiménez.

—¡Que pase un buen fin de semana! —dijo Rubí.

El lunes por la mañana, la señorita Jiménez dijo:
—Espero que todos hayan pasado un fin de semana
muy agradable. ¡Yo lo pasé muy bien! Fui a la ópera. —La
señorita Jiménez miró alrededor del salón—. ¿Quién tiene
algo que contarnos?

Rubí alzó la mano. Tenía una uña plástica color de rosa
pegada en cada dedo.

—Yo fui a la ópera también —dijo Rubí.

—¡Mentira! No fue —dijo Ángela.

La señorita Jiménez juntó las manos. Se veía muy seria.

—Rubí querida —dijo la señorita Jiménez
dulcemente—. ¿Qué más hiciste este fin de semana?

Rubí se quitó una uña plástica.

—Brinqué —dijo Rubí.

Los estudiantes se rieron.

A Rubí las orejas se le pusieron rojas.

—¡Pero es verdad! ¡Brinqué alrededor de la mesa de
picnic diez veces! —dijo Rubí y miró alrededor del salón—.
Miren. Fue así.

Rubí saltó del escritorio.
Saltó hacia adelante.

Saltó hacia atrás.

Saltó de lado con
los ojos cerrados.

La clase aclamó y aplaudió al ritmo de los pies de Rubí.
Nunca habían visto a nadie saltar tan bien como Rubí.

La señorita Jiménez puso la grabadora y dijo: —¡Sigan a
Rubí! ¡Bailen «Saltando con Rubí»!

Y así, todos los estudiantes saltaron alrededor del
salón, siguiendo a Rubí e imitándola.

A la hora del almuerzo, Rubí y Ángela se fueron a
casa saltando.

Pensamiento crítico

L2.2
L2.3
L3.3
L3.4

1 ¿Cómo es Rubí al comienzo del cuento? ¿Cómo es al final?

PERSONAJES Y ESCENARIO

2 ¿De qué manera imita Rubí a Ángela por primera vez?

DETALLES IMPORTANTES

3 Si fueras Rubí, ¿imitarías a Ángela? Explica tus razones. EXPRESAR OPINIONES PERSONALES

4 La autora piensa que cada cual tiene algo único que ofrecer a los demás. ¿Cómo lo sabes? SACAR CONCLUSIONES

5 **ESCRIBIR** ¿En qué se parecen Rubí y Ángela? ¿En qué se diferencian? Explica tu respuesta con detalles del cuento.

RESPUESTA BREVE

Conoce a la autora e ilustradora

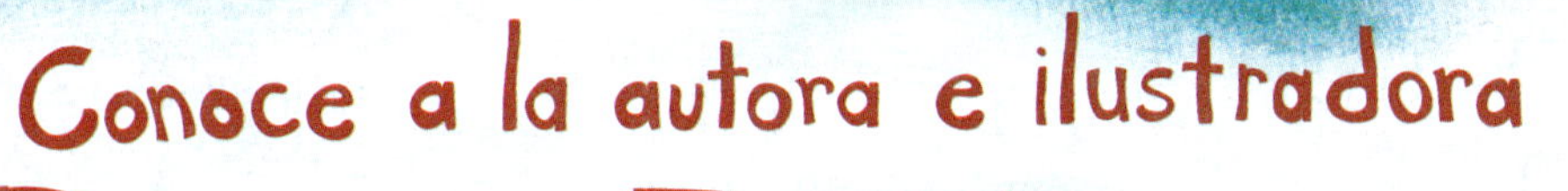

Peggy Rathmann

Peggy Rathmann empezó a escribir e ilustrar libros infantiles durante un viaje por carretera. En esa ocasión iba con su sobrina en el asiento trasero del auto. Entonces, para hacer más ameno el recorrido, comenzó a dibujar un cuento.

Todas las ideas para sus cuentos las toma de su propia experiencia. Cuando estudiaba para ser escritora, intentaba escribir como sus compañeros de clase. Al igual que Rubí, al final comprendió que lo mejor era ser ella misma.

En Internet www.harcourtschool.com/reading

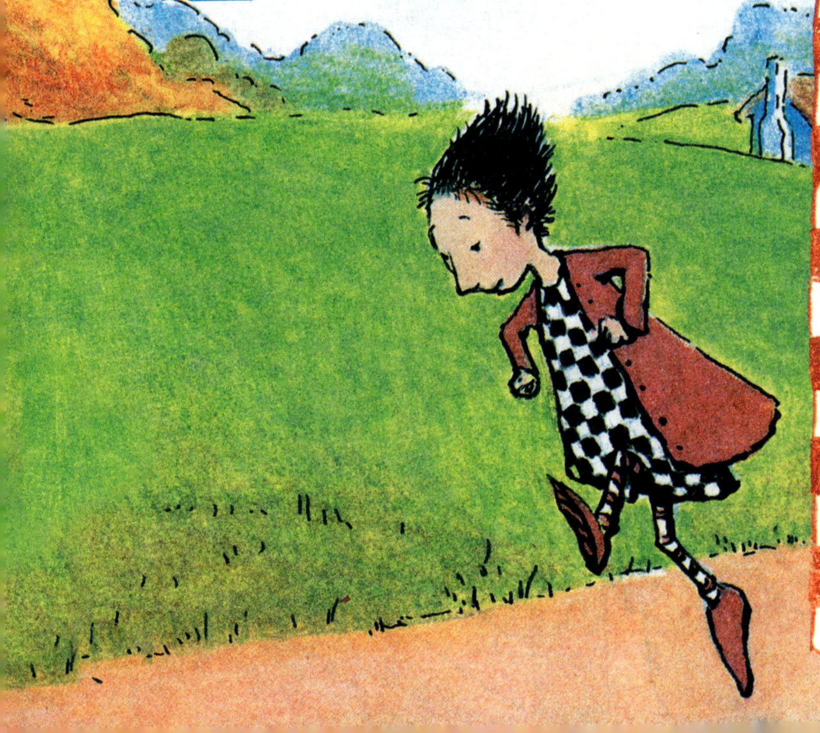

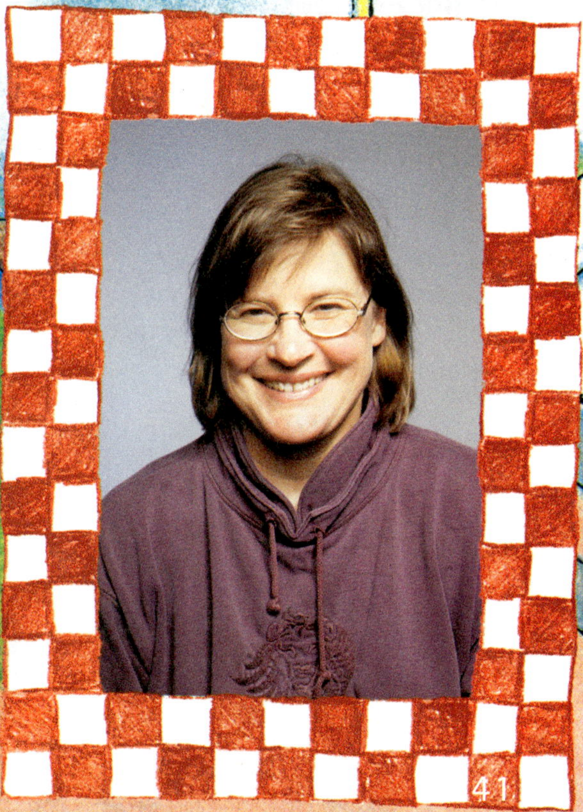

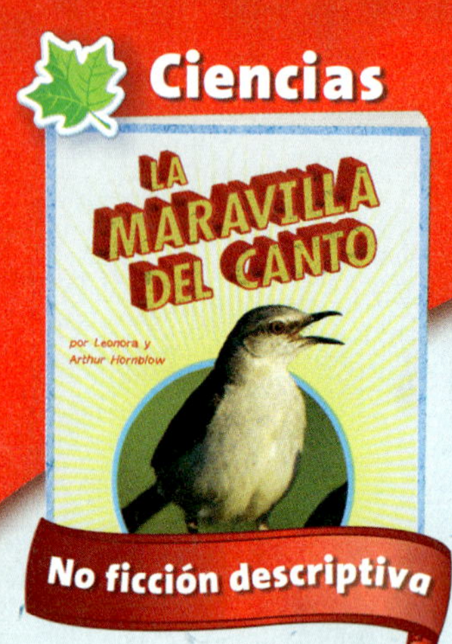

LA MARAVILLA

traducido de *Birds Do the Strangest Things*
(Los pájaros hacen las cosas más raras)

A nadie le gusta que lo acusen de imitar a otros. Pero es cierto que podemos aprender mucho si imitamos a los demás. Los bebés aprenden a hablar imitando a sus padres. Algunos pájaros pueden imitar los sonidos que hacen otros animales. Lee en la próxima página lo que se dice sobre uno de ellos.

DEL CANTO

por Leonora y Arthur Hornblow

¿Te gustaría poder escuchar el canto de muchos pájaros? Pues lo que debes hacer es salir a buscar un sinsonte. El sinsonte canta de una forma especial. Es un canto muy bello. Y a la vez sabe imitar el canto de todos los pájaros que escucha. También puede reproducir otros sonidos; hasta el ladrido de un perro o el silbato de un policía.

A veces, el sinsonte crea retahílas de todos los cantos y todos los sonidos que conoce, uno detrás del otro. Quizás, éste sea su modo de decir: —¡Escúchame, yo soy el sinsonte!

El sinsonte habita en muchas ciudades y pueblos de California. El área sombreada en verde muestra los lugares en que se puede encontrar el sinsonte. El área más oscura muestra los lugares donde hay mayor cantidad de estos pájaros.

Enlaces

Comparar textos 

L2.2
L3.3

1. Piensa en Rubí y en el sinsonte. ¿En qué se parecen? ¿En qué se diferencian?

2. ¿Qué aprendiste de Rubí que pueda ayudarte a hacer nuevos amigos?

3. ¿De qué maneras podrías hacer sentir bienvenido a un nuevo compañero en la clase?

Repaso del vocabulario

Clasificación de palabras

Trabaja en equipo con un compañero. Clasifica las palabras del vocabulario en dos grupos. Decide si cada palabra describe una *característica del personaje* o una *acción del personaje*. Compara tu clasificación con la de tu compañero y túrnense para explicar las razones de sus decisiones. Después, elige una palabra de cada categoría y escribe una oración que incluya ambas palabras.

José recitó un agradable poema.

coincidencia

agradable

recitó

murmuró

imitar

lustradas

Lectura en pareja

Escoge tu párrafo preferido de "Rubí, la imitadora". Túrnate con un compañero para que cada uno lea en voz alta el párrafo que eligió. Si te equivocas, vuelve a leer la oración hasta que lo hagas correctamente. Comenta con tu compañero lo que más te gustó del párrafo que él o ella leyó.

Escritura 
L2.6

Escribe en tu cuaderno de notas

Escribe algunas ideas que te haya sugerido "Rubí, la imitadora". Escribe qué piensas que la autora quería enseñarte con este cuento. Utiliza el organizador gráfico para que recuerdes la trama del cuento.

Mi lista de cotejo

Característica de escritura → Ideas

✔ Utilizo un organizador gráfico para recordar información sobre los personajes y el cuento.

✔ Escribo algunas ideas sobre lo que pienso que el autor quería enseñarme.

Personajes	Escenario

L2.6 Extraer la información apropiada y significativa del texto, incluyendo problemas y soluciones; L3.3 Determinar cómo son los personajes de acuerdo con lo que dicen o hacen y de acuerdo a cómo los representa el autor o el ilustrador.

Narrativa personal

Una **narrativa personal** es una historia que cuentas por escrito sobre algo que te sucedió. Después de leer "Rubí, la imitadora", escribí sobre mis experiencias al comenzar en una nueva escuela.

Ejemplo de escritura

Los nervios de los nuevos
por Tamiko

¡No era justo! En mi país, Japón, era una de las mejores estudiantes. Aquí, apenas entendía lo que la maestra decía. Era mi primer día en una escuela de Estados Unidos. Me sentía muy sola.

Primero, mi maestra me presentó ante mis nuevos compañeros. A continuación los saludé con una reverencia, pero todos comenzaron a reírse. ¿Qué les causaba tanta gracia?

Después, en el almuerzo, comí sola. Más tarde, en el salón, la maestra llamó mi nombre. No entendí lo que me preguntaba. Bajé la cabeza para ocultar mis lágrimas. Nadia, una niña muy amable, me ayudó entonces.

Hoy hablo inglés muy bien. También saco muy buenas notas. Pero lo mejor de todo es que ¡Nadia es mi mejor amiga!

Característica de escritura

IDEAS
Una buena narrativa personal piensa en su audiencia y tiene un propósito. En este caso, el propósito es expresar qué siente un nuevo estudiante.

Característica de escritura

ORGANIZACIÓN
Las palabras de transición, como *primero, a continuación, después* y *más tarde*, ayudan a enlazar ideas y sucesos en las narrativas personales.

A continuación explico cómo escribo una narrativa personal.

1. Hago una lluvia de ideas sobre lo que voy a escribir. Con ellas hago una lista de varias experiencias que he tenido.

Cuando juego al fútbol
Mi primer día en la escuela
Cómo aprendí a montar en bicicleta
Cómo celebro los días festivos

2. Pienso en quienes deseo que lean mi escrito. También pienso en mi propósito. Escojo una idea para escribir sobre ella.

Cuando juego al fútbol
Mi primer día en la escuela
Cómo aprendí a montar en bicicleta
Cómo celebro los días festivos

3. Comienzo a planear mi escrito. Organizo mis ideas en una red.

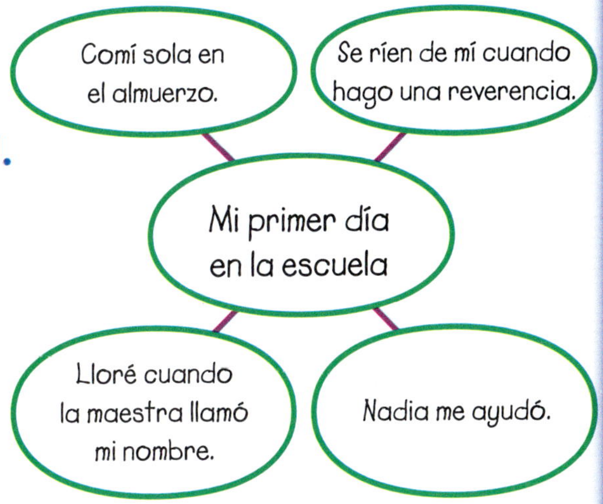

4. Organizo mi escritura dividiéndola en comienzo, medio y final.

> **Comienzo**
> La maestra me presenta.
> Me siento asustada y sola.
> Mis compañeros se ríen cuando hago una reverencia.

> **Medio**
> Como sola en el almuerzo.
> No entiendo lo que la maestra me pregunta.
> Lloro cuando ella llama mi nombre.

> **Final**
> Nadia me ayuda.
> Ahora hablo inglés muy bien.
> Nadia es mi mejor amiga.

5. Escribo mi narrativa personal. Más tarde la reviso y le pongo un título.

Ésta es la lista de cotejo que uso para escribir una narrativa personal. Tú también puedes usarla cuando escribas la tuya.

Lista de cotejo para escribir una narrativa personal

☐ Escojo una audiencia y un propósito para mi escritura.

☐ En mi narrativa personal describiré una experiencia interesante que haya tenido.

☐ Escribo mi narrativa con un orden que tenga sentido, como el orden cronológico.

☐ Para enlazar las ideas y los párrafos, uso palabras de transición, tales como *primero, a continuación, después, más tarde* y *por último.*

☐ Incluyo mis pensamientos y sentimientos.

☐ Redacto diferentes tipos de oraciones.

CONTENIDO

Lección 2

Género: Ficción realista
EL DÍA QUE
EDUARDITO
CONOCIÓ A LA ESCRITORA
por Louise Borden
ilustraciones de Will Terry

¡Buenos libros,
ratos buenos!
Sorpresa
por Beverly McLoughland
ilustraciones de Jui Ishida

Género: Poesía

Personajes y escenario

L2.3
L2.6

Recuerda que los personajes y el escenario son dos partes muy importantes de un cuento.

- Las cosas que los **personajes** dicen y hacen son claves para saber cómo son en realidad.

- El **escenario** puede ofrecer información adicional para saber lo que podría pasar. Cada parte de un cuento puede desarrollarse en un escenario distinto. Observa cómo el escenario influye en la trama. ¿Podrían suceder en un tiempo o lugar diferentes los mismos sucesos del cuento?

ESTÁNDARES DE CALIFORNIA
ESTÁNDARES DE CONTENIDO ACADÉMICO DE LENGUA Y LITERATURA EN INGLÉS—Lectura L2.3 Demostrar la comprensión mediante la identificación de respuestas en el texto; **L2.6** Extraer la información apropiada y significativa del texto, incluyendo problemas y soluciones.

Lee el cuento y observa el mapa del cuento. Ofrece detalles sobre los personajes y el escenario.

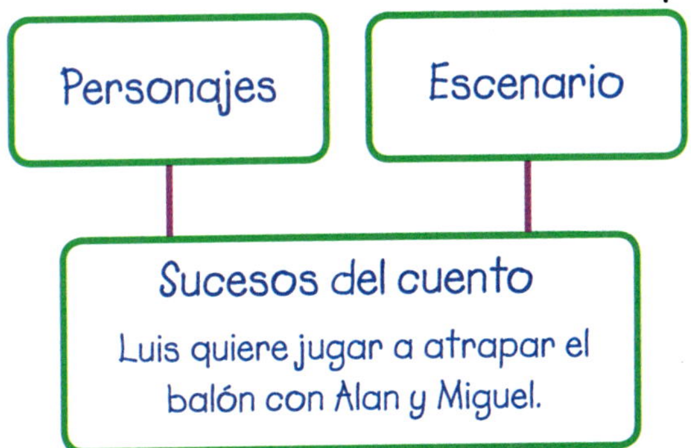

Luis quería hacer siempre lo mismo que su hermano mayor Alan. Un día, Alan estaba con su amigo Miguel en la cancha, jugando con un balón de fútbol americano. Lo lanzaban al aire y luego lo atrapaban. Al verlos, Luis le preguntó a Alan:

—¿Puedo jugar con ustedes?

—Claro, si puedes atrapar el balón —le respondió Alan.

Luego lanzó el balón lo más alto y lejos que pudo. Luis corrió sosteniendo sus manos juntas encima de la cabeza. Y ¡el balón cayó justo entre sus manos!

—¡Excelente atrapada! —le dijo Alan—. Ahora sí puedes jugar con nosotros.

Personajes	Escenario

Sucesos del cuento

Luis quiere jugar a atrapar el balón con Alan y Miguel.

Inténtalo

Vuelve a leer el cuento. ¿Cómo podría cambiar la trama si se desarrollara en un escenario distinto?

www.harcourtschool.com/reading

Vocabulario

- asamblea
- retazos
- atrevió
- autografió
- bastante
- despedir

Una escritora visita la escuela

25 de septiembre

En la **asamblea** escolar de esta semana nos enteramos de una gran noticia. El director García nos informó que alguien muy especial nos va a visitar. La escritora Amy Hill vendrá a la escuela para contarnos cómo es que escribe sus libros.

La biblioteca de la escuela ha puesto en exhibición todos los libros de Amy Hill. ¡Hay más de veinte diferentes títulos para escoger! Hay una mesa que parece una colcha de **retazos** hecha de cubiertas de libros.

Ninguno de los estudiantes se **atrevió** a hablar durante la asamblea.

—A mí me **autografió** uno de sus libros la señora Hill —dijo el director—. Si quieren tener también uno con su firma, manténganse atentos al concurso que va a organizar la biblioteca. Mientras tanto tienen **bastante** tiempo para leer los libros de la escritora y escoger cuáles son los que más les gustan.

Después, el señor García comenzó a **despedir** a los estudiantes.

28 de septiembre

La biblioteca anunció por fin el concurso. Los estudiantes deben adivinar cuál libro escogerá la señora Hill para leer primero durante su visita. Los ganadores recibirán un ejemplar autografiado del libro más reciente de la señora Hill.

La biblioteca tiene varias copias de cada título, por lo que todos los estudiantes tendrán la oportunidad de leer los libros.

En Internet www.harcourtschool.com/reading

Escribientes

Tu misión de esta semana es usar palabras del vocabulario en tu escritura. Por ejemplo, podrías escribir sobre tu asamblea favorita. Léele a un compañero lo que escribas.

Estudio del género

La **ficción realista** es una historia que podría suceder en la vida real. Identifica

- un escenario real o que podría serlo.

- personajes que actúan como personas de verdad.

| Personajes | Escenario |

| Sucesos del cuento |

Estrategia de comprensión

Usa organizadores gráficos como el anterior para conocer los personajes y el escenario.

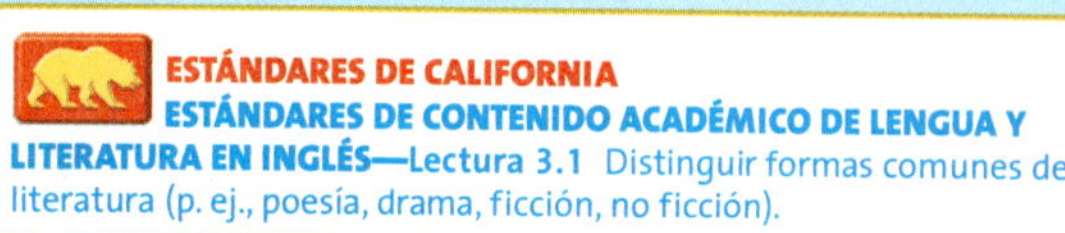

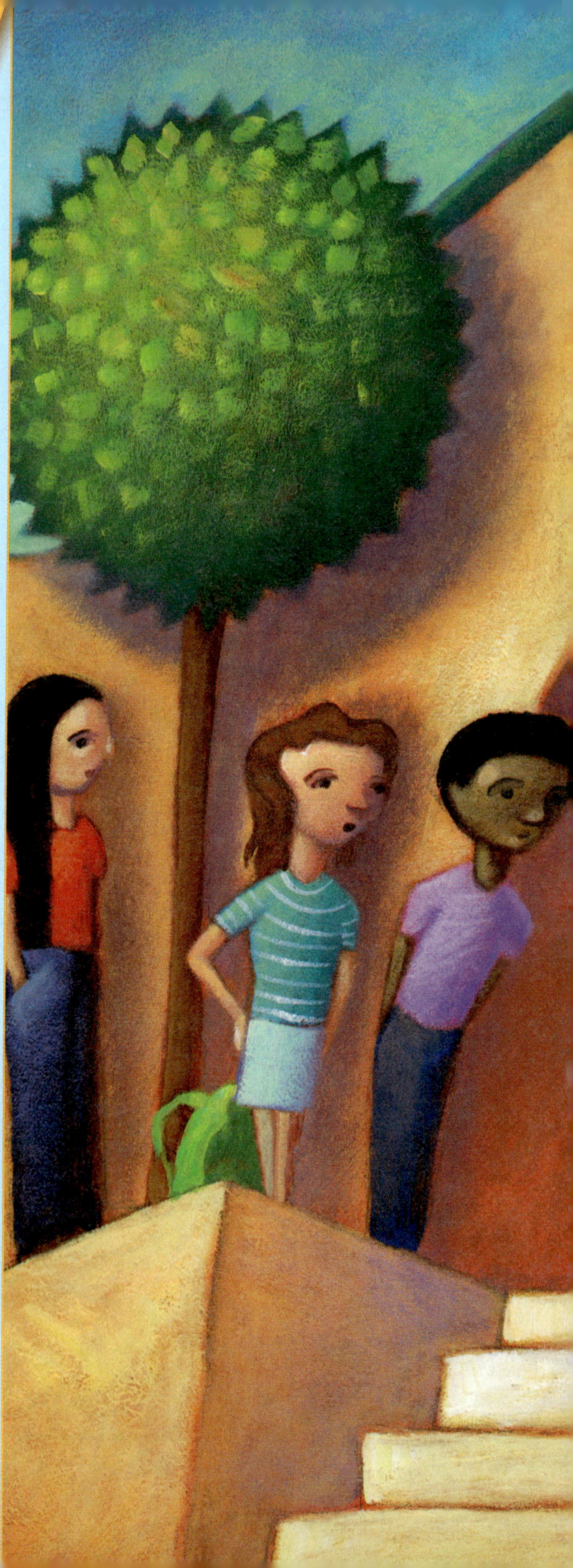

EL DÍA QUE
EDUARDITO
CONOCIÓ A LA ESCRITORA
por Louise Borden
ilustraciones de Will Terry

57

El martes 10 de octubre prometía ser un día magnífico para Eduardito y su clase. Ese día, una escritora visitaría la escuela primaria Riverdale. Eduardito había esperado y esperado y esperado… Todos en la escuela habían esperado ese momento. En particular, la maestra de Eduardito, la señora Martínez. A ella le encantaban los escritores. Le encantaba la manera en que hacían fluir las palabras y la manera en que escogían las palabras para que hicieran juego con las ilustraciones.

La señora Martínez decía que ella no sabría vivir sin
los libros y sus magníficas historias. Había dicho que
los niños de tercer grado tenían sus propios cuentos que
contar: "Todos somos autores de nuestras propias historias
y todas son muy importantes". Eduardito mordisqueó el
lápiz y siguió pensando. ¿Cómo era posible que sus cuentos
pudieran parecerse a los de un escritor de verdad?

Eduardito había leído y leído y leído… La clase entera
había leído mucho. Diez libros escritos por la autora que
venía a visitarlos. Y en cada uno de ellos, Eduardito había
encontrado una parte que parecía estar escrita sólo para
él. Todos en la clase habían encontrado esa parte que los
identificaba.

—¿Cómo consigue el autor hacer eso? —le preguntó
Eduardito a la señora Martínez una mañana al sonar el timbre
del recreo.

—¡Muy buena pregunta para que se la hagas a la escritora!
—dijo la maestra.

Eduardito escribió la pregunta en un pedazo de
papel amarillo y lo guardó en su escritorio, encima
del cuaderno que contenía sus «Ideas para
escribir».

—No dejes pasar esa pregunta —le
dijo la señora Martínez luciendo su
mejor sonrisa.

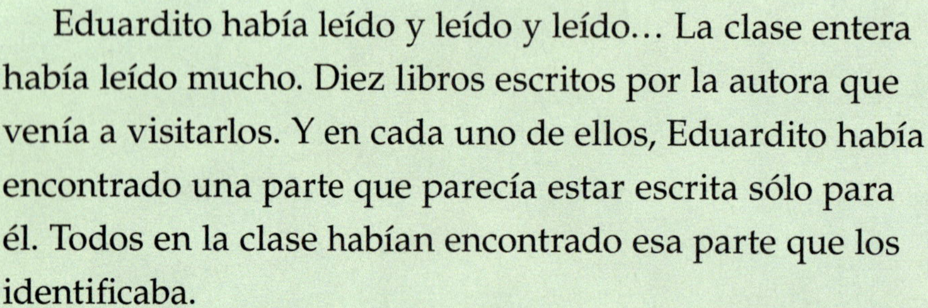

¡Por fin llegó el gran día! La señora Martínez escribió en el pizarrón con elegante letra cursiva: *Martes, 10 de octubre*.

La señora Martínez acompañó a los niños al gimnasio. ¡Allí estaba la escritora! Estaba probando el micrófono del señor Chickerella y preparándose para la asamblea de estudiantes. Arturo estaba colocando las sillas para los maestros.

Eduardito observó a la escritora de pies a cabeza. Pensaba que los autores se veían diferentes del resto del mundo. Se había equivocado.

La escritora se parecía a una maestra o a una mamá cualquiera.

Eduardito se sentó muy derechito entre dos de sus
compañeros. La escritora llevaba un chaleco de retazos con
ilustraciones de sus libros. Eduardito trató de encontrar su
libro preferido. ¡Ahí estaba! En el gimnasio se escuchaba
el susurro de los oyentes. El señor Chickerella le dio la
bienvenida a la invitada especial. Ninguno de los estudiantes
de la señora Martínez se atrevió a hablar ni a moverse, ni
siquiera Tomás Mesa. Todos querían escuchar a la escritora.
Entonces, ella comenzó:

—Ya veo que han tenido sus naricitas metidas en
mis libros. Yo también he leído los maravillosos
cuentos de ustedes en los pasillos de la escuela
y he visto sus magníficas ilustraciones.

Eduardito se enderezó aún más. Estaba muy
orgulloso de la escuela primaria Riverdale.

—Algunos se preguntarán cómo llegamos a ser
escritores. La mejor manera de hacerse escritor es
siendo lector.

Eduardito era lector. ¡La escritora se estaba
refiriendo a él!

La asamblea se acabó en un santiamén.
Eduardito no quería que se acabara. Hoy
se sentía un verdadero escritor.

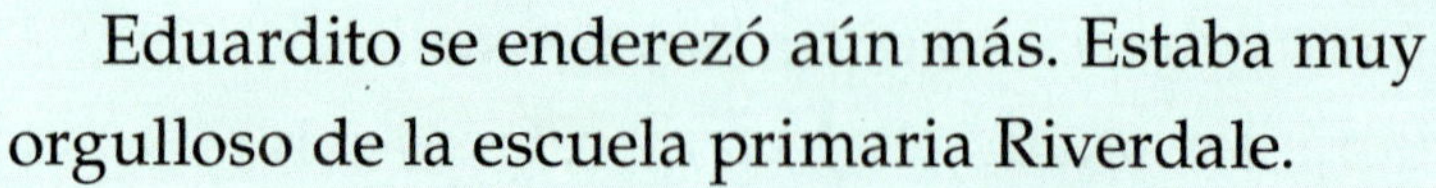
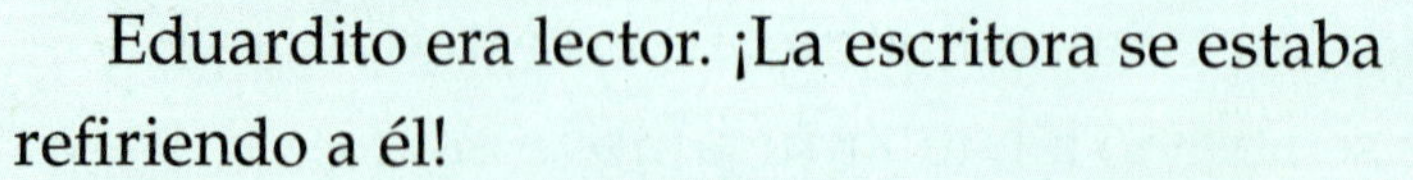

Por fin llegó el momento de las preguntas. Eduardito alzó la mano con la velocidad de un rayo. Pero había otras manos delante, detrás y a los dos lados de donde él estaba. Todos querían que la escritora los señalara. Eduardito sacudió en el aire la nota amarilla. Su pregunta era importante. Ya lo había dicho la señora Martínez: "No dejes pasar esa pregunta".

—¿Desde cuándo es escritora?
—¿Qué edad tiene?
—¿Ya autografió nuestros libros?
—¿Cuál es su libro preferido?

—¿Qué edad tienen sus hijos?
—¿Alguna vez se le han terminado las ideas?
—¿Qué libro fue el más difícil de escribir?

Nadie había hecho la pregunta de Eduardito. Pero la
reunión estaba a punto de acabarse y a Eduardito no lo
habían señalado. El señor Chickerella empezó a despedir
a los niños de segundo y tercer grado. ¡Y la pregunta de
Eduardito! ¡La pregunta más importante del día más
emocionante del año escolar! Él quería saber la respuesta.

Eduardito leyó la pregunta que había escrito en el papel
amarillo.

Dobló el papel lentamente y lo metió en el bolsillo. Entonces sintió una mano grande en el hombro. Pero no era la señora Martínez. Tampoco el señor Chickerella. ¡Era la escritora! Estaba parada al lado de Eduardito en la fila del tercer grado. Quería saber su nombre.

—Me fijé que alzabas la mano durante la reunión y que hacías señas con un papel amarillo. Sabía que me querías hacer una pregunta importante, pero no nos dio tiempo —le dijo.

Los estudiantes del tercer grado empezaron a rodear a
Eduardito y la autora. La señora Martínez los calló a todos
mientras la autora desdoblaba la nota de Eduardito y la leía
en voz alta.

—¡*Ésa* sí es una pregunta que nos hace pensar, Eduardito!
—dijo la autora.

Su sonrisa era como un abrazo grande y cariñoso.
Eduardito se sentía de la estatura de un adulto en la fila
del tercer grado.

Todos se quedaron quietos mientras la autora
se llevaba la mano a la barbilla y reflexionaba
sobre la pregunta de Eduardito. A lo mejor, todo
el mundo pensaba en las partes de los libros de
la autora que parecían escritas especialmente
para ellos. Eso pensaba Eduardito.

Entonces, la autora dijo: —Eduardito, si tú escribes algunas cosas sobre ti mismo, estoy segura de que tu lector compartirá también algunas de esas cosas. Creo que te he dado una respuesta muy pequeña a la pregunta tan grande que tú me has planteado. Y, a propósito, el nombre de Eduardito siempre me ha gustado. A lo mejor, un día nombro así a alguno de mis personajes.

Eduardito miró sonriente a la señora Martínez. Ahora
quizás, sus cuentos podrían parecerse a los de la escritora.
Y trataría de escribir desde lo más profundo de su corazón.

En la tarde del martes 10 de octubre, en el taller de
escritura de la señora Martínez, Eduardito empezó el
borrador de un cuento nuevo. No sabía cómo terminaría,
pero, después de todo lo que había ocurrido aquel día, tenía
bastante material para escribir. Ya tenía un título. Lo había
escrito en su cuaderno al volver a clase:

Pensamiento CRÍTICO

L2.2
L3.3
E2.1

1. ¿Cómo se siente Eduardito antes de la asamblea? ¿Cómo puedes saberlo? PERSONAJES Y ESCENARIO

2. ¿Cómo logra la autora que Eduardito y el escenario parezcan reales? LA TÉCNICA DEL AUTOR

3. ¿Quién te gustaría más que visitara tu escuela? Explica tus razones. EXPRESAR OPINIONES PERSONALES

4. Eduardito está muy entusiasmado por hacerle su pregunta a la escritora. ¿Cuáles acciones suyas te permiten saberlo? EMOCIONES DE LOS PERSONAJES

5. **ESCRIBIR** Narra alguna ocasión en que alguien te haya enseñado algo valioso. Describe lo que aprendiste. RESPUESTA BREVE

LOUISE BORDEN

Louise Borden ha visitado cientos de escuelas como la que nos narra en este cuento. De hecho, la idea de escribir *El día que Eduardito conoció a la escritora* se le ocurrió mientras visitaba una escuela.

La escuela primaria Riverdale existe y está en Dublin, Ohio. Louise Borden decidió dejarle su nombre verdadero para honrar a todas las maravillosas escuelas que la han recibido.

A Louise le gusta escribir sobre los niños que conoce en esos encuentros. Les hacen recordar cómo era ella misma cuando tenía esa edad. También cree que esos niños y niñas se parecen mucho a ti.

Conoce al ilustrador
Will Terry

De niño, a Will Terry le gustaba practicar deportes y tocar el violonchelo. De vez en cuando, también hacía bocetos y dibujos. Pero no fue hasta que ingresó a la universidad que descubrió su pasión por el dibujo y la pintura. Desde entonces no ha abandonado estas actividades.

Al ilustrar, busca experimentar con colores y formas diferentes. También le gusta crear personajes graciosos.

Cuando no está dibujando, disfruta en especial de salir con su familia a esquiar en la nieve, a practicar el ciclismo de montaña o, simplemente, a trotar por el mundo.

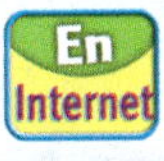

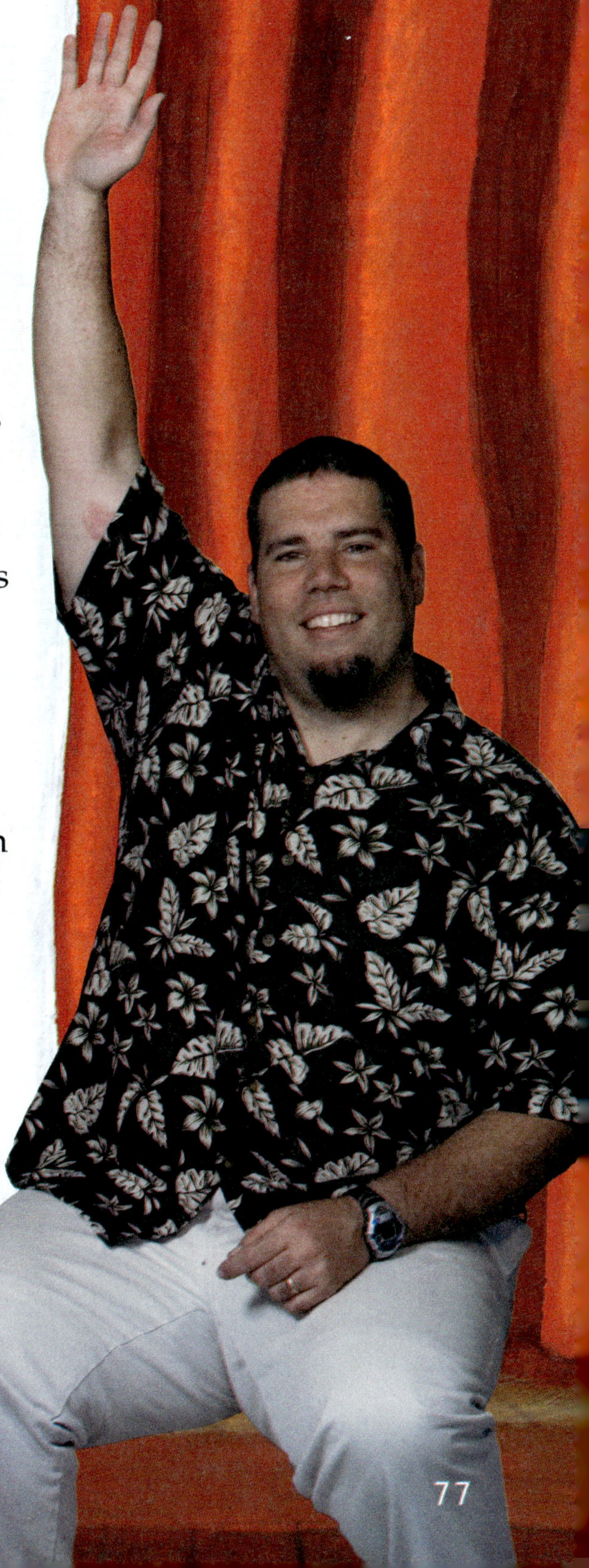

En Internet www.harcourtschool.com/storytown

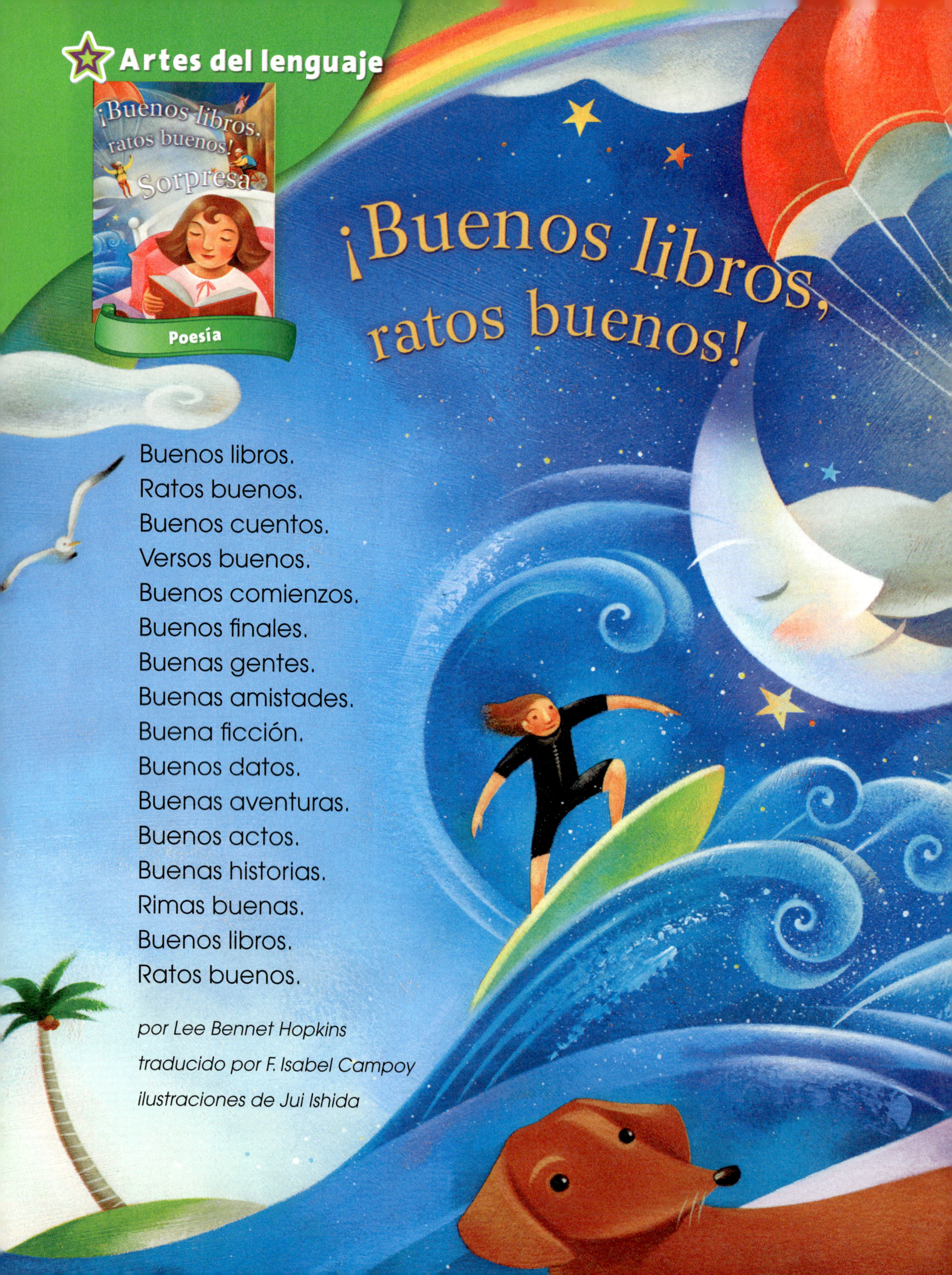

¡Buenos libros, ratos buenos!

Buenos libros.
Ratos buenos.
Buenos cuentos.
Versos buenos.
Buenos comienzos.
Buenos finales.
Buenas gentes.
Buenas amistades.
Buena ficción.
Buenos datos.
Buenas aventuras.
Buenos actos.
Buenas historias.
Rimas buenas.
Buenos libros.
Ratos buenos.

por Lee Bennet Hopkins

traducido por F. Isabel Campoy

ilustraciones de Jui Ishida

Sorpresa

En la biblioteca,
en un anaquel,
un libro te muestra
que ¡estás dentro de él!

Sorprendido
te ves allí,
escondido,

y te preguntas
cómo el autor sabía
que tú existías.

por Beverly McLoughland
traducido por F. Isabel Campoy
* y Alma Flor Ada*
ilustraciones de
* Jui Ishida*

Enlaces

Comparar textos 

L2.2
L3.4

1. Compara la opinión sobre los libros que expresa la autora de "El día que Eduardito conoció a la escritora" con la de la poetisa que escribió "Sorpresa".

2. ¿Alguna vez te has sentido tan entusiasmado como Eduardito? Explica cuándo y por qué.

3. ¿Cómo crees que los autores pueden ayudar a los niños a ser buenos escritores?

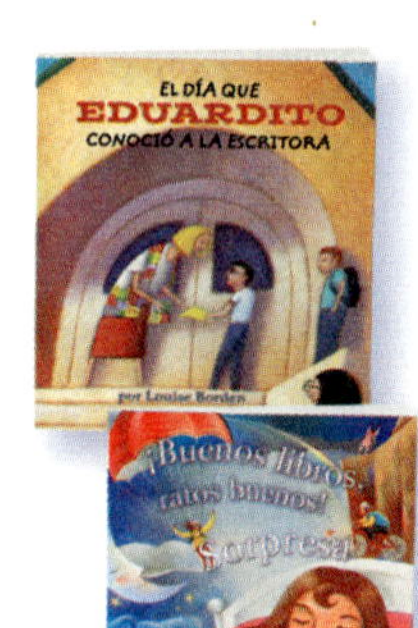

Repaso del vocabulario

Parejas de palabras

Trabaja en equipo con un compañero. Escriban cada palabra del vocabulario en una tarjeta. Pongan las tarjetas boca abajo sobre una mesa. Túrnense para voltear dos tarjetas a la vez y escribir cada uno una oración que incluya ambas palabras. Léanse las oraciones y comprueben si usaron correctamente las palabras del vocabulario.

El bebé durmió bastante debajo de la colcha de retazos.

- asamblea
- retazos
- atrevió
- autografió
- bastante
- despedir

ESTÁNDARES DE CALIFORNIA
ESTÁNDARES DE CONTENIDO ACADÉMICO DE LENGUA Y LITERATURA EN INGLÉS—Lectura 1.3 Leer en voz alta y con fluidez y exactitud un texto narrativo y expositivo con el ritmo, la entonación y la expresión adecuados; **L2.2** Formular preguntas y respaldar las respuestas mediante la conexión del conocimiento previo con la información literal que se encontró y se infirió del texto; *(continúa)*

Teatro leído

Trabaja en equipo con otros compañeros. Escojan un fragmento del cuento que tenga diálogos. Después, elija cada uno un personaje, sin olvidar el del narrador. Practiquen leyendo en voz alta el fragmento. Si se equivocan, vuelvan a leer los diálogos hasta que los digan correctamente. Cuando todos estén listos, den una función para toda la clase.

Escritura  E1.1b

Planifica una narrativa

Planifica escribir una narrativa sobre algo divertido e interesante que pase en la escuela. Asegúrate de describir bien a los personajes. Incluye también un escenario fácil de reconocer. Describe los sucesos que hacen interesante ese día.

Mi lista de cotejo

Característica de escritura ▸ Ideas

✔ Utilizo un organizador gráfico para desarrollar mis ideas.

✔ Escojo un personaje y un escenario que puedan ser descritos con claridad.

Personajes   Escenario

Trama

CONTENIDO

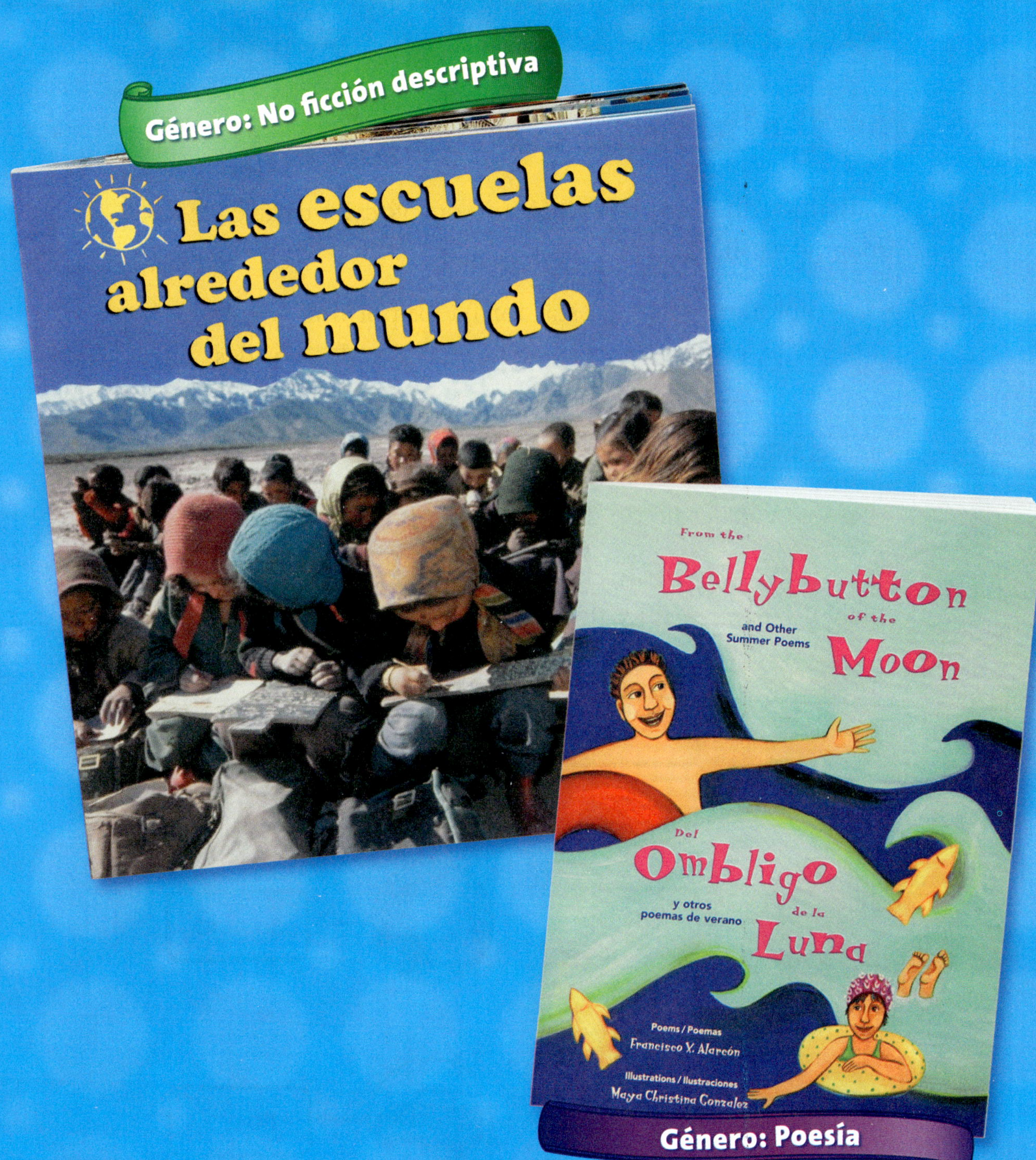
Género: No ficción descriptiva
Las escuelas alrededor del mundo
From the Bellybutton of the Moon
and Other Summer Poems
Del Ombligo de la Luna
y otros poemas de verano
Poems / Poemas
Francisco X. Alarcón
Illustrations / Ilustraciones
Maya Christina Gonzalez
Género: Poesía

Palabras con *ia, ie, io* 

Llamamos diptongo a la unión de dos vocales dentro de una misma sílaba.

- Los diptongos pueden estar formados por una vocal abierta *(a, e, o)* y otra cerrada *(i, u)*, o por dos vocales cerradas distintas *(i, u)*.

- Las combinaciones de vocales *ia, ie, io* son diptongos.

- Las dos vocales de un diptongo se pronuncian juntas.

- Las dos vocales de un diptongo *siempre* van unidas y no deben separarse al final de un renglón.

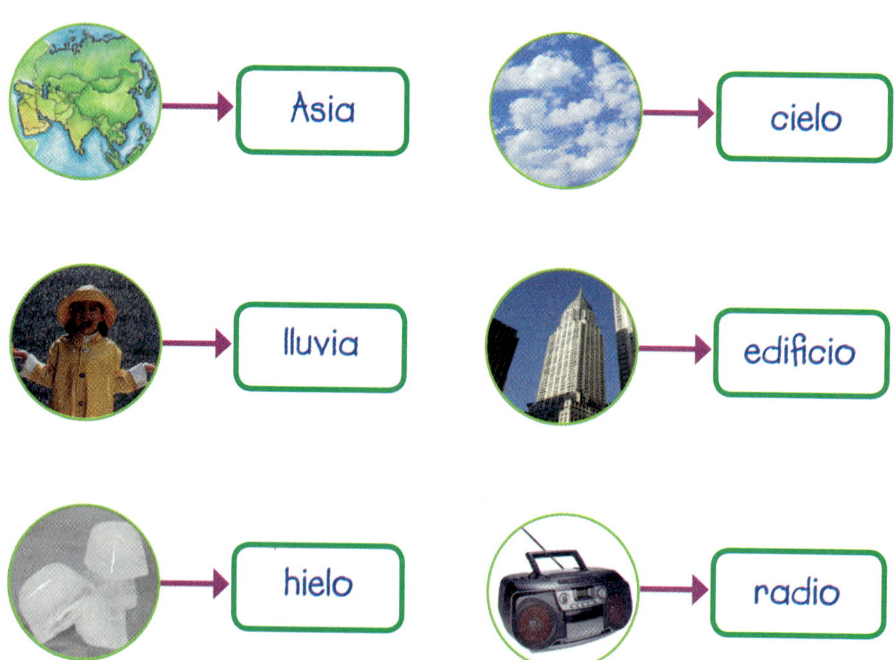

Lee las siguientes oraciones. Observa la palabra subrayada en cada una de ellas. En la tabla de abajo, encierra en un círculo la división silábica correcta.

1. El papá de Guillermo es <u>periodista</u>.
2. <u>Indonesia</u> es un país del continente asiático.
3. El <u>viento</u> empuja el barco velero.
4. Era tan tarde que los rindió el <u>cansancio</u>.
5. El bebé sólo tiene dos <u>dientes</u>.
6. La brújula indicó que caminaran <u>hacia</u> el norte.

periodista	pe-rio-dis-ta	pe-ri-o-dis-ta
Indonesia	In-do-ne-sia	In-do-ne-si-a
viento	vi-en-to	vien-to
cansancio	can-san-cio	can-san-ci-o
dientes	di-en-tes	dien-tes
hacia	ha-ci-a	ha-cia

Inténtalo

Vuelve a leer el cuento "Rubí, la imitadora". Busca palabras con las combinaciones de vocales *ia, ie, io*. Divídelas en sílabas.

www.harcourtschool.com/reading

Vocabulario

tareas

determinada

recursos

tutor

cultura

uniformes

Delicias en el huerto escolar

Quizás piensas que el mercado es el mejor sitio para conseguir comida. Algunos niños piensan diferente. Ellos cultivan sus propios alimentos ¡mientras estudian en la escuela!

En la escuela Edible de California, los estudiantes tienen **tareas** que realizar en las afueras del edificio escolar. Cada mañana eligen una actividad **determinada**, como sembrar o desyerbar. En promedio trabajan una hora y media en el huerto de la escuela. Después de la clase, comentan entre ellos sobre su día de trabajo.

Suelo fértil, agua y luz solar son los **recursos** naturales que necesita un huerto para crecer sano.

En Miami, Florida, algunas escuelas forman parte del proyecto "Plantemos 1000 Huertos". Con este proyecto, estas escuelas promueven el amor por la naturaleza. En los huertos, los estudiantes siembran tomates y otras verduras. Suelen ser auxiliados por algún granjero vecino, a quien llaman **tutor** voluntario. Durante la cosecha, los niños recogen, cocinan y disfrutan la sabrosa comida que ellos mismos producen. A veces confeccionan un plato típico de una **cultura** diferente a la de ellos.

Proyectos así hacen apasionante el aprendizaje. Al pasar los años, quizás algunos de estos niños sembrarán sus propios huertos y otros querrán ser cocineros en un restaurante.

Los cocineros usan **uniformes** para realizar su labor.

En Internet www.harcourtschool.com/reading

Campeones de las palabras

Tu misión de esta semana es usar palabras del vocabulario cuando hables con tus amigos y familiares. Por ejemplo, diles cuáles son las tareas que más te gustan.

No ficción descriptiva

Estudio del género

Una historia de **no ficción descriptiva** nos ofrece información sobre un tema específico. Identifica

- el texto organizado en secciones.

- los encabezamientos que describen cada sección.

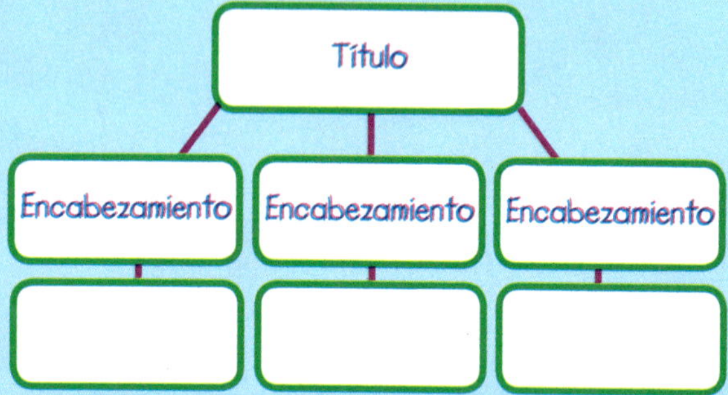

Estrategia de comprensión

Usa los conocimientos previos para que puedas comprender mejor la lectura.

 **ESTÁNDARES DE CALIFORNIA**
ESTÁNDARES DE CONTENIDO ACADÉMICO DE LENGUA Y LITERATURA EN INGLÉS—Lectura 2.2 Formular preguntas y respaldar las respuestas mediante la conexión del conocimiento previo con la información literal que se encontró y se infirió del texto; **L3.1** Distinguir formas comunes de literatura (p. ej., poesía, drama, ficción, no ficción).

88

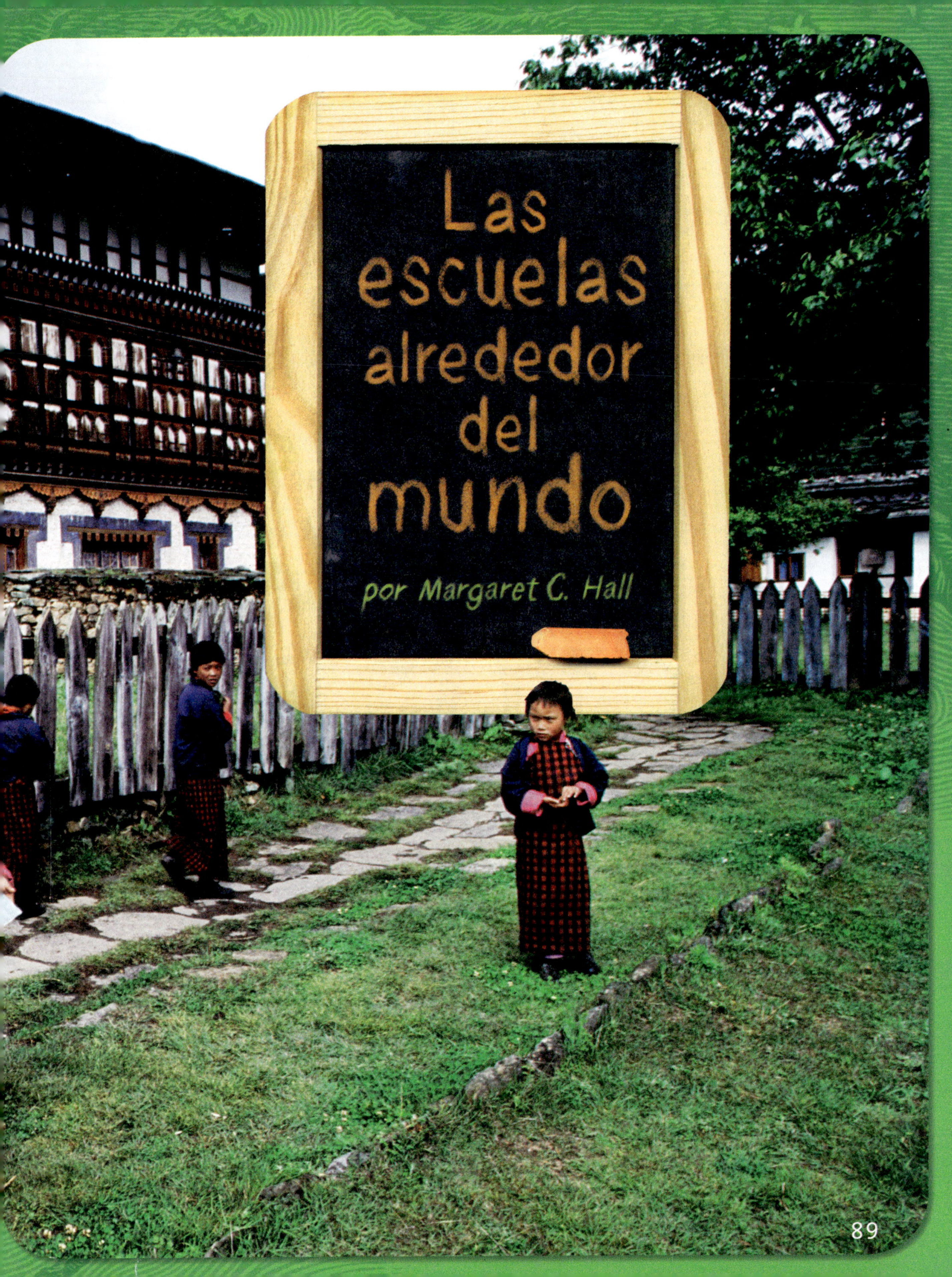
Las
escuelas
alrededor
del
mundo
por Margaret C. Hall

Las escuelas alrededor del mundo

En todo el mundo, los niños van a la escuela. Algunos niños pasan la mayor parte del día en la escuela. Otros, sólo pasan algunas horas.

Los edificios de algunas escuelas en Asia son altos como éste.

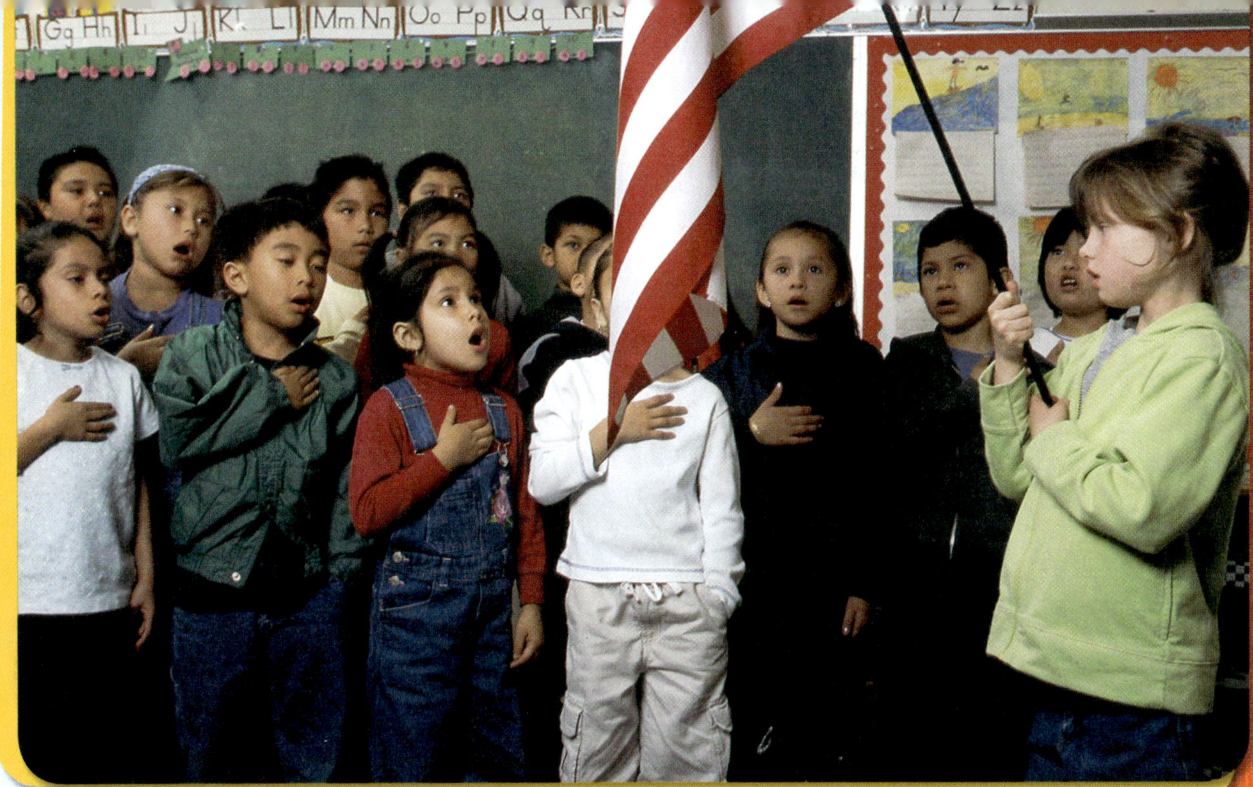

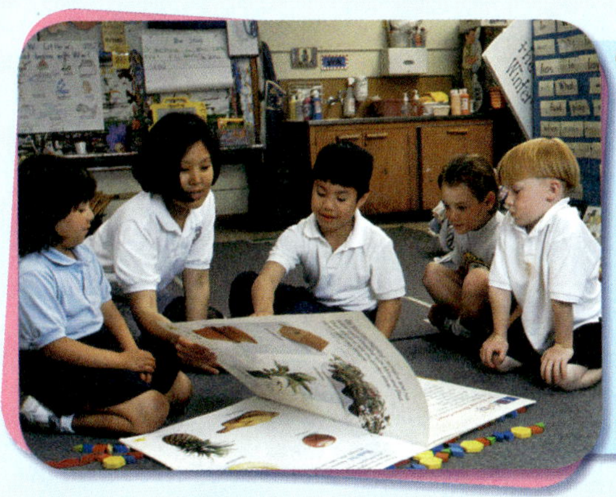

Estos estudiantes en Estados Unidos comienzan el día recitando la promesa de lealtad a la patria (*The Pledge of Allegiance*).

Las escuelas son diferentes en cualquier parte del mundo. Pero todas tienen algo en común. Son el lugar donde los niños van a aprender.

DATOS INTERESANTES SOBRE LAS ESCUELAS

Hace mucho tiempo, un alemán inició un nuevo tipo de escuela. Él creía que los niños pequeños debían crecer como las flores de un jardín. A estas escuelas las llamó kindergarten. *Esta palabra quiere decir "jardín de infantes".*

Los edificios escolares

El tipo de edificio donde los niños estudian depende del lugar donde viven. Depende del clima y de los ==recursos== de la comunidad.

Los edificios escolares pueden ser grandes o pequeños. Se pueden construir con muchas clases de materiales. Algunas escuelas no tienen paredes. Otras son al aire libre.

DATOS INTERESANTES SOBRE LAS ESCUELAS

Las escuelas han existido por miles de años. Las primeras escuelas se establecieron para enseñarles a los niños sobre su ==cultura==.

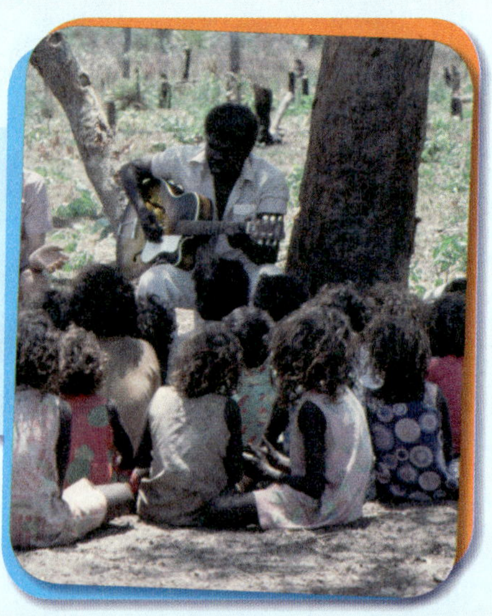

Cómo llegan los niños a la escuela

Los niños llegan a la escuela de varias formas. El tipo de transporte que usan depende del lugar donde viven. También depende de la distancia que tienen que viajar.

Muchos niños van a la escuela caminando o en bicicleta. Otros viajan en automóvil, en autobús o en tren. Algunos hasta van en bote.

DATOS INTERESANTES SOBRE LAS ESCUELAS

En algunos lugares, los niños viven muy lejos de las escuelas y no pueden asistir. Los maestros les imparten las lecciones por radio o por computadoras que están conectadas con las escuelas.

La ropa escolar

En distintas partes del mundo, los niños se visten de formas diferentes para ir a la escuela. Depende del clima del lugar donde viven. También depende de la estación del año.

En algunas escuelas, todos los estudiantes se visten igual. Visten uniformes. Los estudiantes de escuelas diferentes visten uniformes distintos.

▲ El uniforme de esta escuela para niñas en Panamá lleva falda y suéter de color azul.

El día escolar

En todo el mundo, los maestros les enseñan muchas cosas a los niños. Los niños realizan algunas tareas en grupos. Otras las realizan solos.

La mayoría de los niños almuerzan o meriendan en la escuela. A veces, también tienen tiempo para jugar. En muchas escuelas, los niños salen de excursión con la clase.

Este maestro responde una pregunta de su estudiante en una escuela en Cuba.

Cómo se aprende a leer y a escribir

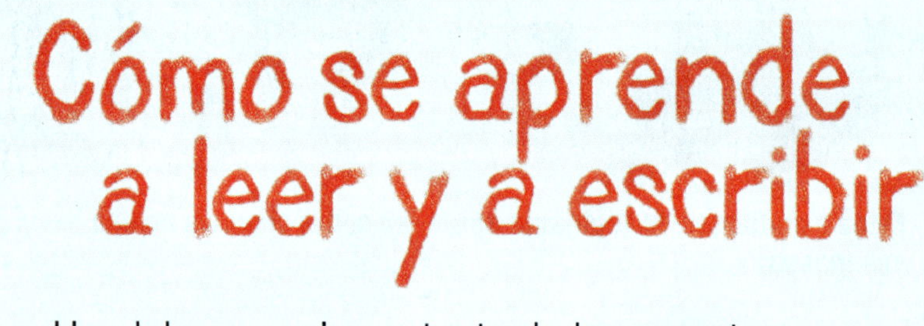

Una labor muy importante de los maestros es enseñar a los niños a leer y a escribir. Los estudiantes aprenden a leer y a escribir en idiomas diferentes.

El idioma en el que los niños aprenden en la escuela depende del lugar donde viven. Algunos niños aprenden en su propio idioma y también en otra lengua.

Los estudiantes de una escuela estadounidense en el extranjero estudian el mapa de Europa.

Otras materias

Los niños aprenden muchas cosas en la escuela. En todo el mundo, los niños estudian matemáticas y ciencias. Aprenden sobre su país y también de otros países.

Muchos niños alrededor del mundo estudian arte y música en la escuela. También aprenden a usar la computadora.

Estudiantes ingleses toman clases de música en la escuela.

Los niños de esta escuela en Japón ayudan a servir el almuerzo a sus compañeros.

Tareas escolares

Casi todos los niños tienen tareas que deben cumplir en las escuelas. Los niños ayudan a mantener limpio y organizado el salón de clases. A veces, hasta ayudan a preparar el salón para las clases del día.

En algunos lugares, los niños se encargan de mantener limpio el patio de la escuela. Algunos estudiantes ayudan en el comedor sirviendo el almuerzo a sus compañeros.

Esta maestra ayuda a los estudiantes con la lectura después de clases.

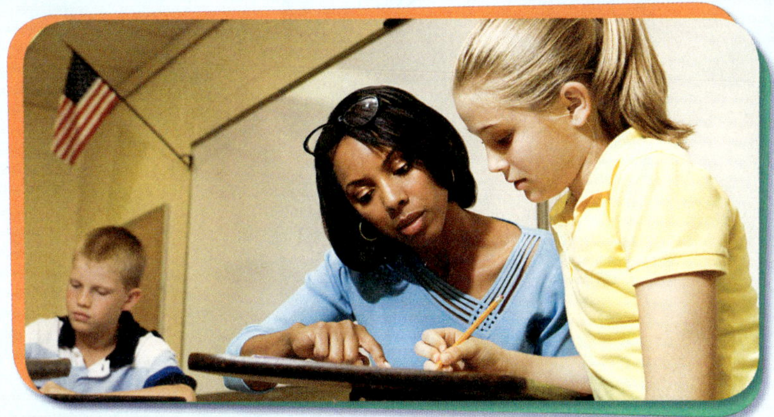

Después de clases

Algunos niños asisten a clases aun después de terminado el día escolar. Algunos tienen un tutor que los ayuda con las asignaturas difíciles.

Hay niños que tienen otras clases después de la escuela. Estudian otras cosas que no pueden aprender en la escuela. Aprenden baile, música o sobre su propia cultura.

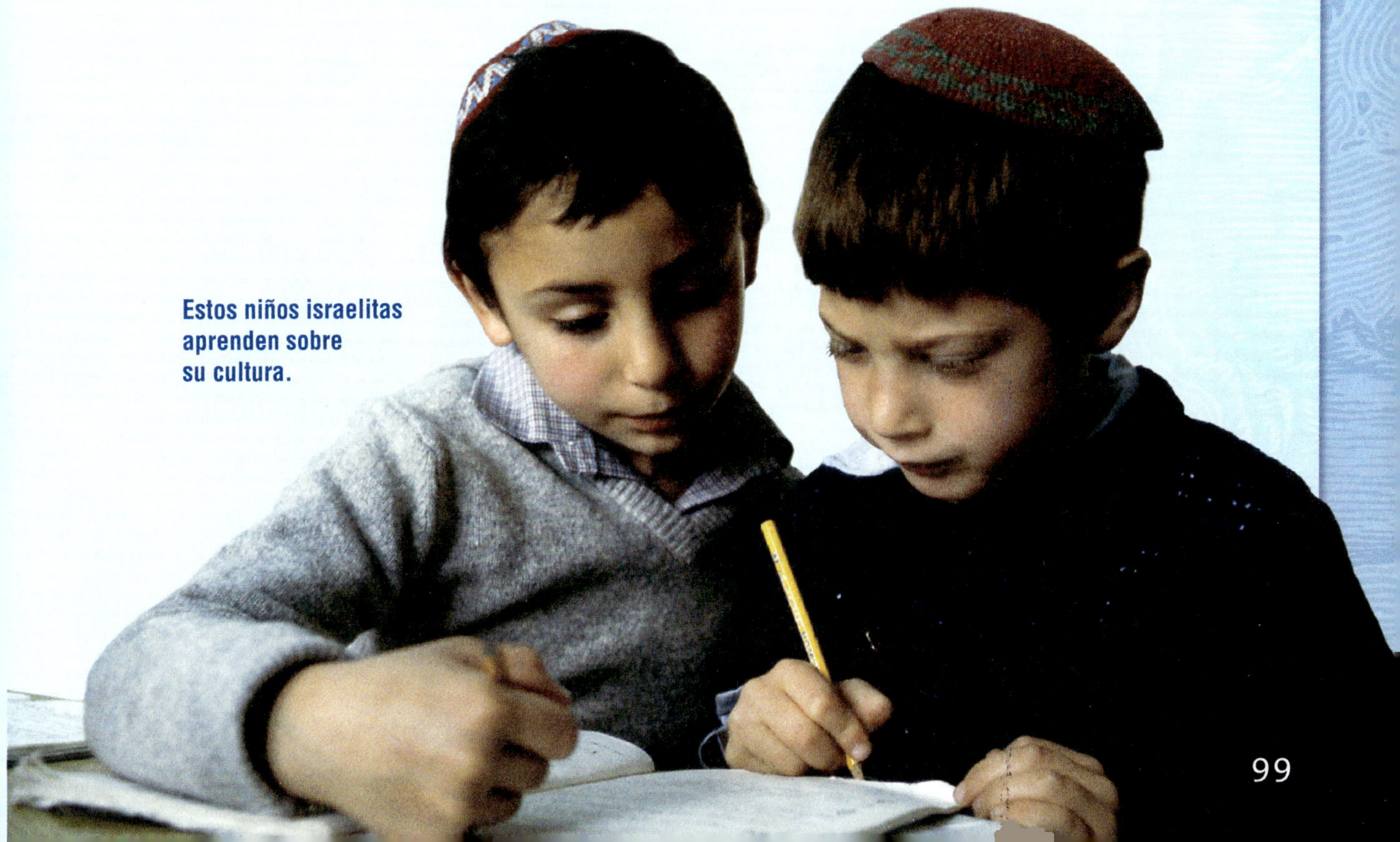

Estos niños israelitas aprenden sobre su cultura.

Escuelas especiales

Algunos niños viven en las escuelas. Estas escuelas se llaman escuelas internas. Los niños vuelven a casa de visita y los días festivos.

Esta niña es ciega. Ella asiste a una escuela en la que aprende a leer y a escribir de un modo especial. Los ciegos leen con los dedos. Usan un sistema de signos dibujados en relieve que se llama braille.

Escuelas en la casa

La casa también puede ser una escuela. Algunos padres les enseñan a sus hijos en la casa. Ellos prefieren escoger las materias que sus hijos aprenderán.

El personal de las escuelas a menudo ayuda a los padres a planificar las lecciones que impartirán a sus hijos en la casa. Muchos de los niños que estudian en la casa asisten a la escuela para tomar clases de educación física o de arte.

Esta niña aprende en la casa. Su mamá es su maestra.

La escuela y el trabajo

Algunos niños son artistas. Pasan parte del día ensayando su trabajo. El resto del día lo pasan estudiando las materias escolares.

Estas estudiantes bailan una danza tradicional rusa.

DATOS INTERESANTES SOBRE LAS ESCUELAS

En la Grecia antigua, una de las materias que se enseñaba era gimnasia. ¡Los griegos pensaban que la gimnasia era tan importante como las matemáticas o la lectura!

El niño de la fotografía aprende gimnasia.

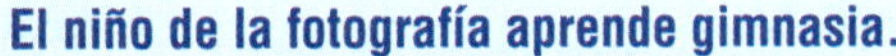

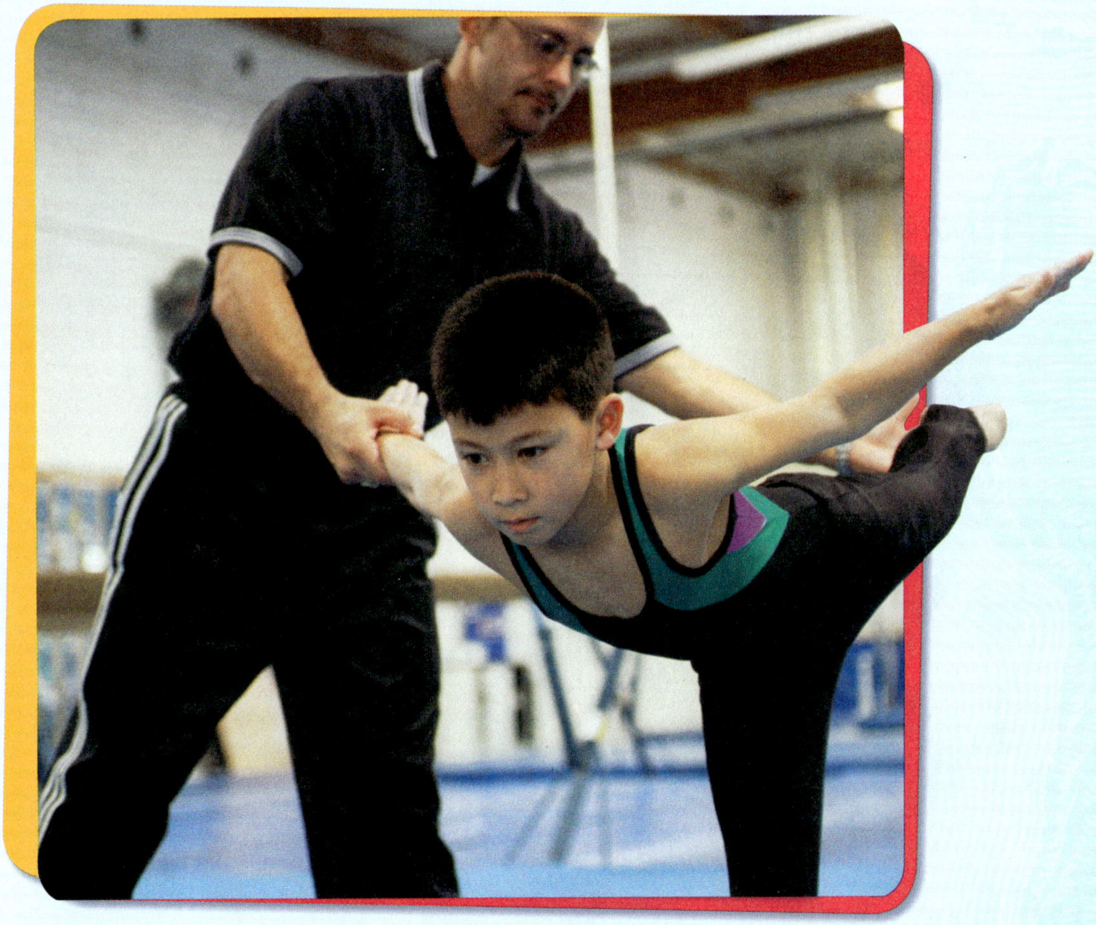

Estudiantes adultos

Estas mujeres en la India van a la escuela en la noche.

Muchas personas asisten a la escuela aun cuando son adultas. Van a la universidad o a escuelas de artes y oficios para aprender una profesión determinada.

Algunos adultos asisten a la escuela como entretenimiento. Estudian distintos idiomas y aprenden a hacer diversas cosas. No importa la edad de los estudiantes, todos van a la escuela para aprender.

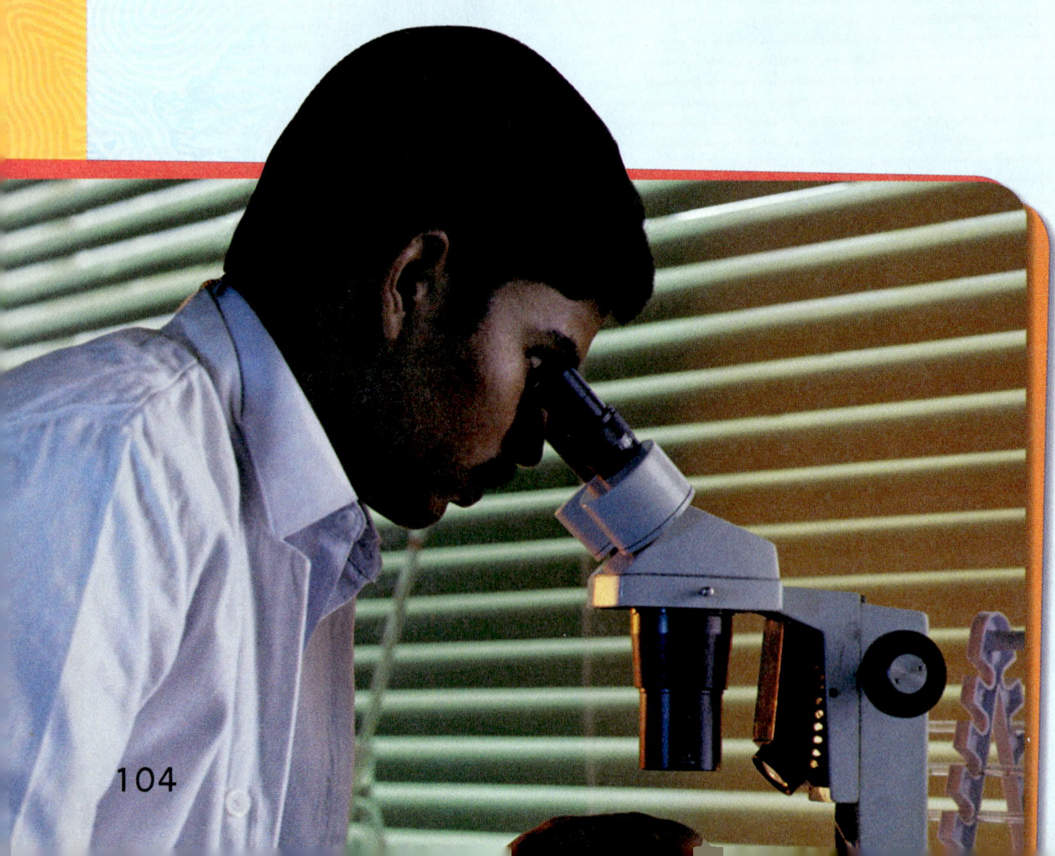

1. Lee el encabezamiento de la página 92. ¿Cómo te ayuda a predecir lo que vas a leer? LOCALIZAR INFORMACIÓN

2. ¿Cuáles son algunas de las cosas que los niños aprenden en la escuela? DETALLES IMPORTANTES

3. ¿Cuál de las escuelas descritas en la historia te gustaría visitar? Explica tus razones. EXPRESAR OPINIONES PERSONALES

4. ¿Proporciona la autora información sobre diversas escuelas o pretende convencerte de que una de ellas es la mejor? Explica tus razones. PROPÓSITO DEL AUTOR

5. **ESCRIBIR** ¿En qué se parece tu escuela a las descritas en esta historia? ¿En qué se diferencia de ellas? Explica tu respuesta con información y detalles del propio artículo.

RESPUESTA AMPLIA

ESTÁNDARES DE CALIFORNIA
ESTÁNDARES DE CONTENIDO ACADÉMICO DE LENGUA Y LITERATURA EN INGLÉS—Lectura 2.1 Usar títulos, tablas de contenidos, encabezamientos de capítulos, glosarios e índices para localizar la información en el texto; **L2.2** Formular preguntas y respaldar las respuestas mediante la conexión del conocimiento previo con la información literal que se encontró y se infirió del texto; **L2.3** Demostrar la comprensión mediante la identificación de respuestas en el texto; **L3.4** Determinar el tema subyacente o el mensaje del autor en un texto de ficción y no ficción.

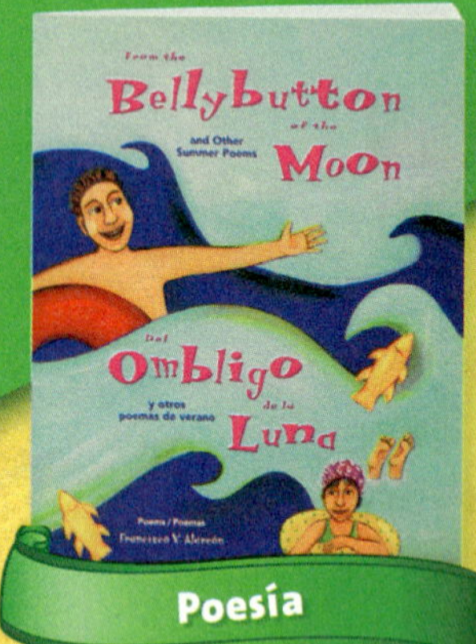

Las llaves del universo

por Francisco X. Alarcón
ilustrado por Maya Christina Gonzalez

a

mi abuelito
Pancho
nos enseñó

a mis hermanos
mis hermanas
y a mí

las primeras
letras
en español

su sala
de estar fue
nuestro salón

"y éstas son
las meras llaves
del universo"

nos decía
apuntando
a las letras

del alfabeto
en el improvisado
pizarrón

N
B b
E
O
e
ñ
107

Enlaces

Comparar textos 

1. ¿De qué manera se parece la sala de "Las llaves del universo" a las escuelas descritas en "Las escuelas alrededor del mundo"?

2. ¿Qué aprendiste de las escuelas que más llamó tu atención?

3. ¿Qué aprendiste del mundo al leer sobre los diferentes tipos de escuela que existen?

Repaso del vocabulario

Redes de palabras

Trabaja en equipo con un compañero. Elige dos palabras del vocabulario y crea una red de palabras para cada una de ellas. Escribe la palabra del vocabulario en el centro de la red. Después, escribe a su alrededor algunas palabras que se relacionen con ella. Analiza con tu compañero las palabras seleccionadas.

tareas

determinada

recursos

tutor

cultura

uniformes

ESTÁNDARES DE CALIFORNIA
ESTÁNDARES DE CONTENIDO ACADÉMICO DE LENGUA Y LITERATURA EN INGLÉS—Lectura 1.3 Leer en voz alta y con fluidez y exactitud un texto narrativo y expositivo con el ritmo, la entonación y la expresión adecuados; **L2.2** Formular preguntas y respaldar las respuestas mediante la conexión del conocimiento previo con la información literal que se encontró y se infirió del texto; **Expresión escrita 1.1b** Incluir hechos y detalles simples que sirvan de apoyo; **E2.2** Escribir descripciones que usen detalles sensoriales concretos para presentar y respaldar impresiones unificadas de personas, lugares, cosas o experiencias.

Lectura repetida

Elige un fragmento de "Las escuelas alrededor del mundo". Léelo en voz alta y usa un cronómetro para saber en cuánto tiempo lo haces. Proponte una meta para mejorar tu tiempo de lectura. Vuelve a leer el fragmento hasta que logres tu meta. No aumentes la velocidad hasta que consigas leer sin cometer errores.

Escritura 

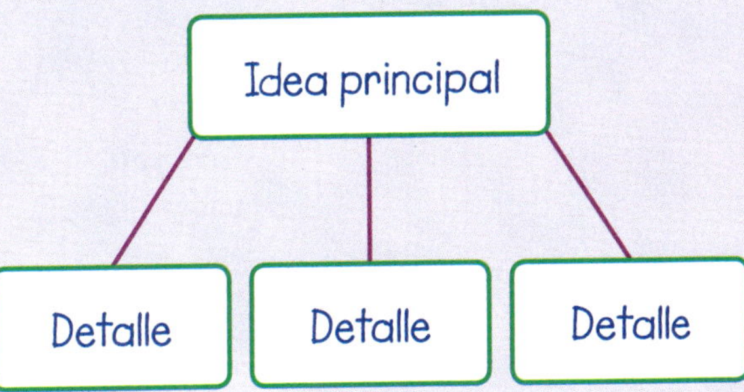

Escribe una descripción

Escríbele una descripción de tu escuela a un estudiante de otro país. Háblale sobre tu escuela. Apóyate en la lectura de "Las escuelas alrededor del mundo". Incluye una idea principal y algunos detalles para describir el panorama, los sonidos y los olores de tu escuela.

Idea principal

Detalle | Detalle | Detalle

CONTENIDO

Lección 4

Género: Biografía
Astronauta Ellen Ochoa
por Janet Michaels
El Centro Dryden de Investigaciones Aeronáuticas
Género: Información en Internet

Destreza de enfoque

 Localizar información 

L2.1

Las partes de un libro pueden ayudarte a **localizar información.** Estudia la tabla a continuación.

- ¿En qué parte buscarías el significado de una palabra importante?

- ¿Dónde buscarías la lista de capítulos?

Si sabes cómo localizar información en un libro, podrás encontrar rápida y fácilmente lo que buscas.

Parte del libro	Descripción
tabla de contenido	• lista de títulos y las páginas donde aparecen • al principio del libro
encabezamiento	• título de una sección en un libro de no ficción
glosario	• diccionario de los términos usados en el libro • al final del libro
índice	• lista en orden alfabético de los temas y las páginas donde aparecen • al final del libro

Sigue el orden alfabético para buscar en el glosario. Así encontrarás más rápido la palabra que buscas.

ESTÁNDARES DE CALIFORNIA
ESTÁNDARES DE CONTENIDO ACADÉMICO DE LENGUA Y LITERATURA EN INGLÉS—Lectura 2.1 Usar títulos, tablas de contenidos, encabezamientos de capítulos, glosarios e índices para localizar la información en el texto.

Esta tabla de contenido es de un libro sobre astronautas. Léela y responde las preguntas que le siguen.

Los astronautas en el espacio

Contenido

1. ¿Qué capítulo leerías para aprender sobre los viajes a la Luna?
2. ¿En qué capítulo se describe cómo entrenan los astronautas?

Inténtalo

Observa la tabla de contenido de arriba. ¿En qué página puedes empezar a leer sobre los astronautas de otros países?

www.harcourtschool.com/reading

talento

solicitar

invención

dominar

desilusionada

investigaciones

Conoce a Neil Armstrong

Desde que era un niño, Neil Armstrong construía aeroplanos a escala y leía revistas sobre aviación. Aprendió a volar una avioneta cuando apenas tenía dieciséis años. En muy poco tiempo se convirtió en un piloto de mucho **talento**.

Al terminar la escuela secundaria, decidió **solicitar** su ingreso a la universidad. Después de graduarse, obtuvo más experiencia como piloto de pruebas. Cuando los científicos creaban una **invención**, él probaba el nuevo artefacto. Fue el primero en volar varios planeadores, aviones y cohetes nuevos. Neil Armstrong quería **dominar** la aviación.

El 20 de julio de 1969, Neil Armstrong dio un paso que lo haría famoso para siempre. Se convirtió en el primer ser humano en poner un pie sobre la Luna. No permitió que el miedo dejara **desilusionada** a la Tierra, que lo observaba unida por televisión.

Neil Armstrong viajó a la Luna en compañía de otros dos astronautas. A ellos no les importó que fuera Neil Armstrong quien diera el histórico primer paso. Todos estaban muy orgullosos de formar parte de las **investigaciones** del *Apollo XI*.

Los astronautas del *Apollo XI* fueron Neil Armstrong, Michael Collins y Buzz Aldrin.

www.harcourtschool.com/reading

Detectives de las palabras

Tu misión de esta semana es buscar las palabras del vocabulario en sitios de Internet o en artículos de la enciclopedia sobre el espacio sideral. Cada vez que encuentres una de esas palabras, escríbela en tu diario de vocabulario. Recuerda anotar dónde encontraste cada palabra.

L3.1

Estudio del género

Una **biografía** es la historia real de una persona contada por otra. Identifica

- datos sobre la obra que ha realizado esa persona.

- fechas y lugares.

Infancia	
Etapa escolar	
Vida adulta	

L2.2

Estrategia de comprensión

Usa los conocimientos previos de un tema similar para que te ayuden a entender y recordar esta lectura.

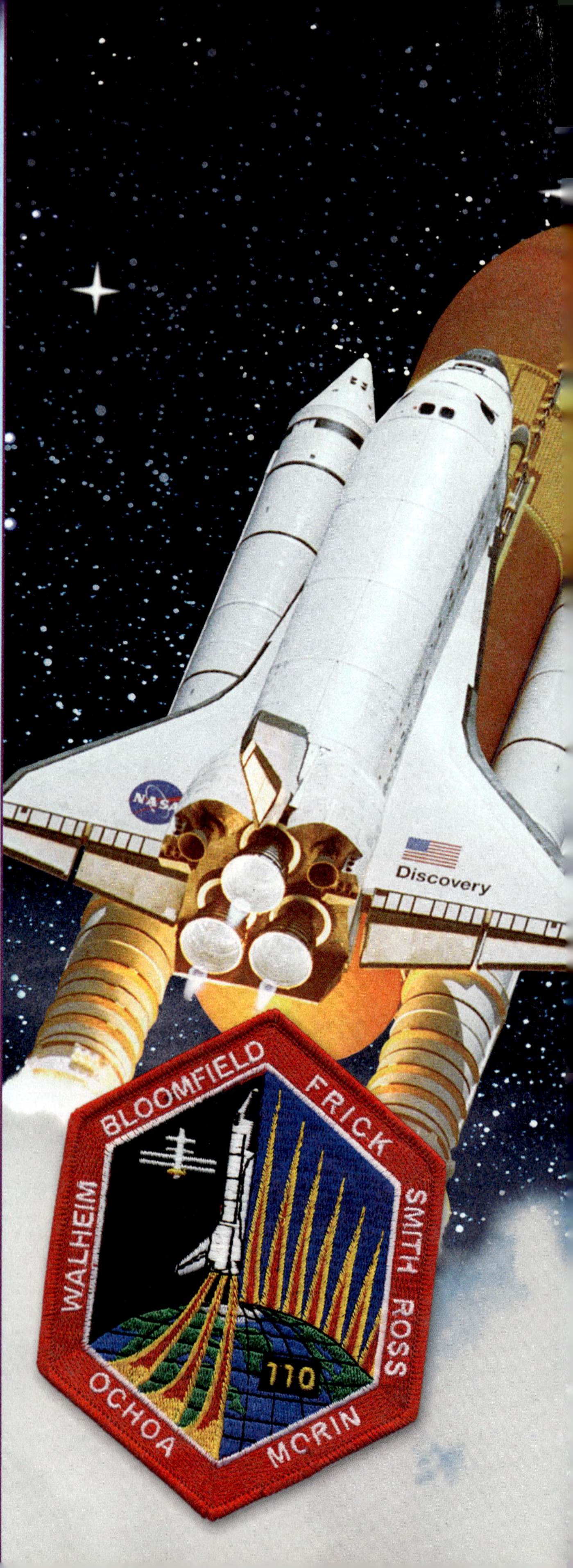

Astronauta Ellen Ochoa

por Janet Michaels

Cuando Ellen Ochoa era una niña, su mamá le decía: "Tú puedes alcanzar las estrellas". Ellen nunca se imaginó que un día exploraría el espacio. Después de muchos años de estudio y trabajo, Ellen se convirtió en la primera mujer hispana en viajar al espacio. Ellen Ochoa es un ejemplo para todos. Ésta es su historia.

Ellen Ochoa nació el 10 de mayo de 1958 en Los Ángeles, California. Su madre tuvo que trabajar mucho para poder criar ella sola a Ellen y a sus hermanos. A sus hijos les enseñó la importancia de esforzarse y ser buenos estudiantes. Les decía que si ponían todo de su parte, llegarían a ser lo que quisieran.

En 1969 se realizó el primer viaje de los seres humanos a la Luna. Ellen tenía 11 años. Eran tiempos emocionantes. Muchos niños soñaban con ser astronautas. En ese entonces no había astronautas mujeres, por lo que Ellen no pensaba en viajar al espacio.

El 21 de julio de 1969 se realiza el primer viaje de los seres humanos a la Luna.

En la escuela, Ellen era una estudiante excelente.
Estudiaba muchísimo y se destacaba en todas sus clases.
Le encantaba la música y aprendió a tocar la flauta. Con
mucha práctica llegó a ser una artista de mucho talento.
Más adelante, en la escuela secundaria, Ellen formó parte
de una banda estudiantil para jóvenes.

▼ **Más tarde, Ellen disfrutaría de la música en el espacio.**

A Ellen también le gustaban las matemáticas. Algunos le decían que las niñas no podían dominar esa materia. Pero Ellen no les hacía caso. Por el contrario, se esforzaba cada vez más por hacer el mejor trabajo. Ellen se graduó con las mejores notas de su clase.

Ellen decidió estudiar ingeniería. Algunas personas opinaban que las mujeres no podían dedicarse a esa carrera tan difícil. Ellen tuvo que estudiar mucho, pero logró su meta. El día de su graduación se sintió muy orgullosa de sí misma y de su nuevo trabajo como ingeniera.

INVENTORA Y MÚSICO

Como ingeniera, Ellen Ochoa construía robots que usaban herramientas especiales, que les permitían "ver" a su alrededor. Ella y su equipo encontraron un modo de hacer que los robots construyeran piezas de computadora. Ellen habló y escribió mucho sobre su invención.

▼ **Ellen Ochoa trabajó de ingeniera en el Centro de Investigación Ames en California.**

Al mismo tiempo, la música seguía siendo una parte importante en la vida de Ellen. Se sentía feliz cuando tocaba la flauta. Tocaba tan bien que hasta se ganó un premio.

A Ellen le encantaba su trabajo y su música, pero seguía buscando alguna otra cosa que pudiera hacer. Sus amigos creían que podía aspirar a ser astronauta. En 1985, Ellen decidió solicitar un puesto en el programa espacial. El programa espacial le negó la solicitud. Ellen se sintió desilusionada. Entonces recordó lo que le había dicho su mamá. Si ponía todo de su parte, llegaría a ser lo que quisiera.

➤ **Ellen Ochoa disfrutaba tocar la flauta como la niña de esta fotografía.**

Ochoa esperó por otra oportunidad para realizar su sueño de ser astronauta. Durante esta espera, se afilió a un centro de investigaciones del espacio. Allí ayudó a los astronautas a aprender más sobre el espacio. También aprendió a pilotar aviones y descubrió su pasión por ellos.

Ellen Ochoa ya era músico, inventora y piloto. Sabía trabajar en equipo. Sabía no rendirse ante las dificultades.

▼ **Ellen Ochoa aprendió a volar y se hizo piloto.**

Por fin, en 1990, su sueño se hizo realidad. ¡Más de 2,000 personas habían solicitado integrar el programa de astronautas! Ellen era una de las 22 que habían escogido.

▲ Ellen Ochoa y Ellen Collins posan juntas en su primer día de entrenamiento en la Administración Nacional de Aeronáutica y del Espacio (NASA por sus siglas en inglés).

EL ENTRENAMIENTO DE LOS ASTRONAUTAS

Ellen Ochoa y su esposo se mudaron a Texas para que ella pudiera comenzar el entrenamiento de astronauta. Los astronautas tienen que aprender a hacer las cosas de otra manera en el espacio. Ochoa tuvo que aprender a utilizar ordenadores y algunas herramientas especiales en el espacio. No es fácil trabajar dentro del pesado traje de un astronauta. Ellen tuvo que practicar mucho para lograrlo.

▼ **Los astronautas usan trajes especiales durante la mayor parte de su entrenamiento.**

Ellen Ochoa aprendió a trabajar en equipo con otros astronautas para poder realizar los trabajos. Los astronautas llegan a hacerse buenos amigos porque pasan mucho tiempo juntos.

Hacer ejercicios en el espacio es importante para que los astronautas se mantengan en forma. Durante su entrenamiento, Ellen Ochoa aprendió a utilizar aparatos especiales para ejercitarse en el espacio. También tuvo que aprender a comer de varias maneras. En el espacio, la comida no se queda en el plato, sino que flota. Por eso, las comidas de los astronautas vienen en paquetes especiales.

El entrenamiento era difícil, pero Ellen Ochoa no se rindió. Sabía que tenía que seguir esforzándose para poder viajar al espacio.

EL VIAJE AL ESPACIO

Por fin, en abril de 1993, Ellen Ochoa se convirtió en la primera mujer hispana en viajar al espacio. Voló en la nave espacial *Discovery*. Los astronautas del *Discovery* tenían una tarea muy especial. Tenían que aprender sobre el Sol. Ochoa puso en práctica en el espacio lo que sabía sobre los robots. Su tarea era controlar un brazo electrónico del *Discovery*. Con el brazo sujetaba el satélite que había estado investigando el Sol. La información del satélite ayudó a los astronautas a aprender más sobre la energía solar.

▼ La tripulación de la nave espacial *Discovery*

La nave espacial *Discovery* despega de Cabo Cañaveral en Florida.

Ellen Ochoa estaba maravillada con lo bella que se veía la Tierra desde el espacio. También se divertía flotando de un lugar a otro dentro de la nave espacial. Los astronautas tenían que amarrarse con correas para poder trabajar y hacer ejercicios. Dormían sujetados a la pared en sacos de dormir. Ellen Ochoa se amarraba con correas para tocar la flauta.

¡Ellen también tocaba melodías hermosas en el espacio!

    Ellen Ochoa viajó tres veces más al espacio. En uno
de sus viajes visitó la estación espacial. Su misión fue
llevar provisiones para otros astronautas que viven y
trabajan allí.

Ellen Ochoa entrega provisiones a la estación espacial.

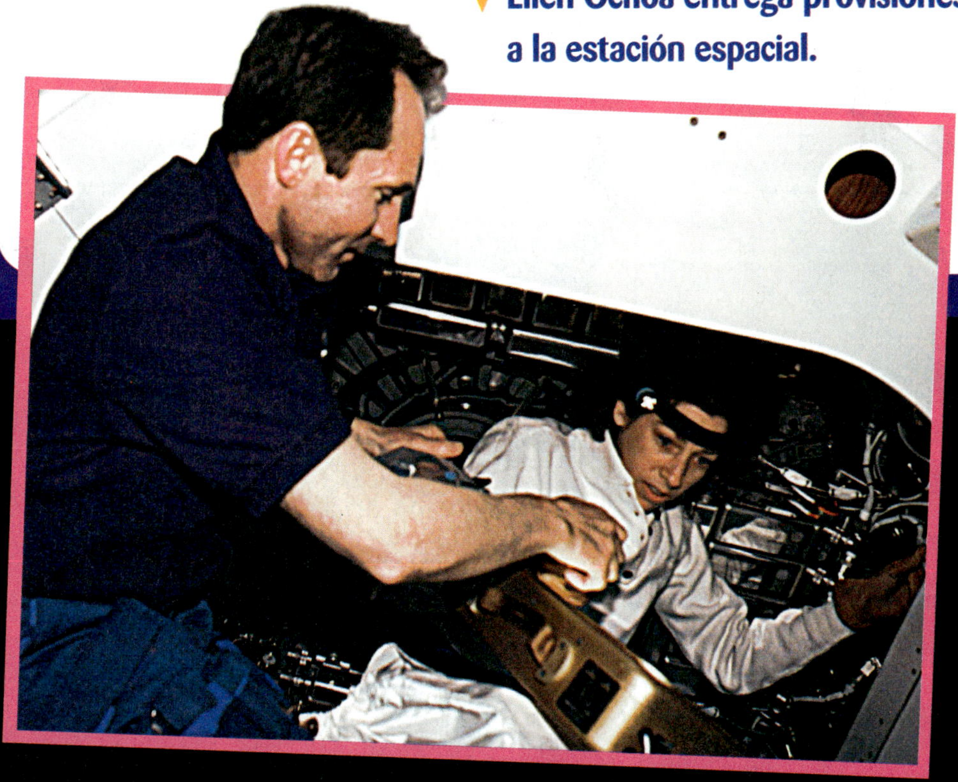

Ellen Ochoa les cuenta su historia a los niños de todo el país. A ellos les interesa mucho saber sobre los astronautas. Lo más importante que Ellen Ochoa les dice a los niños es lo que su mamá le dijo a ella. Si pones todo de tu parte, harás realidad tus sueños.

▼ **A bordo del transbordador espacial *Atlantis* en 1994**

Pensamiento crítico

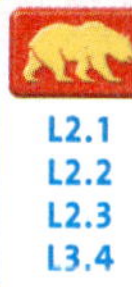

1 Si quisieras conocer la infancia de Ellen Ochoa, ¿qué sección de esta biografía leerías?

LOCALIZAR INFORMACIÓN

2 ¿Qué fue lo que inventó Ellen Ochoa? DETALLES IMPORTANTES

3 ¿Crees que Ellen Ochoa es una heroína? Explica tus razones. EXPRESAR OPINIONES PERSONALES

4 ¿Cómo puedes saber que a la autora le interesa revelar que la música es vital para Ellen Ochoa? SACAR CONCLUSIONES

5 **ESCRIBIR** Piensa en los conocimientos que estás aprendiendo en la escuela. Elige dos de ellos y explica de qué manera podrían ser importantes para tu futuro.

RESPUESTA BREVE

El Centro Dryden

Acerca del centro Dryden

El Centro Dryden de Investigaciones Aeronáuticas abrió sus puertas en 1946. Desde esa fecha, ha sido un lugar importantísimo de muchas de las pruebas de nuevos aparatos voladores. Por ejemplo, en 1947, allí se pusieron a prueba por primera vez aviones que alcanzan y superan la velocidad del sonido. También se ensayaron las naves que viajarían a la Luna. Muchos de los aviones reactores más grandes del mundo emprendieron vuelo por primera vez desde el centro Dryden.

¿En qué lugar de California se encuentra el centro Dryden?

El centro Dryden se encuentra en la Base Aérea Edwards en el sur de California. Esta área es buena para los vuelos experimentales porque está en el desierto. El terreno es llano, pero está rodeado de montañas. También es muy importante que los aviones se pongan a prueba en un lugar abierto y con poca población como éste.

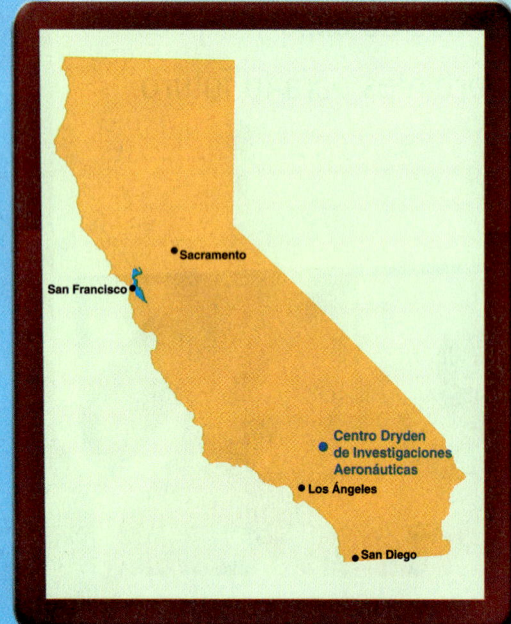

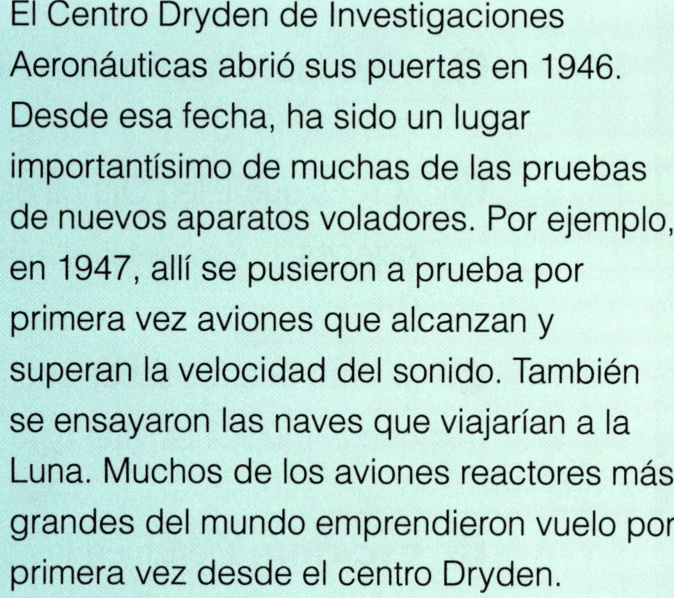

de Investigaciones Aeronáuticas

¿Por qué es importante el trabajo que se realiza en el centro Dryden?

El centro Dryden es un centro de investigaciones. Aquí los pilotos ponen a prueba aviones nuevos. El trabajo que se realiza en el centro Dryden es de gran ayuda para el programa espacial. ¡Hasta las naves espaciales han aterrizado aquí! Como resultado de las investigaciones que se hacen en el centro Dryden, hoy en día se puede volar a mayor velocidad y más lejos de lo que nunca se imaginó.

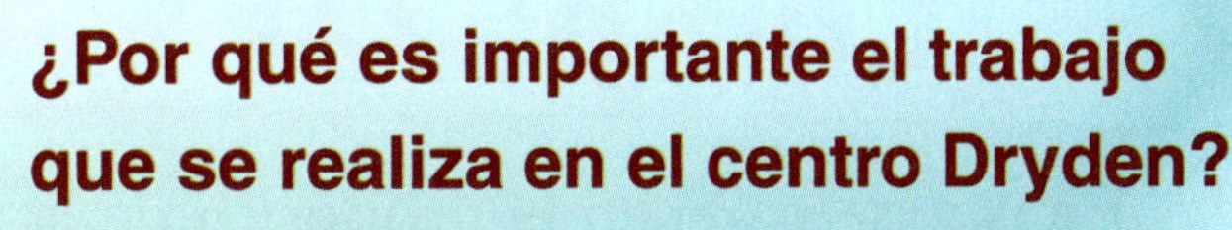

▲ Chuck Yeager fue el primer piloto en superar la velocidad del sonido.

Enlaces

Comparar textos

1. ¿En qué se parecen el propósito de la autora de "Astronauta Ellen Ochoa" y el propósito del autor de "El Centro Dryden de Investigaciones Aeronáuticas".

2. Piensa en la frase "Tú puedes alcanzar las estrellas". ¿Qué te dicen estas palabras?

3. ¿Qué aprendiste sobre los astronautas que no sabías?

Repaso del vocabulario

Califica la situación

Trabaja en equipo con un compañero. Túrnense para leer en voz alta cada una de las siguientes oraciones. Coloquen un punto en la línea para expresar qué tan desilusionados o entusiasmados se sentirían en cada situación.

talento
solicitar
invención
dominar
desilusionada
investigaciones

desilusionado —————————— entusiasmado

• Una maestra dice que tú eres un artista de gran **talento**.

• Tienes que hacer algunas **investigaciones** sobre el espacio.

• Tienes que **solicitar** una tarjeta para la biblioteca.

Lectura en pareja

Trabaja en equipo con un compañero. Elija cada uno un párrafo de "Astronauta Ellen Ochoa". Túrnense para leer el párrafo que eligieron. Los textos de no ficción se leen más despacio que los de ficción. Dense ambos sugerencias para leer cada vez con mayor fluidez.

Escritura 
E2.3

Escribe una invitación

Envíales una invitación a otras clases para que conozcan sobre Ellen Ochoa. Escribe en ella quiénes están invitados, a qué están invitados y cuándo y dónde se realizará el evento.

Mi lista de cotejo

Característica de escritura ▶ Organización

✔ Uso una tabla para planear mi invitación.

✔ Doy detalles sobre el evento al que estoy invitando.

Quién	
A qué	
Cuándo	
Dónde	

CONTENIDO

Teatro leído
GUIÓN NOTICIERO

Noticias de la escuela

ilustraciones de Sherri Johnson

Lectura informativa
NO FICCIÓN

televidentes

medios

camuflaje

encubren

independiente

obsequió

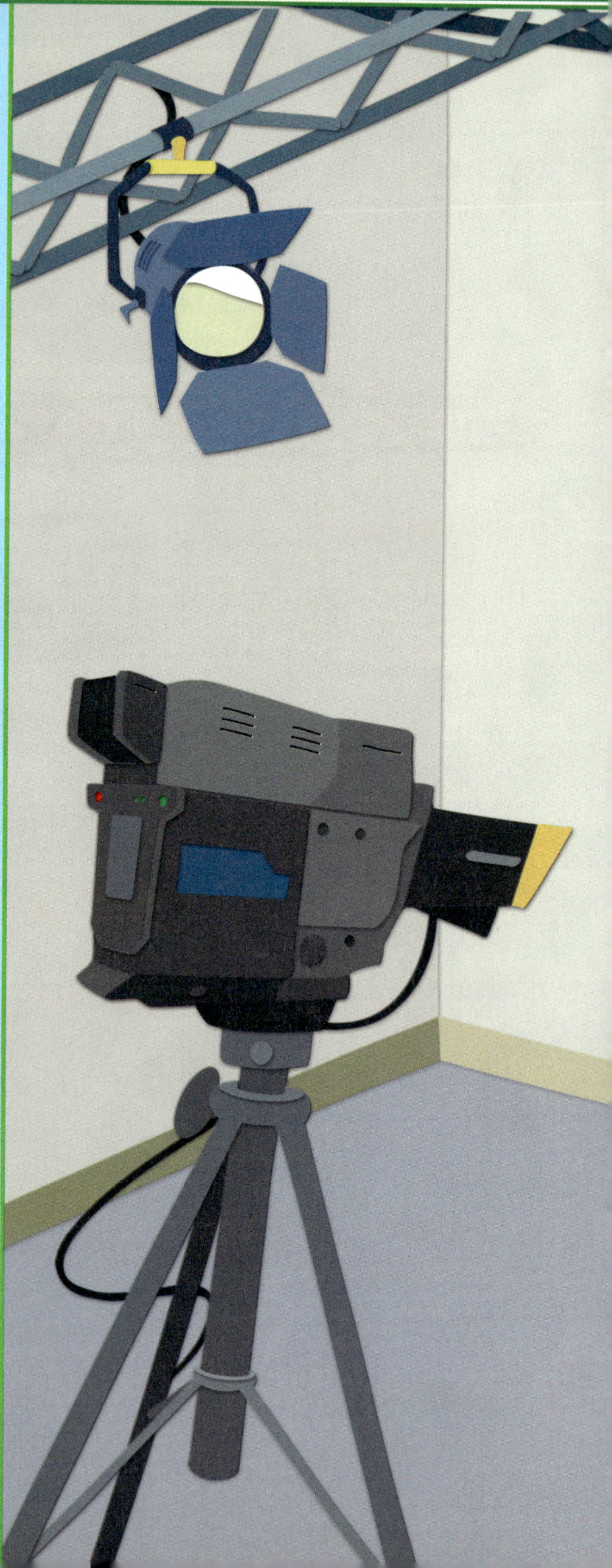

Leer para adquirir fluidez

Cuando lees un guión en voz alta:

- lee y pronuncia todas las palabras correctamente.

- lee despacio cuando sea necesario para que puedas leer con precisión.

ESTÁNDARES DE CALIFORNIA
ESTÁNDARES DE CONTENIDO ACADÉMICO DE LENGUA Y LITERATURA EN INGLÉS—Lectura 1.3 Leer en voz alta y con fluidez y exactitud un texto narrativo y expositivo con el ritmo, la entonación y la expresión adecuados.

Noticias de la escuela

ilustraciones de Sherri Johnson

Personajes

Locutor 1

Locutor 2

Reportero móvil

Sr. Moreno

Reportero del tiempo

Reportero científico

Reportero deportivo

Escenario: El estudio de televisión del canal de noticias matutinas de una escuela

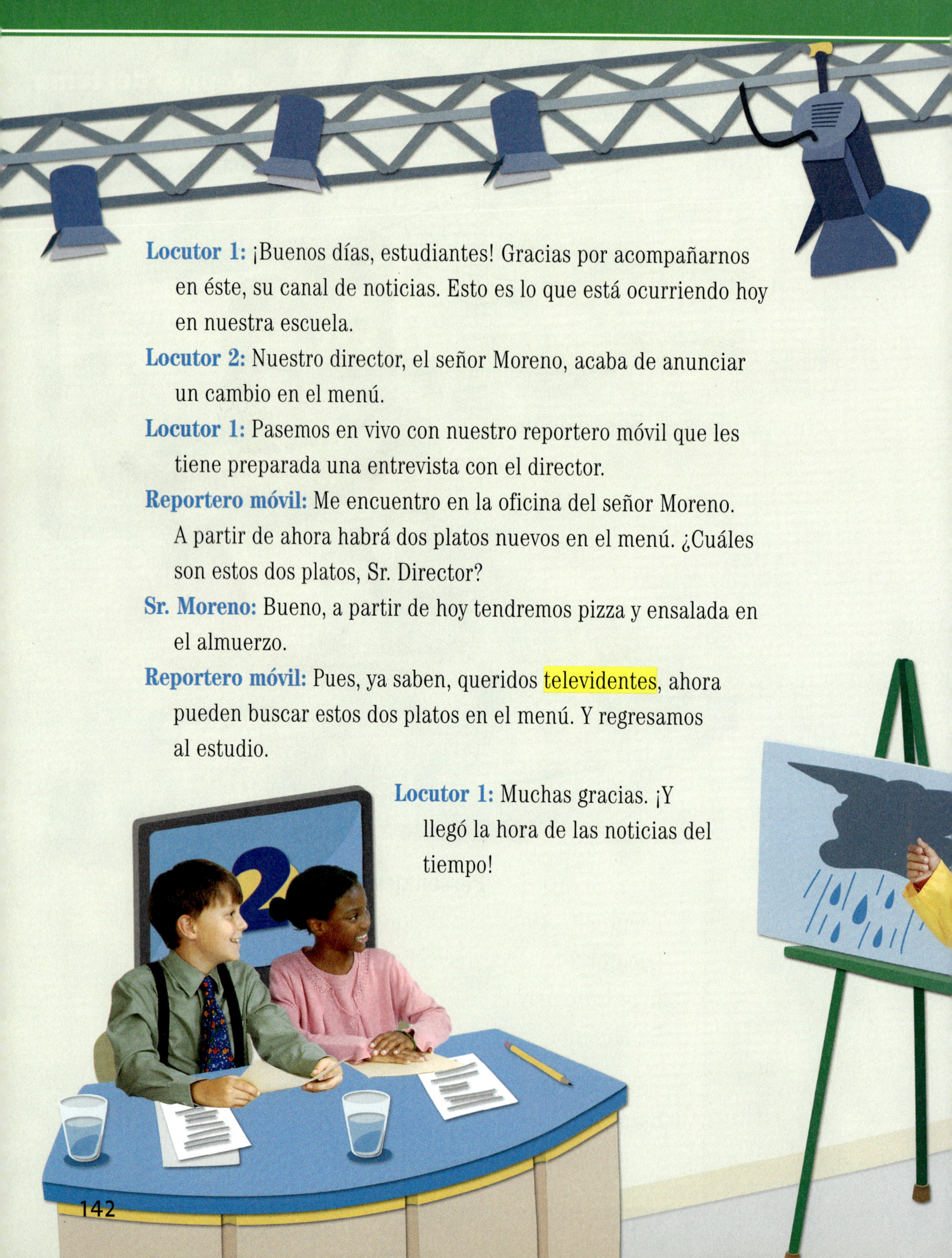

Locutor 1: ¡Buenos días, estudiantes! Gracias por acompañarnos en éste, su canal de noticias. Esto es lo que está ocurriendo hoy en nuestra escuela.

Locutor 2: Nuestro director, el señor Moreno, acaba de anunciar un cambio en el menú.

Locutor 1: Pasemos en vivo con nuestro reportero móvil que les tiene preparada una entrevista con el director.

Reportero móvil: Me encuentro en la oficina del señor Moreno. A partir de ahora habrá dos platos nuevos en el menú. ¿Cuáles son estos dos platos, Sr. Director?

Sr. Moreno: Bueno, a partir de hoy tendremos pizza y ensalada en el almuerzo.

Reportero móvil: Pues, ya saben, queridos televidentes, ahora pueden buscar estos dos platos en el menú. Y regresamos al estudio.

Locutor 1: Muchas gracias. ¡Y llegó la hora de las noticias del tiempo!

Reportero del tiempo: Hoy, el tiempo no está muy agradable que digamos. Está lloviendo muchísimo. Hasta están cayendo cántaros.

Locutor 1: Cuando dices que "están cayendo cántaros", no creo que quieras decir que del cielo están cayendo ollas y jarras. ¿Verdad?

Reportero del tiempo: No. ¡Quiero decir que está lloviendo con mucha fuerza! ¿Aunque sabes de qué tienes que cuidarte cuando caen cántaros?

Locutor 2: ¿De qué?

Reportero del tiempo: De no meterte en el barro.

Locutor 1: Barro… ¡Claro! El barro de los cántaros.

Locutor 2: Ja ja ja. Muy gracioso. ¡Gracias por el reporte del tiempo y el chiste!

Locutor 1: A continuación tenemos un reportaje sobre la mascota favorita de la escuela, la Rana René. Los dejo con nuestro reportero científico.

Piensa en cómo el locutor 1 debe leer estas líneas para que el chiste sea gracioso.

Reportero científico: Gracias. La mayoría de nosotros ha visto a René en su tanque rodeado de todos sus medios.

Locutor 2: Los medios de René son los recursos que necesita para vivir.

Reportero científico: Así es. Bueno, una de mis tareas en la escuela es darle de comer a René. Hace unos días fui a llevarle alimento fresco y vi que René no estaba allí.

Locutor 2: ¿Adónde se había ido?

Reportero científico: ¡A ninguna parte! En realidad, había estado en el tanque todo el tiempo. Pero yo no podía ver a René. Su piel hizo que se pareciera a las plantas del tanque.

Locutor 2: ¡Qué interesante!

Reportero científico: Sí, en verdad. De pronto se me ocurrieron un montón de preguntas sobre las ranas. Entonces hice una investigación y encontré las respuestas.

Locutor 1: ¿Por qué parecía que René había desaparecido?

Reportero científico: Porque cambió de color. Algunos animales cambian de color para disimular su aspecto. Esto hace que se confundan con los lugares que los rodean. También los protege de otros animales que podrían comérselos. El color de la piel de René es como el camuflaje. Le ayuda a confundirse entre las plantas. Las plantas le encubren.

Locutor 2: ¡Fascinante! ¿Qué más aprendiste de René?

El locutor 2 siente curiosidad. ¿Cómo debes leer esta parte para demostrar curiosidad?

Reportero científico: René tiene la piel húmeda porque toma agua a través de ella. No necesita beber agua por la boca. El agua penetra a través de su piel. René también tiene una lengua larga y pegajosa para atrapar los insectos de que se alimenta.

Locutor 2: ¿Y qué me dices de sus patas? ¡Las ranas tienen las patas graciosas!

Reportero científico: Las ranas tienen los dedos unidos. Esto les sirve para nadar rápido.

Locutor 2: ¡Excelente reportaje el del reportero científico!

Locutor 1: Y hay otros que piensan lo mismo. Regresamos con nuestro reportero móvil.

Reportero móvil: Estoy en la oficina del señor Moreno con otra noticia.

Sr. Moreno: El reportero científico ha demostrado que piensa de manera independiente. Este estudiante tenía preguntas sobre las ranas y salió en busca de las respuestas. ¡Y las encontró! Por eso le voy a otorgar a nuestro reportero científico el Premio al Gran Pensador. ¡Buen trabajo!

Reportero móvil: ¿Entonces usted cree que los estudiantes que aprenden a pensar por sí mismos pueden tener éxito en todo lo que hagan?

Sr. Moreno: ¡Así es!

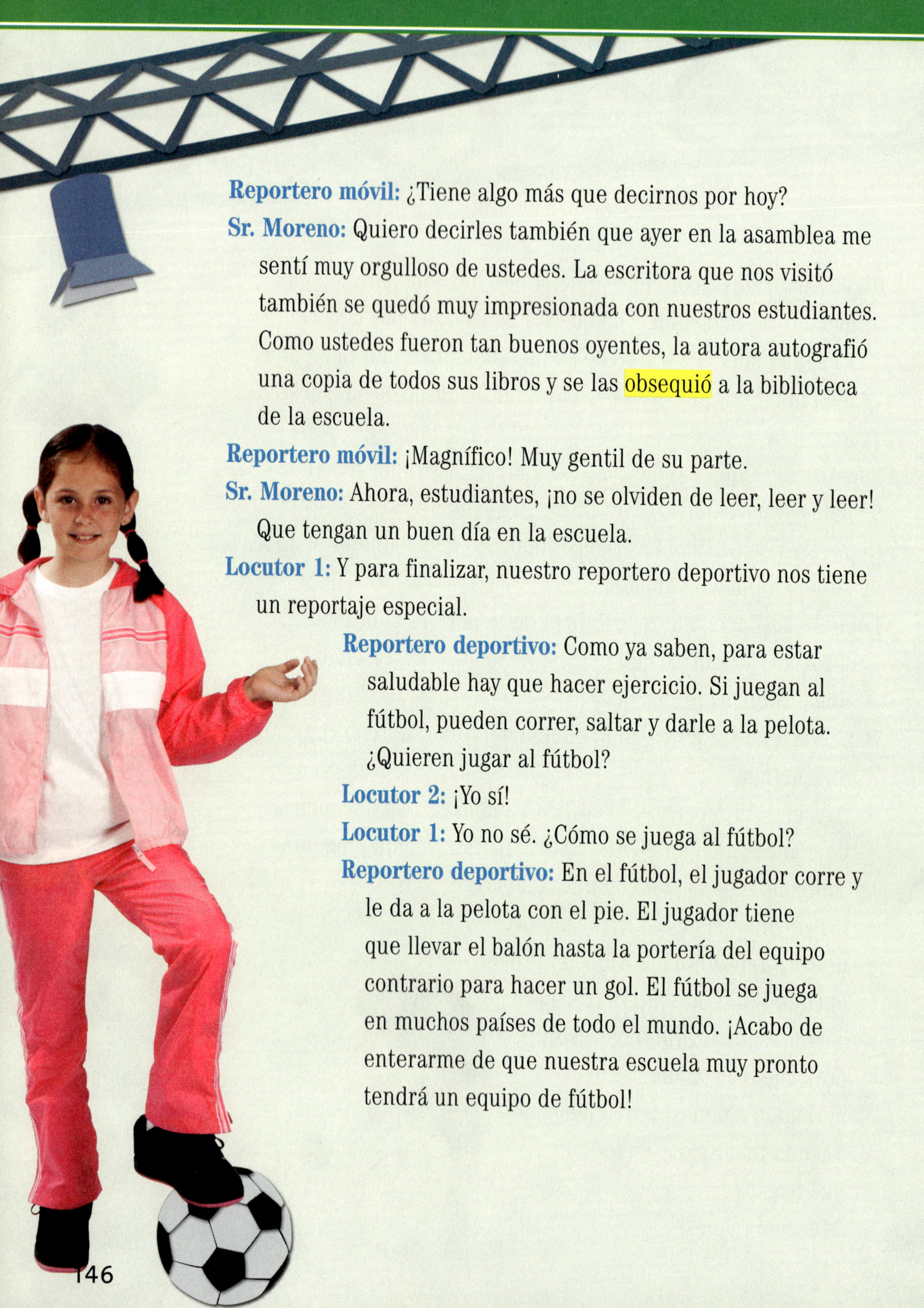

Reportero móvil: ¿Tiene algo más que decirnos por hoy?

Sr. Moreno: Quiero decirles también que ayer en la asamblea me sentí muy orgulloso de ustedes. La escritora que nos visitó también se quedó muy impresionada con nuestros estudiantes. Como ustedes fueron tan buenos oyentes, la autora autografió una copia de todos sus libros y se las obsequió a la biblioteca de la escuela.

Reportero móvil: ¡Magnífico! Muy gentil de su parte.

Sr. Moreno: Ahora, estudiantes, ¡no se olviden de leer, leer y leer! Que tengan un buen día en la escuela.

Locutor 1: Y para finalizar, nuestro reportero deportivo nos tiene un reportaje especial.

Reportero deportivo: Como ya saben, para estar saludable hay que hacer ejercicio. Si juegan al fútbol, pueden correr, saltar y darle a la pelota. ¿Quieren jugar al fútbol?

Locutor 2: ¡Yo sí!

Locutor 1: Yo no sé. ¿Cómo se juega al fútbol?

Reportero deportivo: En el fútbol, el jugador corre y le da a la pelota con el pie. El jugador tiene que llevar el balón hasta la portería del equipo contrario para hacer un gol. El fútbol se juega en muchos países de todo el mundo. ¡Acabo de enterarme de que nuestra escuela muy pronto tendrá un equipo de fútbol!

Locutor 2: ¡Qué buena noticia! Cuéntanos más.

Reportero deportivo: Al final del día, cuando el maestro termine las clases, vayan a la oficina de la entrenadora Raquel. Ella les dirá todo lo que necesitan saber sobre el nuevo equipo y les mostrará los uniformes. Entonces podrán solicitar apuntarse.

Locutor 1: Ya saben. ¡Aquí fue donde primero se enteraron! Gracias por el reportaje, reportero deportivo.

Locutor 2: Y esto es todo por hoy, queridos televidentes. ¡Nos despedimos y hasta la próxima!

Locutor 1: ¡Gracias por estar con nosotros y les deseamos un feliz día!

Lectura de un texto de no ficción

Enlace a la lectura informativa   Un texto de no ficción nos ofrece hechos u otra información que es verdadera. Esta información se organiza por medio de encabezamientos, fotografías y pies de foto.

Lee las notas que están arriba y abajo de las páginas pequeñas en la página 149. ¿Cómo te ayudan estas partes a leer un texto de no ficción?

Repasar las estrategias de enfoque 

Las estrategias que aprendiste en este tema también te ayudan a leer un texto de no ficción.

 **Usar organizadores gráficos**

Usa un organizador gráfico para que puedas organizar los conocimientos que ya sabes y los que aprendes.

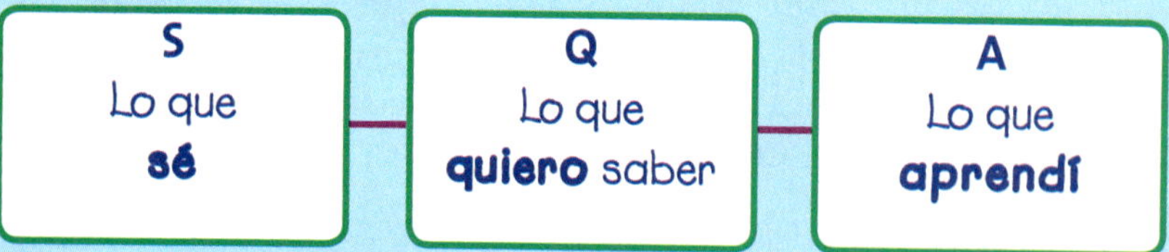

 **Usar los conocimientos previos**

Usa los conocimientos que ya sabes para que puedas comprender la lectura.

Piensa en cómo y cuándo puedes usar las estrategias de comprensión mientras lees el cuento "Yo vivo en un pueblo" de las páginas 150-151.

TÍTULO

El título de un texto de no ficción nos dice, por lo general, el tema de la historia.

Yo vivo en un pueblo

por Stasia Ward Kehoe

Yo tengo ocho años. Mi familia y yo vivimos en un pueblo. Un pueblo es más pequeño que una ciudad y tiene su propio gobierno.

La escuela

Estoy en tercer grado. Una de las cosas que más me gusta de mi escuela es nuestro programa especial de esquí. Los miércoles terminamos temprano para tomar clases de esquí. Cuando crezca y vaya a la escuela secundaria, quiero jugar en el equipo de esquí.

En mi escuela hay cerca de 70 estudiantes en cada grado. A la escuela van niños desde kindergarten hasta tercer grado.

La reunión del pueblo

Una vez al año, mis padres participan en la reunión del pueblo. En esa reunión, los ciudadanos tienen la oportunidad de expresar su opinión sobre el gobierno del pueblo. Allí hablan sobre la manera de reunir fondos para las escuelas y para reparar las carreteras. También votan por las leyes. Todos los dueños de tierras en nuestro pueblo tienen el derecho a votar en la reunión sobre los asuntos del pueblo.

Un lugar especial

Uno de mis lugares preferidos es la biblioteca nueva. Mucha gente del pueblo donó dinero, tiempo e ideas para que la biblioteca nueva fuera un lugar maravilloso. En la biblioteca hay muy buenos libros y computadoras. También hay una chimenea y un salón de estar. ¡A mí me encanta acomodarme en uno de los sofás para leer un buen libro!

En la biblioteca nueva hay libros muy buenos que puedo leer para mis informes escolares o para entretenerme.

SUBTÍTULOS

En ocasiones, los textos de no ficción se dividen en secciones. Los subtítulos nos dicen el tema de que trata cada sección.

FOTOGRAFÍAS Y PIES DE FOTO

Las fotografías y las ilustraciones nos muestran imágenes que van con el texto. Los pies de foto ofrecen más información sobre las fotografías y las ilustraciones.

Yo vivo en un pueblo

por Stasia Ward Kehoe

Yo tengo ocho años. Mi familia y yo vivimos en un pueblo. Un pueblo es más pequeño que una ciudad y tiene su propio gobierno.

En mi escuela hay cerca de 70 estudiantes en cada grado. A la escuela van niños desde kindergarten hasta tercer grado.

La escuela

Estoy en tercer grado. Una de las cosas que más me gusta de mi escuela es nuestro programa especial de esquí. Los miércoles terminamos temprano para tomar clases de esquí. Cuando crezca y vaya a la escuela secundaria, quiero jugar en el equipo de esquí.

¿Cómo te ayuda a leer un organizador gráfico? ¿Qué conocimiento previo te ayuda a comprender la lectura?

La reunión del pueblo

Una vez al año, mis padres participan en la reunión del pueblo. En esa reunión, los ciudadanos tienen la oportunidad de expresar su opinión sobre el gobierno del pueblo. Allí hablan sobre la manera de reunir fondos para las escuelas y para reparar las carreteras. También votan por las leyes. Todos los dueños de tierras en nuestro pueblo tienen el derecho a votar en la reunión sobre los asuntos del pueblo.

Un lugar especial

Uno de mis lugares preferidos es la biblioteca nueva. Mucha gente del pueblo donó dinero, tiempo e ideas para que la biblioteca nueva fuera un lugar maravilloso. En la biblioteca hay muy buenos libros y computadoras. También hay una chimenea y un salón de estar. ¡A mí me encanta acomodarme en uno de los sofás para leer un buen libro!

En la biblioteca nueva hay libros muy buenos que puedo leer para mis informes escolares o para entretenerme.

	Lección 6 ▶	Lección 7 ▶
TÍTULOS DE LAS LECTURAS	**Mi amigo Babe Ruth** El pasatiempo nacional de los Estados Unidos	**Aero y el oficial Miguel** Si de perros se trata
Estrategia de comprensión	Verificar la comprensión: Volver a leer	Verificar la comprensión: Volver a leer
Destreza de enfoque	Hechos y opiniones	Hechos y opiniones

ESTÁNDARES DE CALIFORNIA
ESTÁNDARES DE CONTENIDO ACADÉMICO DE LENGUA Y LITERATURA EN INGLÉS

Lectura 2.6 Extraer la información apropiada y significativa del texto, incluyendo problemas y soluciones.

Lectura 2.6 Extraer la información apropiada y significativa del texto, incluyendo problemas y soluciones.

152

Tema 2 ¡Juntos sí podemos!

Empanadas, Carmen Lomas Garza

Lección 8	Lección 9	Lección 10 Repaso
Los animales también hablan	**Sopa de piedra**	**El caso del desayuno de los tres osos**
El canto de la ballena	La leyenda de Juanito Semilla de Manzana	Cómo sobreviven los seres vivos
Resumir	Resumir	Repasar las destrezas y estrategias
Idea principal y detalles	Idea principal y detalles	

Lectura 2.4 Recordar puntos fundamentales del texto y hacer y modificar predicciones sobre la información posterior; **L2.5** Distinguir la idea principal y los detalles de apoyo en el texto expositivo.

Lectura 2.4 Recordar puntos fundamentales del texto y hacer y modificar predicciones sobre la información posterior; **L2.5** Distinguir la idea principal y los detalles de apoyo en el texto expositivo.

Lectura 2.1 Usar títulos, tablas de contenidos, encabezamientos de capítulos, glosarios e índices para localizar la información en el texto; **L2.4** Recordar puntos fundamentales del texto y hacer y modificar predicciones sobre la información posterior.

CONTENIDO

Género: Ficción histórica
Mi amigo Babe Ruth
POR DAVID A. ADLER
ILUSTRACIONES DE TERRY WIDENER
El pasatiempo nacional
de los Estados Unidos
Género: Línea cronológica

 ## Hechos y opiniones  L2.6

Un **hecho** es algo que puede comprobarse. Una **opinión** es la idea o el sentir de una persona con respecto a algo. Por lo general, una opinión tiene palabras clave, tales como *Yo creo* o *Yo pienso*.

Para saber si una declaración es un hecho o una opinión, pregúntate:

- ¿Puede esta declaración comprobarse?
- ¿Es esto lo que alguien piensa pero no puede comprobarlo?

Cuando aprendes a identificar hechos y opiniones, puedes comprender mejor lo que es verdadero en un tema.

Hecho	Opinión

Clave

Por lo general, los autores del género de no ficción apoyan sus opiniones con hechos. Los autores de ficción generalmente expresan sus opiniones a través de los diálogos de los personajes.

 **ESTÁNDARES DE CALIFORNIA**
ESTÁNDARES DE CONTENIDO ACADÉMICO DE LENGUA Y LITERATURA EN INGLÉS—Lectura
2.6 Extraer la información apropiada y significativa del texto, incluyendo problemas y soluciones.

Lee el siguiente artículo. Explica por qué se considera un hecho la oración que está escrita en la tabla. Después, busca una oración en el mismo artículo que sea una opinión.

Yo pienso que la historia del béisbol es muy interesante. A mediados del siglo XIX se formaron los primeros equipos de béisbol en Estados Unidos. En un principio no había reglas claras para jugar este deporte. Alexander Cartwright escribió el primer conjunto de reglas del béisbol. Esto fue lo mejor que pudo pasarle al béisbol. Desde entonces, los jugadores de todas partes juegan al béisbol de la misma manera.

Hecho	Opinión
A mediados del siglo XIX se formaron los primeros equipos de béisbol.	

Inténtalo

Vuelve a leer el artículo. Busca otro hecho y otra opinión que puedas añadir a la tabla.

www.harcourtschool.com/reading

157

raída

vergüenza

plena

elevada

aturdido

desmaya

Mi camiseta favorita

Desde hace casi dos años tengo mi camiseta favorita. Aunque ya está un poco **raída** y me queda algo apretada, me la pongo siempre que puedo. Por eso, mi mamá me dice que la hago pasar **vergüenza**. Pero sé que me lo dice en broma.

Un día estábamos en **plena** tienda comprando mi ropa nueva para la escuela, cuando de pronto, en una plataforma **elevada**, ¡vi mi camiseta!

Desde luego, no era mi camiseta favorita. La del anaquel era totalmente nueva. Me quedé tan **aturdido**, que no vi a mi mamá cuando se acercó corriendo.

—¡Vámonos! —me dijo—. Rápido, antes de que se caiga el anaquel.

Por la sorpresa, había empujado el anaquel sin darme cuenta. Mi mamá por poco se **desmaya**. Afortunadamente pudimos evitar que se cayera el anaquel. No pude dejar de sonreír mientras caminábamos hacia la caja para comprar mi nueva camiseta favorita. Ahora, claro, de una talla más grande.

En Internet www.harcourtschool.com/reading

Campeones de las palabras

Tu misión de esta semana es usar las palabras del vocabulario en conversaciones con amigos y familiares. Por ejemplo, háblales de algo que te haya sucedido, que te haya hecho sentir vergüenza. Escribe en tu diario de vocabulario las oraciones que uses con palabras del vocabulario.

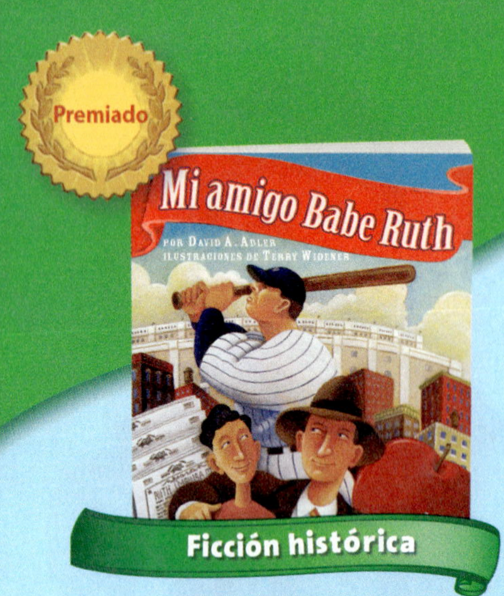

Estudio del género

L3.1

La **ficción histórica** es una historia inventada que se desarrolla en el pasado y que incluye personas, lugares y eventos que son o podrían ser reales. Identifica

- un tiempo y un lugar que sean reales en el pasado.

- hechos y opiniones sobre personajes históricos.

Hechos	Opiniones

Estrategia de comprensión

Verificar la comprensión: Vuelve a leer una parte anterior de la lectura si no comprendes lo que estás leyendo ahora.

ESTÁNDARES DE CALIFORNIA
ESTÁNDARES DE CONTENIDO ACADÉMICO DE LENGUA Y LITERATURA EN INGLÉS—Lectura 3.1 Distinguir formas comunes de literatura (p. ej., poesía, drama, ficción, no ficción).

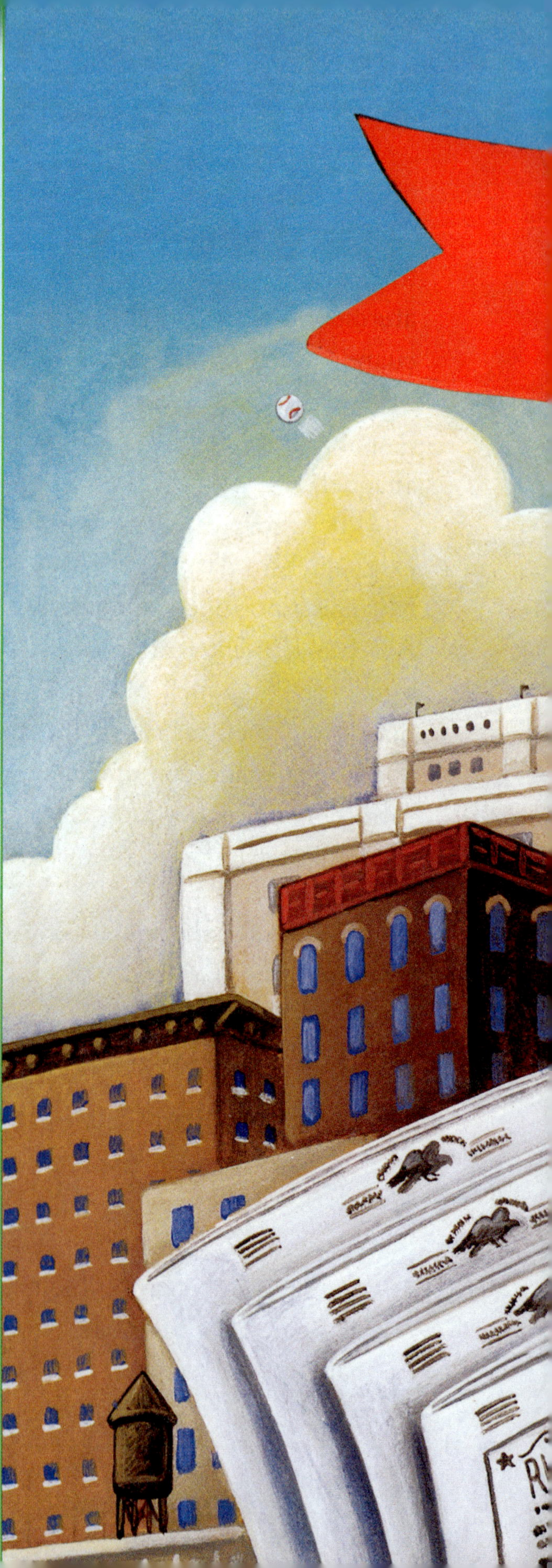

160

Mi amigo Babe Ruth

por DavID A. AdLER

ILUSTRACIONES DE TERRY WIDENER

Había deseado que mis papás me
regalaran una bicicleta por mi
cumpleaños. Esa mañana, sin embargo,
sólo me dieron diez centavos. Me sentí
desilusionado, pero no sorprendido. Era el
año de 1932, en plena Gran Depresión, y
millones de personas estaban sin trabajo.
Yo no podía quejarme. Mi papá tenía
empleo. Pero a pesar de su esfuerzo, el
dinero nunca alcanzaba. En el barrio
del Bronx de Nueva York, todos éramos
muy pobres.

—¡Feliz cumpleaños! —volvió a decir mi papá al despedirnos en la puerta. Con una sonrisa y su maletín a cuesta salió camino a la oficina.

Mi vecino Jacobo estaba jugando a la pelota. Al verme me la lanzó y gritó: —Lánzamela lo más alto que puedas. Soy Babe Ruth, el mejor beisbolista del mundo.

Le lancé la pelota y trató de atraparla al vuelo. ¡Jacobo no era Babe Ruth! La pelota se le escapó de las manos.

Jugamos un rato y luego me dijo: —Tengo que ir a trabajar. Acompáñame. Podemos seguir jugando en el camino.

A unas cuantas cuadras de mi casa vimos a una señora que vendía manzanas. Su ropa estaba raída y vieja. Le compré dos manzanas con mi regalo de cumpleaños, una para mí y otra para Jacobo. Me alegré deshacerme de los diez centavos. Sólo me traían el recuerdo de la bicicleta que mis papás no pudieron regalarme.

Doblamos en la calle Webster y vimos más vendedores de manzanas. Cerca de uno de los puestos vi un maletín grande. Levanté la vista y ahí estaba mi papá. Vendía manzanas igual que los demás. Me quedé paralizado a mitad de la acera.

—Se nos hace tarde —me apresuró Jacobo.

Sólo alcancé a señalar a mi papá.

—No puede ser —dijo Jacobo en voz baja—. Creía que trabajaba en una oficina.

—Eso nos dijo a mi mamá y a mí.

Los ojos se me llenaron de lágrimas al ver a mi papá
ofreciendo sus manzanas a la gente que por ahí pasaba.
Deseé que alguien le comprara al menos una, pero nadie ni
siquiera lo miraba. Entonces supe cuánto le había costado
regalarme esa moneda. Estaba arrepentido de haberme
deshecho de ella.

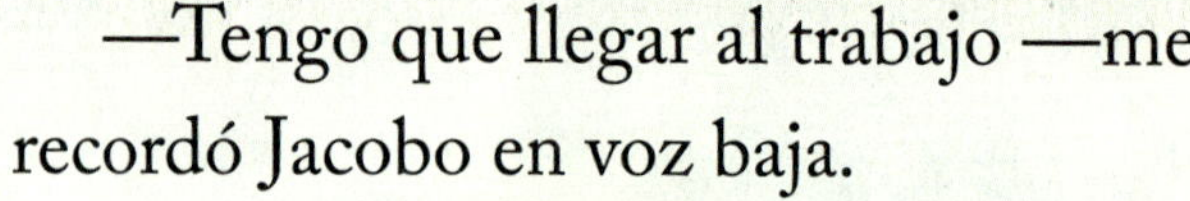

—Tengo que llegar al trabajo —me recordó Jacobo en voz baja.

Estaba tan aturdido que no supe por dónde caminábamos. Lo seguí hasta un edificio pequeño donde se reunía mucha gente.

—Mi papá tampoco tiene trabajo —me dijo Jacobo mientras se ponía en la fila—. Por eso vendo periódicos. Acompáñame a trabajar. Te va a gustar.

Como no tenía ganas de volver a casa, me quedé con él. Recogimos los periódicos y me dijo: —Ahora te voy a enseñar la mejor manera de vender diarios.

En la esquina había otro vendedor de periódicos.

—¡Fuego en Coney Island! —gritaba—. ¡Mil personas se quedaron sin techo! ¡Entérense aquí de todo!

Había mucha gente a su alrededor, pero nadie le compraba ni un solo diario.

Nos tropezamos con otros vendedores en el camino que también anunciaban el incendio. Caminamos más allá de los edificios céntricos y de las calles bulliciosas.

—¿Adónde vamos? —le pregunté.

—Ya verás —me respondió.

Llegamos a una estación elevada del ferrocarril. Una multitud salía a toda prisa y se dirigía al estadio gigante que estaba enfrente.

—Ya llegamos —dijo Jacobo—. Éste es el estadio de los Yanquis de Nueva York.

Sin pensarlo dos veces saqué uno de mis periódicos y anuncié con todas mis fuerzas: —¡Fuego en Coney Island! ¡Entérense de todo!

—No —me dijo Jacobo—. Esta gente no quiere saber nada de incendios.

Buscó en las páginas interiores de uno de sus diarios.

—Aquí está —dijo—. ¡Esto sí les interesa!

—¡Otro jonrón de Babe Ruth! —gritó—. ¡Entérense de la nueva hazaña! ¡El jonrón veinticinco de la temporada! ¡Entérense de todo!

—A ver, muchacho, dame uno —le dijo un señor a
Jacobo y le dio dos centavos.

—Déjame ver cómo lo hizo —le dijo otro hombre.

Qué inteligente era mi amigo. Esa gente corría a ver un
partido de los Yanquis. Era obvio que les interesaba saber
todo sobre su jugador estrella.

—¡Babe Ruth conecta otro jonrón! —grité yo también—.
¡Entérense aquí de esta gran hazaña!

Los periódicos se nos acabaron muy pronto. Mientras
nos alejábamos del estadio, las monedas iban sonando
alegremente en mi bolsillo.

Volvimos al edificio donde habíamos recogido los diarios
y pagamos un centavo por cada periódico vendido. Salí
ganando veinticinco centavos.

Cuando llegué a casa, no le dije nada a mi mamá sobre
lo de papá y las manzanas. En cambio, sí le conté todo sobre
mi nuevo empleo. Mamá puso mis veinticinco centavos en
el jarro donde guardábamos las monedas.

—No le digas nada a tu padre de los periódicos —me
dijo—. Le daría vergüenza saber que su hijo lo ayuda a
mantenernos.

Papá llegó más tarde y también puso algunas monedas
en el jarro. Luego se quitó los zapatos y se acostó en el sofá.

—Hoy estuve muy ocupado en la oficina —dijo—. Estoy
cansadísimo.

Quise decirle que no tenía que seguir fingiendo, pero
no me atreví. Lo único que hice fue mirar su maletín y
preguntarme qué llevaba adentro.

Al día siguiente, Jacobo y yo volvimos al estadio. Allí
anunciamos la nueva proeza de Babe Ruth. ¡Había bateado
el jonrón veintiséis! Otra vez vendí mis periódicos muy
rápido. Sabía que podía vender muchos más si encontraba
un medio de llevarlos al estadio.

Al llegar a casa fui directo al sótano del edificio. Me puse a buscar un carretón o cualquier cosa con ruedas. Sólo encontré cajas y una maleta rota. Cuando ya me iba con las manos vacías, vi a la señora Ramírez. ¡Llevaba a su bebé en un cochecito!

—¿Me lo podría prestar? —le pregunté.

—¿Para qué lo quieres? En tu casa no hay ningún bebé —me respondió.

Tuve que contarle lo de los periódicos.

—Esto no es un favor —me contestó pensativa—. Es un asunto de negocios. Si te presto el cochecito, ganarás más dinero. ¿No te parece que yo debería ganar algo también?

Estuve de acuerdo y ella propuso alquilarme el cochecito por diez centavos cada tarde. Acepté.

El lunes siguiente, la noticia en primera plana era la de un muchacho de diecinueve años que había robado en la oficina del telégrafo porque quería que lo apresaran. Sabía que en la cárcel al menos tendría un plato de comida.

Jacobo y yo no anunciamos esa noticia. En su lugar voceamos la nueva hazaña de Babe Ruth. Los Yanquis habían ganado el partido con un lanzamiento que Babe conectó en la duodécima entrada.

Gracias al cochecito de la señora Ramírez vendí muchísimos periódicos. Esa tarde le di a mi mamá ochenta centavos para que los pusiera en el jarro de las monedas.

Cuando llegó mi papá, le dio a mi mamá una botella de leche y una bolsa con manzanas.

—Se las compré a un desempleado para ayudarlo —le dijo.

—Papá —le dije—, ese hombre no es un desempleado. Vender manzanas es un trabajo.

—No lo es —me respondió severamente—. Eso se hace sólo por necesidad mientras llega algo mejor.

Parecía molesto. Me di cuenta de lo importante que era para él guardar su secreto.

El martes, Jacobo y yo anunciamos afuera del estadio:

—¡Babe Ruth se desmaya! ¡Entérense aquí de todo! —Y el miércoles—: ¡Babe Ruth no jugará! —Se había lastimado una pierna y los doctores le habían prohibido jugar por tres semanas.

Esa noche, mi papá me pidió que lo acompañara a dar un paseo. Habíamos caminado varias cuadras cuando me dijo: —Te vi con el cochecito de la señora Ramírez —y añadió—: ya me contó todo lo de los periódicos.

—Sólo trato de ayudar, papá.

—Lo sé, hijo.

Papá me sujetaba la mano con fuerza. Caminamos en silencio por un rato. Luego me preguntó:

—¿Has ido alguna vez a la calle Webster?

—Sólo una vez.

Me apretó la mano con más fuerza. Las lágrimas corrieron por sus mejillas.

—No se lo dije a mamá —le aseguré.

No dijo nada. Yo tampoco. Seguimos caminando en silencio.

Al otro día, Jacobo y yo anunciamos:

—¡Babe Ruth observa el juego al lado de sus admiradores! ¡Entérense aquí de todo!

—Oye, muchacho, dame un periódico —me dijo un señor muy alto extendiendo un billete de cinco dólares.

—Lo siento, señor, no tengo cambio para un billete tan grande.

—No importa, chico. Quédate con el cambio.

No podía apartar los ojos del billete. Me parecía increíble que alguien hubiera pagado tanto dinero por un periódico.

Jacobo llegó corriendo a mi lado.

—¿Sabes quién es ése? —me preguntó—. ¡Babe Ruth! ¡Le vendiste un periódico a Babe Ruth!

Las pocas veces que lo había visto en fotos, siempre aparecía con su uniforme. No lo reconocí vestido de traje.

—¡Vaya! —exclamé—. ¡Acabo de venderle un periódico a Babe Ruth!

Me metí una mano en el bolsillo y apreté el billete. Con la otra mano seguí vendiendo periódicos sin perder de vista el otro lado de la calle, por donde Babe Ruth había desaparecido.

Cuando terminamos de vender los periódicos, señalé el estadio y le dije a Jacobo: —Voy a llegarme hasta allá.

Quería ver a Babe Ruth otra vez.

Calculé que podía comprar dos boletos y quedarme con
bastante dinero para el jarro de monedas. Así lo hice.

Había mucho bullicio en el estadio. Jacobo y yo
atravesamos un túnel y a la salida vimos un campo de
béisbol inmenso. Babe Ruth estaba en la banca con sus
compañeros de equipo. El partido empezó y él se quedó allí.
Supuse que todavía tenía la pierna lastimada.

SECCIÓN 25

Traté de verlos a todos: al lanzador, al receptor, al bateador, a los jardineros y a Babe Ruth. Casi al final del partido, con el marcador empatado, no salió a batear el receptor de los Yanquis, sino ¡Babe Ruth!

Todos lo aclamamos. Yo más que nadie.

—Él me regaló mis boletos —le dije al señor que estaba a mi lado—. Me dio cinco dólares para que viera el juego.

El señor sonrió.

En el montículo, el lanzador de los Medias Rojas temía que Babe Ruth bateara de jonrón. Le lanzó cuatro bolas a propósito. Prefirió regalarle la primera base.

Babe Ruth avanzó despacio y todos lo vitoreamos.
Sabíamos que no podía conectar un jonrón en cada partido.
Lo importante era que ya estaba de vuelta.

Gracias a Babe Ruth, los Yanquis fueron el
mejor equipo de béisbol de 1932. Babe Ruth
también estaba en mi equipo. Sus hazañas
me ayudaban a vender muchos periódicos.
Esa tarde, al salir del estadio, las
monedas sonaban alegremente en mi
bolsillo. Supe entonces que mi papá y
yo también formábamos un equipo.
Los dos trabajábamos para sacar
adelante a nuestra familia en estos
tiempos difíciles.

L2.2
L2.6
L3.4

1 Lee esta oración de la lectura: <u>Qué inteligente era mi amigo.</u> ¿Cómo puedes saber que ésta es una opinión?

HECHOS Y OPINIONES

2 ¿Qué hace el personaje principal del cuento para poder vender periódicos? DETALLES IMPORTANTES

3 Si le vendieras un periódico a un beisbolista famoso, ¿sentirías lo mismo que el niño de esta historia? Explica tus razones. EXPRESAR OPINIONES PERSONALES

4 ¿Qué siente el autor por Babe Ruth? ¿Por qué supones que es así? SACAR CONCLUSIONES

5 **ESCRIBIR** ¿De qué manera el papá y su hijo forman un equipo? Apoya tu respuesta con ejemplos de la lectura.

 RESPUESTA BREVE

Conoce al autor

David A. Adler

De niño, David A. Adler era el artista de la familia. No fue hasta que se convirtió en adulto que decidió ser escritor. Cuando escribe lo hace muy rápido. "No me preocupo por cada palabra, pues sé que rescribiré la historia muchas veces", dice. A David le gusta escribir textos tanto de ficción como de no ficción.

Aunque *Mi amigo Babe Ruth* es una historia de ficción, las noticias que contiene sucedieron efectivamente durante nueve días de 1932.

Conoce al ilustrador

Terry Widener

A Terry Widener le gusta dibujar deportistas. Antes de hacer sus ilustraciones, investiga detalles sobre los uniformes, los estadios y el equipo que utilizan los deportistas para jugar.

"Cuando ilustro un libro, mi esperanza es crear uno muy hermoso", dice Terry.

www.harcourtschool.com/reading

El pasatiempo

La temporada oficial del béisbol profesional dura cerca de seis meses. Comienza en abril y se extiende hasta el otoño. La Serie Mundial se juega en octubre.

Se juega el primer partido de béisbol en los Estados Unidos.

Se imprimen las primeras tarjetas de béisbol.

Se juega la primera Serie Mundial.

1846   **1869**   **1887**   **1903**   **1927**

La ciudad de Cincinnati establece el primer equipo de béisbol profesional. ¡Ganan 99 partidos seguidos!

Babe Ruth impone un récord. Consigue 60 jonrones en una sola temporada. Nadie logra batir esta marca en 34 años.

Las mujeres se ven representadas en el béisbol por primera vez con la All–American Girls (Liga Profesional Femenina de Béisbol de los Estados Unidos).

Roger Maris bate el récord de jonrones. Consigue 61 jonrones en esa temporada.

Niños y niñas de todas las edades juegan al béisbol. Juegan en los pueblos y en las ciudades de todos los Estados Unidos. Algún día, estos jóvenes beisbolistas también establecerán nuevas marcas.

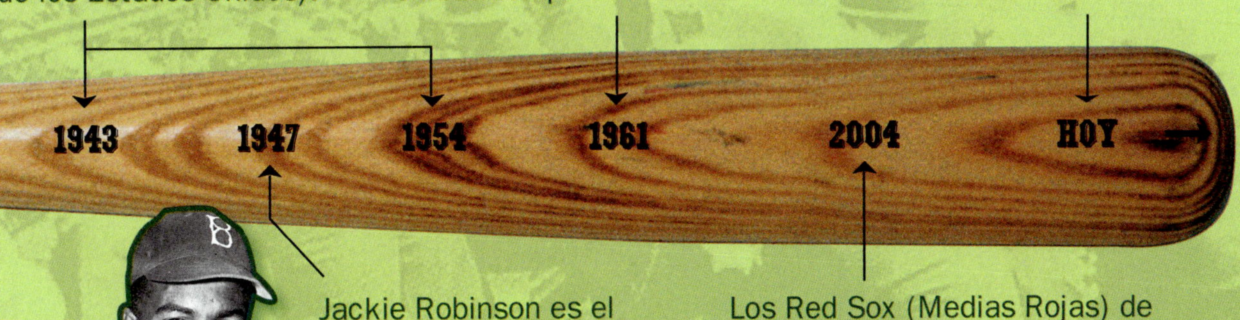

Jackie Robinson es el primer afroamericano que juega en las Grandes Ligas.

Los Red Sox (Medias Rojas) de Boston ganan la Serie Mundial por primera vez en 86 años.

187

Enlaces

Comparar textos 

1. Compara el propósito del autor de "Mi amigo Babe Ruth" con el de "El pasatiempo nacional de los Estados Unidos". ¿En qué se diferencia?

2. ¿Te gustaría vender periódicos de la forma en que lo hizo el niño del cuento? Explica tu respuesta.

3. ¿En qué se diferencia la vida de hoy en los Estados Unidos de como era durante la Gran Depresión?

Repaso del vocabulario

Redes de palabras

Trabaja en equipo con un compañero. Elige dos palabras del vocabulario y crea una red de palabras para cada una de ellas. Escribe la palabra del vocabulario en el centro de la red. Después, escribe a su alrededor algunas palabras que se relacionen con ella. Analiza con tu compañero las palabras seleccionadas.

raída

vergüenza

plena

elevada

aturdido

desmaya

ESTÁNDARES DE CALIFORNIA
ESTÁNDARES DE CONTENIDO ACADÉMICO DE LENGUA Y LITERATURA EN INGLÉS—Lectura 1.3 Leer en voz alta y con fluidez y exactitud un texto narrativo y expositivo con el ritmo, la entonación y la expresión adecuados; **L2.2** Formular preguntas y respaldar las respuestas mediante la conexión del conocimiento previo con la información literal que se encontró y se infirió del texto; *(continúa)*

Lectura en pareja

Trabaja en equipo con un compañero. Lee tu página favorita de "Mi amigo Babe Ruth". Proponte leer con fluidez agrupando las palabras que forman juntas una misma idea. Pídele a tu compañero que te escuche y te dé su opinión. Después, cambien de rol.

Escritura

Escribe un párrafo de opinión

Escribe un párrafo sobre tu deporte favorito. Usa diferentes tipos de oraciones para hablar de ese deporte. Incluye tu opinión y los hechos que la apoyan.

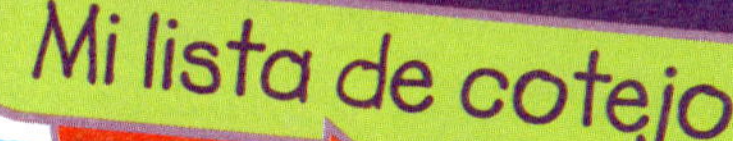

Mi lista de cotejo

Hecho	Opinión

Respuesta a la literatura

A la actividad de escribir sobre una lectura se le llama **respuesta a la literatura**. Ésta es mi respuesta a "Mi amigo Babe Ruth".

Ejemplo de escritura

¡Qué equipo!
por Raúl

¿Te gusta leer sobre las proezas en equipo? Entonces tienes que leer "Mi amigo Babe Ruth". Es uno de mis libros favoritos. Allí, toda una familia trabaja en equipo después de que el padre se queda sin trabajo. Yo pienso que este papá es muy responsable porque vende manzanas sin importarle que sienta vergüenza. El hijo es de gran ayuda porque vende periódicos para llevar dinero a la casa. Mi parte favorita es cuando Babe Ruth le compra un periódico al niño. Le paga lo suficiente para que pueda ver el partido de béisbol y ayudar a su familia. ¡Qué equipo forman así el padre, el hijo y Babe!

Característica de escritura

FLUIDEZ DE LAS ORACIONES
Uso distintos tipos de oraciones para hacerles más interesante mi escritura a los lectores.

Característica de escritura

ELECCIÓN DE PALABRAS
Uso palabras precisas para transmitir mejor mis ideas y sentimientos.

A continuación explico cómo escribo una respuesta.

1. **Reviso el cuento que acabo de leer. Pienso en lo que sucedió y en cómo reaccionaron los personajes.**
2. **Uso un organizador gráfico. Escribo mis ideas sobre el cuento.**

3. Observo mis ideas y decido lo que voy a escribir sobre ellas. Hago mi plan para la escritura.

Comienzo

- Hago una pregunta.

  —¿Te gusta leer sobre las proezas en equipo?

Medio

- Relato lo que pasa en el cuento.

  —Una familia trabaja en equipo.

  —El padre vende manzanas.

  —El hijo vende periódicos.

Final

- Termino con una afirmación.

  —¡Qué equipo forman así el padre, el hijo y Babe!

4. Escribo mi respuesta.

Ésta es la lista de cotejo que uso cuando escribo una
respuesta a la literatura. Tú también puedes usarla
cuando escribas la tuya.

**Lista de cotejo para escribir una respuesta
a la literatura**

☐ Reviso la lectura para encontrar
información relevante.

☐ Mi respuesta menciona el título del
cuento.

☐ Mi respuesta habla sobre la lectura. En
el caso de un cuento, relata lo que sucede
o habla sobre los personajes.

☐ Uso palabras precisas para expresar una
o varias ideas que aprendí del cuento.

☐ Expreso mis propios pensamientos y
sentimientos.

☐ Mis oraciones están completas. Uso
varios tipos de oraciones, tanto
simples como compuestas. Escribo
con mayúsculas los nombres propios.

CONTENIDO

Lección 7

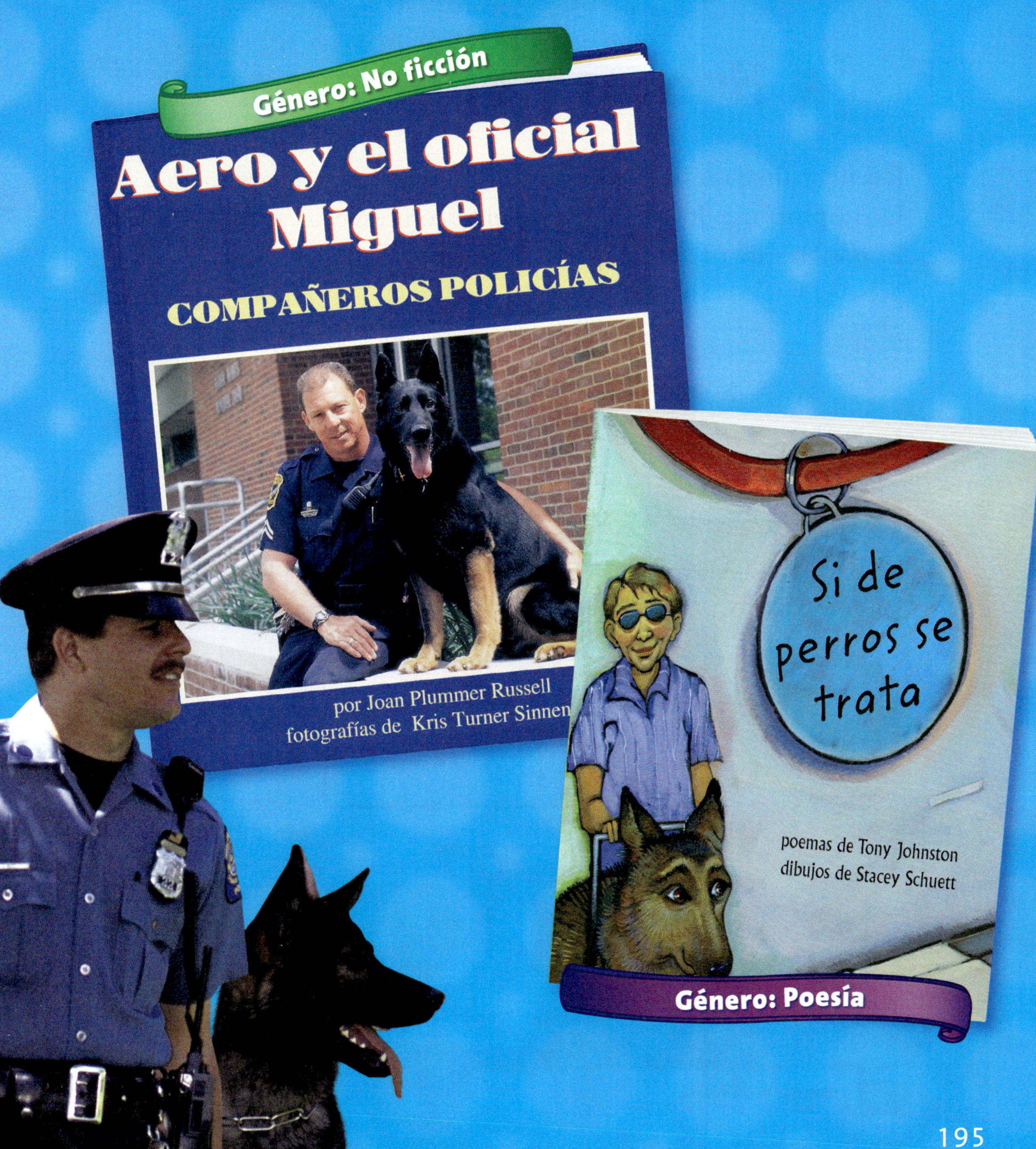

Hechos y opiniones 

Recuerda que un **hecho** es algo que puede comprobarse. Una **opinión** es lo que alguien siente con respecto a algo. Es posible que tú no compartas la misma opinión de otra persona.

Para saber si una afirmación es un hecho o una opinión, hazte algunas preguntas como las siguientes:

- ¿Puede esta afirmación verse o comprobarse?
- ¿Es esto lo que alguien piensa o siente pero no puede comprobarlo?

Cuando aprendes a identificar hechos y opiniones, puedes comprender mejor lo que es verdadero en un tema.

Hecho	Opinión

Clave

En ocasiones, los autores incluyen hechos dentro de una opinión. Si en alguna parte de esa afirmación se incluye un sentimiento o creencia, entonces toda esa afirmación se considera una opinión.

Lee el artículo. Explica por qué, en la tabla de abajo, una afirmación es un hecho y la otra es una opinión.

¡Los perros de pastoreo son muy interesantes! Los ganaderos que crían ovejas los usan para conducir y proteger a sus animales. A una señal, estos perros corren alrededor de las ovejas y les ladran. Así pueden conducirlas por los caminos o hacerlas entrar en el corral. Yo creo que el mejor perro de pastoreo es el pastor escocés. Al pastor escocés se le llama así por ser originario de la frontera entre Inglaterra y Escocia.

Hecho	Opinión
Los ganaderos que crían ovejas usan perros para cuidar el ganado.	¡Los perros de pastoreo son muy interesantes!

Inténtalo

Revisa el artículo. Identifica otro hecho y otra opinión para añadirlos a la tabla. Explica las razones de tus elecciones.

www.harcourtschool.com/reading

- olor
- extravía
- chillaba
- obedece
- demostración
- patrullando

Talentos ocultos

En ocasiones, los perros son compañeros de juego. A veces son amigos que se sientan en silencio a tu lado. ¿Sabías que los sentidos de los perros les permiten, además, ser y hacer mucho más que esto?

El olfato de los perros puede detectar el **olor** de una persona que acaba de pasar por cierto lugar. El oído de los perros es tan agudo que puede escuchar sonidos que las personas no podrían. La vista de los perros es capaz de divisar algo que se **extravía** hasta a media milla de distancia.

Un perro entrenado encontró a alguien que **chillaba** desde muy lejos. El perro movía las orejas en dirección del sonido.

Un perro entrenado **obedece** órdenes. Algunos perros son entrenados para usar su sentido del olfato en la búsqueda de objetos, animales o personas que se extravían. Otros son entrenados para que, con su agudo sentido del oído, ayuden a personas que no pueden oír. Y a otros los entrenan para conducir a los que no pueden ver.

Un perro comienza a trabajar en cuanto es capaz de hacer una **demostración** de que entiende lo que se le ordena. ¿Cuáles perros entrenados has visto tú?

Un oficial y su perro policía están **patrullando** una zona durante el día.

En Internet www.harcourtschool.com/reading

Detectives de las palabras

Tu misión de esta semana es buscar las palabras del vocabulario en señales y anuncios. Cada vez que encuentres una palabra del vocabulario, escríbela en tu diario de vocabulario. No olvides anotar dónde encontraste cada palabra.

Estudio del género

L3.1

Un texto de **no ficción** nos proporciona información acerca de un tema en particular. Identifica

- información acerca de una persona o eventos que sean reales.

- hechos sobre el tema y opiniones que la autora podría tener al respecto.

Hecho	Opinión

Estrategia de comprensión

Verificar la comprensión:
Vuelve a leer un fragmento de la lectura si te pareciera confuso o sin sentido. Es posible que hayas dejado pasar un dato importante.

ESTÁNDARES DE CALIFORNIA
ESTÁNDARES DE CONTENIDO ACADÉMICO DE LENGUA Y LITERATURA EN INGLÉS—Lectura 3.1 Distinguir formas comunes de literatura (p. ej., poesía, drama, ficción, no ficción).

POR

Joan Plummer Russell

FOTOGRAFÍAS DE

Kris Turner Sinnenberg

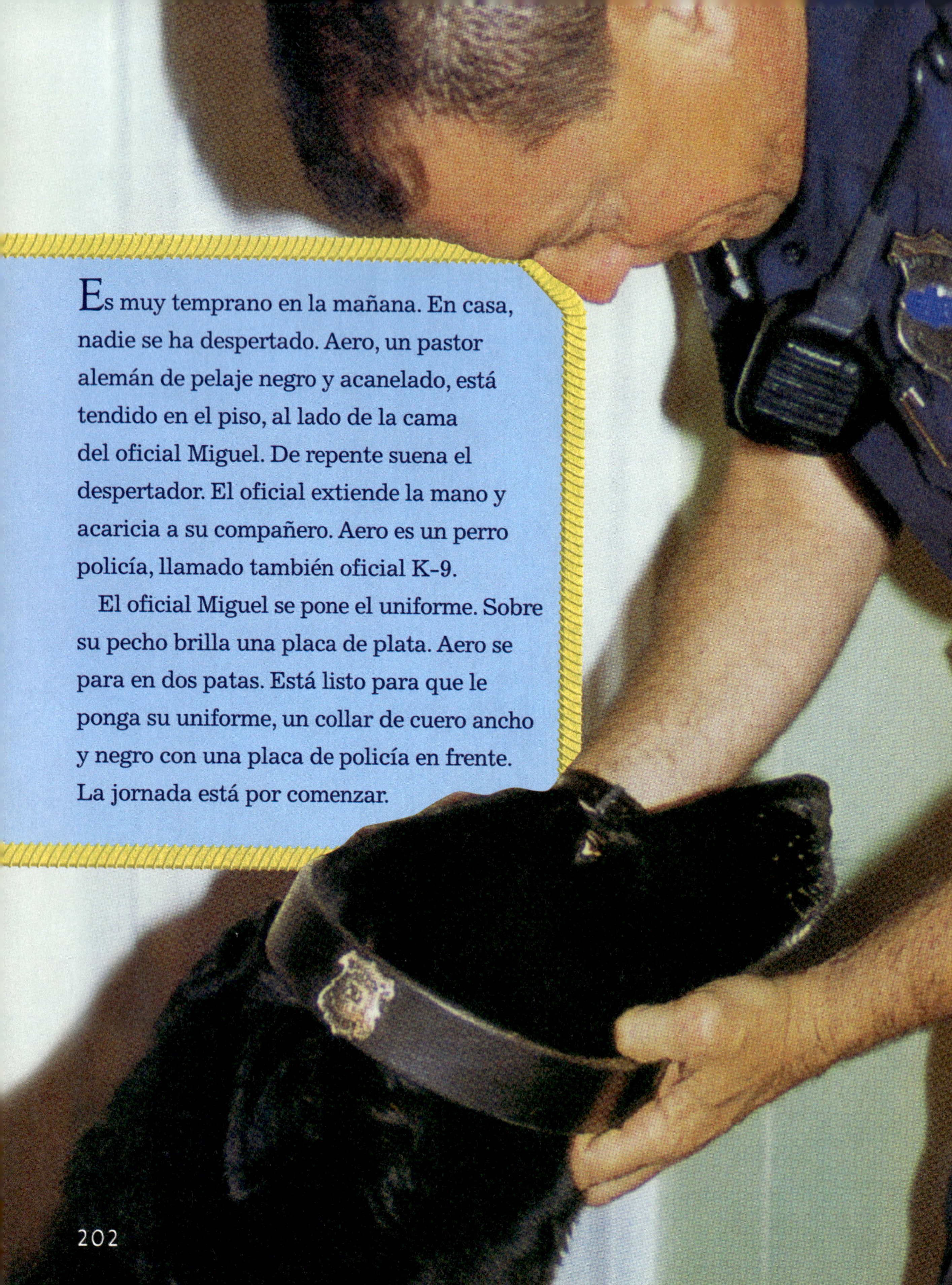

Es muy temprano en la mañana. En casa, nadie se ha despertado. Aero, un pastor alemán de pelaje negro y acanelado, está tendido en el piso, al lado de la cama del oficial Miguel. De repente suena el despertador. El oficial extiende la mano y acaricia a su compañero. Aero es un perro policía, llamado también oficial K-9.

El oficial Miguel se pone el uniforme. Sobre su pecho brilla una placa de plata. Aero se para en dos patas. Está listo para que le ponga su uniforme, un collar de cuero ancho y negro con una placa de policía en frente. La jornada está por comenzar.

El oficial Miguel y Aero son compañeros. Trabajan juntos. Entrenan juntos. Y también se divierten juntos.

Gracias a su potente sentido del olfato, Aero puede realizar algunas actividades mejor que el oficial Miguel. Por ejemplo, puede localizar niños extraviados con sólo rastrear su olor. De la misma manera puede encontrar cualquier objeto perdido.

Los perros policía son muy fuertes y están bien adiestrados. Deben ser capaces de llegar a cualquier lugar donde se requiera su auxilio. Son muy valientes y útiles para combatir el crimen. Pueden correr más rápido que el más veloz de los seres humanos. Sin embargo, cuando no están de servicio, son tan mansos como una mascota. Les encanta que les rasquen la barriga.

Los deberes más importantes de Aero son ayudar y proteger a su compañero, el oficial Miguel. Juntos cumplen su deber sin importar que llueva o truene. Comienzan su jornada patrullando el vecindario para asegurarse de que los ciudadanos estén sanos y salvos. duermen de día y trabaj

ero siempre está listo para subirse al coche.

ro policía del oficial Miguel es diferente

s. En la parte de atrás no tiene

acalore es plano y está cubierto de una

patrulla llevan Aero descanse tendido en

que alguien acaricie al pe

bandeja empotrada para

ra que Aero no se

ventanillas de la

para evitar

204

Aero no puede jugar cuando está de guardia. El oficial Miguel conduce el auto. Aero no permite que nadie se siente junto a él, a menos que el propio oficial Miguel lo autorice.

K-9 sabe que uno de sus deberes es proteger la patrulla. Cuando el oficial Miguel sale del auto, abre la ventanilla delantera para que Aero pueda saltar por ella, o en caso de emergencia, abre la puerta de atrás con un control remoto para que el perro lo auxilie.

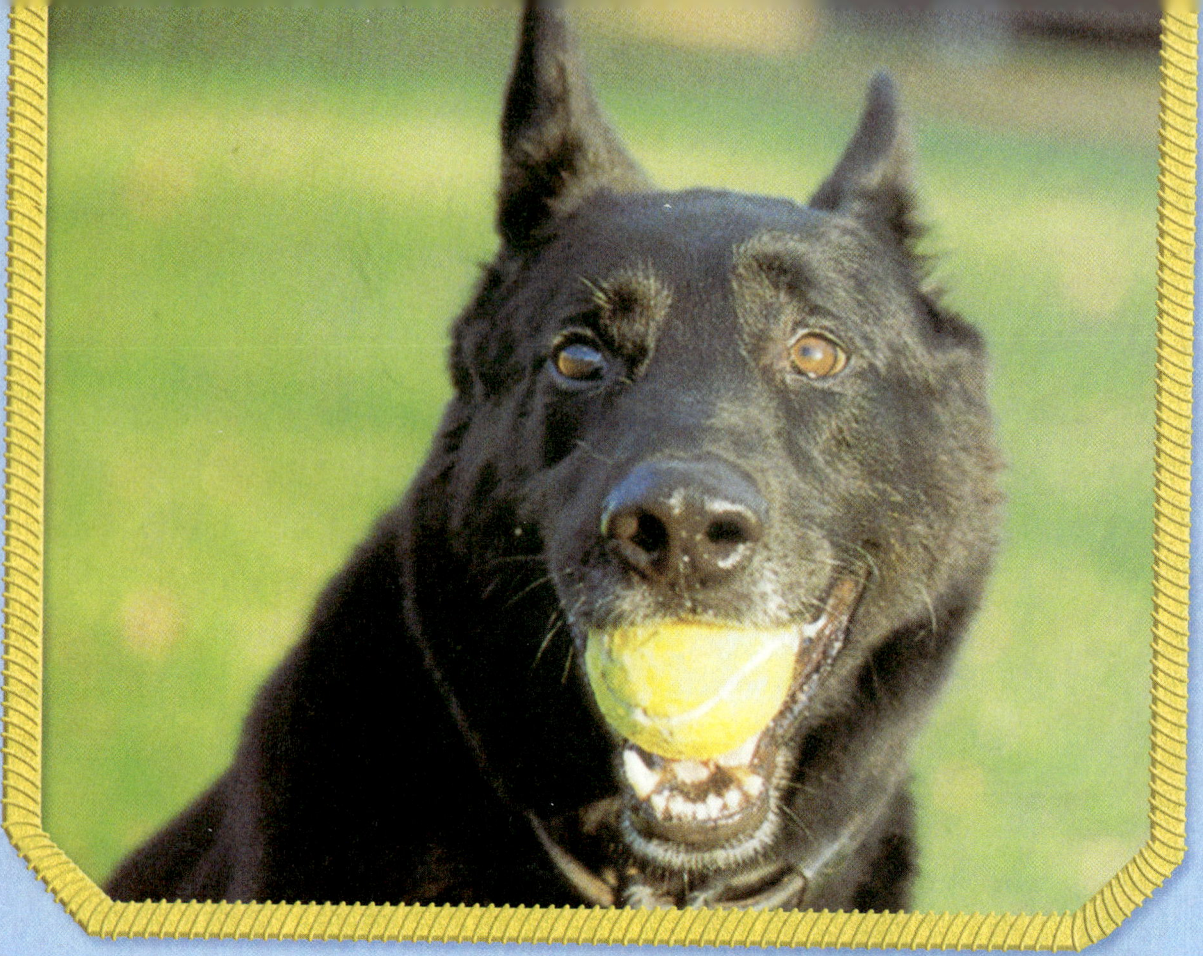

Tiempo de descanso

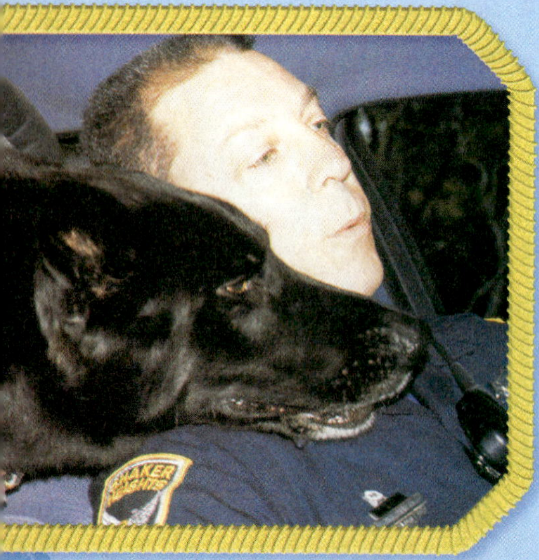

Después de estar en la patrulla por varias horas, Aero necesita descansar. Para hacérselo saber a su compañero, le toca la cabeza con la suya. El oficial Miguel estaciona el vehículo en cuanto puede y le dice a su compañero "Anda, ve a jugar". Ahora, Aero puede explorar los alrededores. Hasta podría jugar con una pelota de tenis.

El oficial Miguel se comunica con Aero de distintas maneras. Una de ellas es mediante señales que le hace con las manos y los brazos. Por ejemplo, la mano abierta significa «quieto». La mano alzada significa «siéntate». La mano en posición horizontal significa «agáchate».

Aero es muy leal y obedece al oficial Miguel. Cuando cumple sus órdenes, le gusta que Miguel le diga "¡Bien hecho!". Siempre trata de complacer a su compañero. También entiende algunas órdenes cortas, por ejemplo: "¡Búscalo!", "¡Detenlo!" y "¡No ladres!". Además entiende algunas palabras en checo, el idioma que se habla en el país donde nació y comenzó su adiestramiento.

El adiestramiento de Aero no acaba nunca. El oficial Miguel lo lleva a entrenar con otros policías y sus compañeros K-9 varias veces al mes. Uno de los ejercicios que hacen los perros policía es correr una pista con obstáculos. Los perros deben pasar por encima, por debajo, alrededor y a través de esos obstáculos.

Aero tuvo que aprender a bajar y subir escaleras exteriores muy inclinadas. También tuvo que aprender a caminar sobre una rejilla muy larga, como las que cubren las alcantarillas en algunas calles. Al principio extendía las patas para mantener el equilibrio. Temblaba y chillaba de miedo. Tenía que repetir el ejercicio una y otra vez. El oficial Miguel lo alentaba: "¡Bien hecho, Aero, lo estás logrando!". Aero es valiente y confía en su compañero, pero todavía le tiene respeto a las rejillas y a las escaleras muy inclinadas.

Los oficiales K-9 tienen el sentido del olfato muy desarrollado (es cientos de veces más potente que el de los seres humanos). Por eso, una de las habilidades más valiosas de Aero es localizar por medio del olfato personas y objetos extraviados.

Cuando los niños juegan a las escondidas, creen que nadie puede encontrarlos. Pero los perros sí los encuentran enseguida. Lo mismo ocurre cuando un niño o una niña se extravía o se aleja de su casa por alguna razón. Aero utiliza el olfato para localizarlos. El olor de cada persona es único. Ni los mellizos huelen igual. Ese olor inconfundible se debe a los alimentos que comen, el jabón y el champú que usan, la ropa que se ponen y el lugar donde viven.

En el consultorio del veterinario

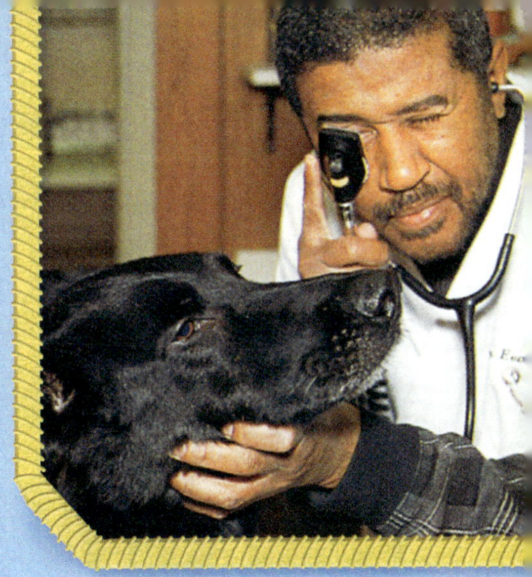

Aero visita con regularidad al doctor Morse. El doctor Morse es su veterinario. Él vigila que esté bien de salud. En el consultorio, Aero debe quedarse quieto sobre una mesa metálica mientras el doctor lo examina. Una vez, Aero tuvo una infección leve en el cuello. El doctor Morse le aplicó un medicamento para sanarlo. Los perros policía trabajan muy duro y cumplen deberes muy importantes. Por eso es de suma importancia que estén saludables. Al final del chequeo, el doctor Morse baja a Aero de la mesa, lo acaricia y le dice: "¡Bien hecho!".

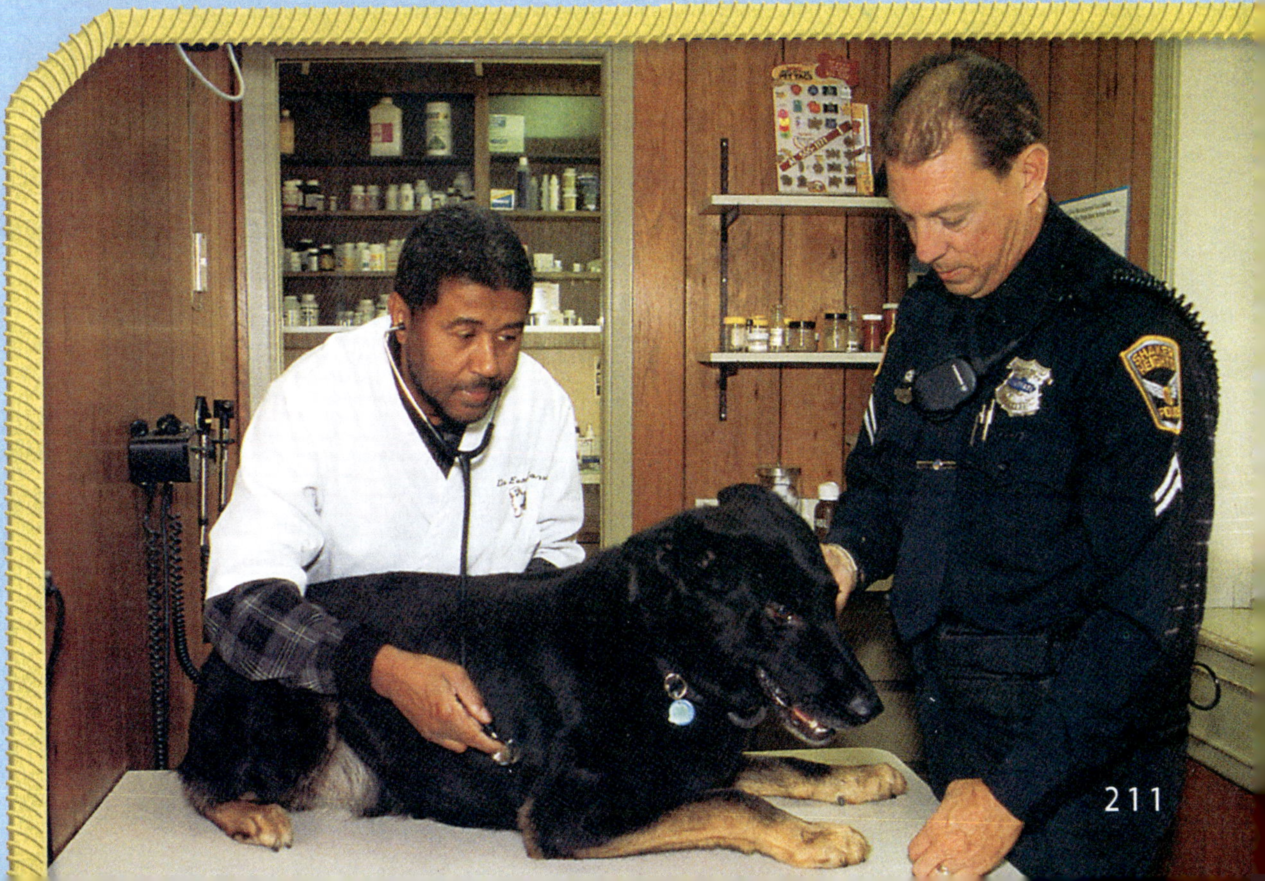

A menudo, las enfermeras y las maestras le escriben al jefe de la policía para pedirle que Aero los visite en su hospital o escuela. A Aero le encantan los niños y es muy cariñoso con ellos. Cuando visita a un niño enfermo, es todavía más dócil. Se tiende en el piso y se queda muy quieto para no asustarlo.

Cuando el oficial Miguel lo lleva a las escuelas, Aero no se aparta de su lado. Juntos hacen una demostración de las destrezas del perro policía. Los niños hacen muchas preguntas. ¿Por qué Aero lleva una placa en el collar? ¿Hasta qué altura puede saltar? ¿A qué velocidad puede correr?

El oficial Miguel contesta las preguntas con precisión. La placa indica que es un perro policía y está de guardia. Es capaz de saltar una barda de ocho pies de alto para atrapar a un malhechor. Es muy veloz. Puede correr casi cuarenta millas por hora. Ni una persona puede correr tan rápido. El ser humano más veloz alcanza una velocidad máxima de veinticuatro millas por hora.

Muchos niños quieren acariciar a Aero.
El oficial Miguel les explica la forma
correcta de hacerlo. Nunca acaricien a
un perro ajeno sin pedirle permiso al
dueño. Tampoco deben acercársele por
detrás. Podría asustarse y reaccionar
con agresividad. Nunca deben abrazar
por el cuello a un oficial K-9. Se le
deben acercar lentamente por el
frente para que pueda verlos. Dejen
que les huela la mano. Acarícienle
la cabeza y las orejas suavemente.
Háblenle en voz baja.

Al final de un turno de doce
horas, el oficial Miguel y Aero
se van a la estación de policía.
Todavía queda algo por hacer.
Después de saludar a sus
compañeros, el oficial Miguel le
escribe un informe a su superior
sobre lo ocurrido en la jornada.
Mientras, Aero se tiende a sus
pies. Cuando el informe está
listo, ambos se van a casa.

Compañeros y amigos

En cuanto el oficial Miguel se mete en la cama, Aero se tiende en el piso, muy cerca de él. Descansa la cabeza sobre sus patas y bosteza antes de quedarse dormido al lado de su mejor amigo. Ninguno de los dos sabe qué les espera la siguiente jornada, pero están preparados para enfrentar lo que sea. A los dos les encanta pertenecer al cuerpo de policía.

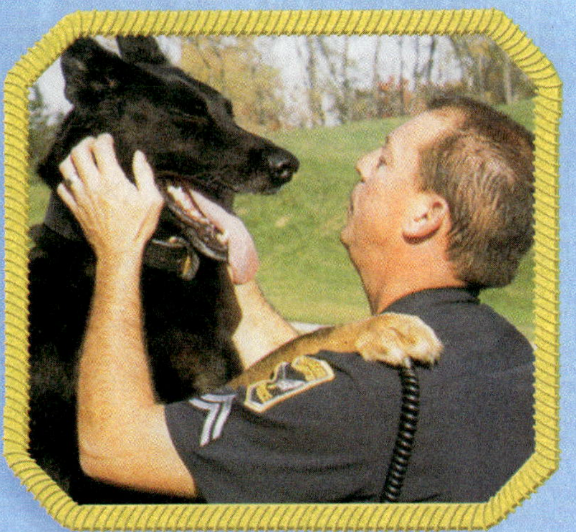

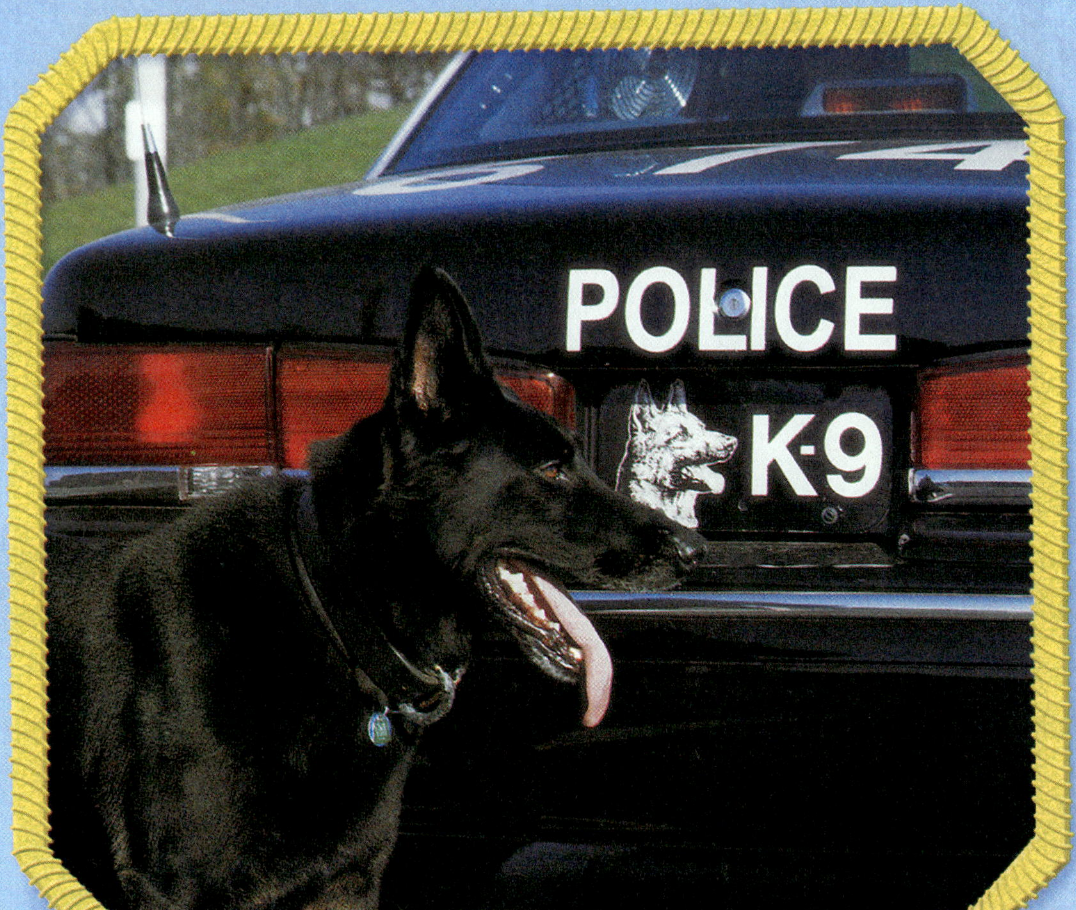

L2.2
L2.6
L3.4

1. Lee esta oración de la lectura: "Juntos cumplen su deber sin importar que llueva o truene". ¿Cómo puedes saber que esto es un hecho? **HECHOS Y OPINIONES**

2. ¿Por qué es importante para la policía el sentido del olfato de Aero? **DETALLES IMPORTANTES**

3. ¿Crees que Aero es más listo que la mayoría de los perros? Explica tus razones. **EXPRESAR OPINIONES PERSONALES**

4. ¿Cómo puedes saber que la autora piensa que los K-9 ayudan a las personas? **SACAR CONCLUSIONES**

5. **ESCRIBIR** ¿Cómo ayudan los K-9 a la policía a cumplir su deber? Apoya tu respuesta con ejemplos de la lectura. **RESPUESTA AMPLIA**

ESTÁNDARES DE CALIFORNIA
ESTÁNDARES DE CONTENIDO ACADÉMICO DE LENGUA Y LITERATURA EN INGLÉS—Lectura 2.2 Formular preguntas y respaldar las respuestas mediante la conexión del conocimiento previo con la información literal que se encontró y se infirió del texto; **L2.6** Extraer la información apropiada y significativa del texto, incluyendo problemas y soluciones; **L3.4** Determinar el tema subyacente o el mensaje del autor en un texto de ficción y no ficción.

Joan Plummer Russell asegura que siempre le ha entusiasmado escribir. A pesar de ello, ningún tema le había atraído lo suficiente para escribir un libro sobre él. Esto cambió cuando conoció al oficial Miguel y a su perro policía Aero.

En preparación a la escritura de su primer libro, la autora acompañó al oficial Miguel y Aero dos veces al mes durante dos años. En esas ocasiones tomó notas, fotografías y grabó muchas conversaciones. Algunas de esas grabaciones contienen ¡sólo ladridos de Aero!

Joan Plummer Russell quedó fascinada con las destrezas de Aero. Aún hoy se siente afortunada de haber podido observar a un K-9 tan bien entrenado.

www.harcourtschool.com/reading

Artes del lenguaje

Si de perros se trata
poema de Tony Johnston
dibujos de Stacy Schuett
Poesía

Si de perros se trata

poemas de Tony Johnston
dibujos de Stacy Schuett

Perro guía

Para Buddy, el primer perro lazarillo

Es una perra normal.
De color negro y canela.
Un poco viejita.
Un poco flaquita.
Tiene pintas como muchos
y un tamaño regular.
Es una perra normal.
Es la niña de mis ojos.

Un sabueso habla del hocico

Portarme bien quisiera.
¡Ay, si pudiera!
Voy husmeando y rebuscando
hasta que, olfateando,
algo nuevo se aparece,
que mi atención se merece.
Algo nuevo para masticar.
Algo viejo para jugar.
¿Oye, qué será?
Mi hocico me guiará.
Traigo a mi dueño conmigo.
¿Qué remedio tengo, amigo?
Si no es oler cada palo,
cada hueco, cada árbol.
Mi dueño siempre se opone,
pero mi hocico dispone.

Enlaces

Comparar textos

1. ¿De qué maneras se parece Aero al perro descrito en el poema "Perro guía"?

2. ¿Te gustaría tener un perro como Aero en tu casa? ¿Por qué? ¿Qué dificultad podría tener esto?

3. ¿Cómo ayudan los oficiales K-9 a hacer del mundo un mejor lugar?

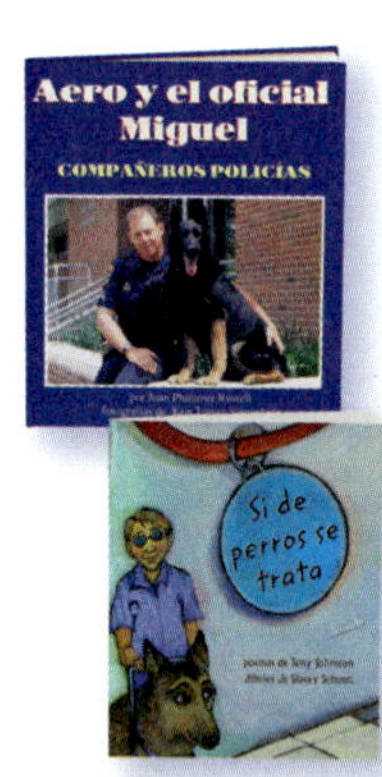

Repaso del vocabulario

Clasificación de palabras

Trabaja en equipo con un compañero. Clasifique cada uno las palabras del vocabulario en dos categorías. Piensen qué palabras se ajustan mejor a *Aero* y cuáles al *oficial Miguel*. Comparen las clasificaciones. Túrnense para explicar por qué clasificaron las palabras de ese modo. Después, escoja cada uno una palabra de cada categoría y escriban una oración con ambas palabras.

Duque chillaba por el olor del tocino.

- olor
- extravía
- chillaba
- obedece
- demostración
- patrullando

Lectura en pareja

Trabaja en equipo con un compañero. Lee en voz alta algunas páginas de "Aero y el oficial Miguel". Proponte leer con fluidez agrupando las palabras que forman una misma idea. Pídele a tu compañero que te escuche y que te dé su opinión. Después, cambien de rol.

Escritura

E1.1
E1.1b

Escribe un párrafo informativo

Escribe un párrafo que proporcione hechos comprobables sobre el uso de los K-9 en las estaciones de policía o sobre algún otro animal que auxilie a las personas. Recuerda que debes usar sólo hechos en tu escritura. Trata de dejar fuera tus opiniones en este párrafo.

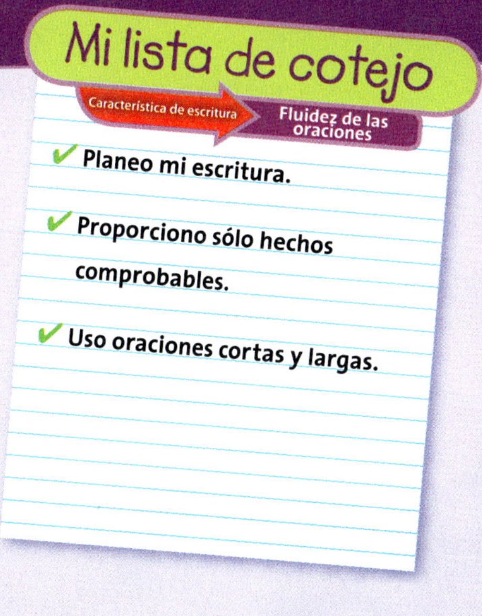

Hecho	Opinión

L2.3 Demostrar la comprensión mediante la identificación de respuestas en el texto; **Comprensión auditiva y expresión oral 1.9** Leer en voz alta prosa y poesía con fluidez, ritmo y tiempo, utilizando la entonación apropiada y los modelos vocales para enfatizar pasajes importantes del texto leído; **Expresión escrita 1.1** Crear un solo párrafo; **E.1.1b** Incluir hechos y detalles simples que sirvan de apoyo.

CONTENIDO

Género: Ensayo fotográfico
LOS ANIMALES TAMBIÉN HABLAN
BOOKS FOR YO
NATIONAL GEO
El canto de la
BALLENA
traducido de la revista Super Science (Superciencias)
Género: Artículo de revista

Palabras con *ua, ue, ui* 

Llamamos diptongo a la unión de dos vocales dentro de una misma sílaba.

- Los diptongos pueden estar formados por una vocal abierta (*a, e, o*) y otra cerrada (*i, u*) o por dos vocales cerradas distintas (*i, u*).

- Las combinaciones de vocales *ua, ue* y *ui* son diptongos.

- El diptongo *ui* casi siempre se escribe *uy* cuando aparece al final de una palabra.

- Las dos vocales de un diptongo *siempre* van unidas y no deben separarse al final del renglón.

Lee la palabra de cada columna y fíjate en el diptongo que contiene cada una.

Palabra con *ua*	Palabra con *ue*	Palabra con *ui*
agua	hueso	ruidosa muy

Lee las siguientes oraciones. Observa la palabra subrayada en cada una de ellas. En la tabla de abajo, encierra en un círculo la división silábica correcta.

1. Los relojes <u>suizos</u> son muy finos.
2. A José le quedó <u>muy</u> bien su dibujo.
3. Mi <u>abuelita</u> teje por las tardes.
4. Las plantas necesitan del <u>agua</u> para crecer.
5. El ejercicio es saludable para el <u>cuerpo</u>.
6. Los <u>guantes</u> rojos son mis preferidos.

suizos	su-i-zos	sui-zos
muy	muy	mu-y
abuelita	a-bue-li-ta	a-bu-e-li-ta
agua	a-gu-a	a-gua
cuerpo	cuer-po	cu-er-po
guantes	guan-tes	gu-an-tes

Inténtalo

Vuelve a leer otros cuentos del tema 2. Busca dos palabras con cada uno de los diptongos *ua, ue, ui*. Divídelas en sílabas.

www.harcourtschool.com/reading

Vocabulario

señal

sacuden

avisa

comunican

chirrían

asean

Parque Nacional Dry Tortugas

Cuando visites el Parque Nacional *Dry Tortugas* cerca de Cayo Largo, Florida, no olvides llevar una cámara y unos binoculares. También lleva un traje de baño, porque la mayor parte del parque está cubierta de agua. Las partes secas conforman siete islas, todas de agua salada.

Los bañistas se envían una **señal** para indicar que han visto una tortuga marina. Es muy divertido observar a estos animales. Las tortugas hembra llegan a la playa para depositar sus huevos. Con sus aletas **sacuden** la arena para cubrir y proteger los huevos.

El guardaparque les **avisa** a los visitantes cuando las tortugas marinas van a depositar sus huevos.

Durante abril y mayo, puedes observar las aves del parque en alguno de los recorridos que se organizan en esa época. Es posible que veas a los pamperos y a los pájaros bobo zambulléndose en el mar para pescar peces y calamares. Estas aves se **comunican** entre sí por medio de un sonido muy peculiar que hacen: **chirrían** muy alto.

Al concluir este recorrido, puedes visitar un fuerte antiguo. Allí te contarán historias de piratas y tesoros hundidos en viejos galeones. ¿Serán reales estas historias?

Las garzas reales **asean** sus alas regularmente.

www.harcourtschool.com/reading

Escribientes

Tu misión de esta semana es usar las palabras del vocabulario en tu escritura. Por ejemplo, narra alguna ocasión en que viste animales comunicándose entre ellos. Léele a un compañero lo que escribas.

Ensayo fotográfico

L3.1

Estudio del género

Un **ensayo fotográfico** presenta información por medio de fotografías y texto. Identifica

- fotografías que se apoyan con el texto.

- párrafos o detalles del texto que apoyan la idea principal.

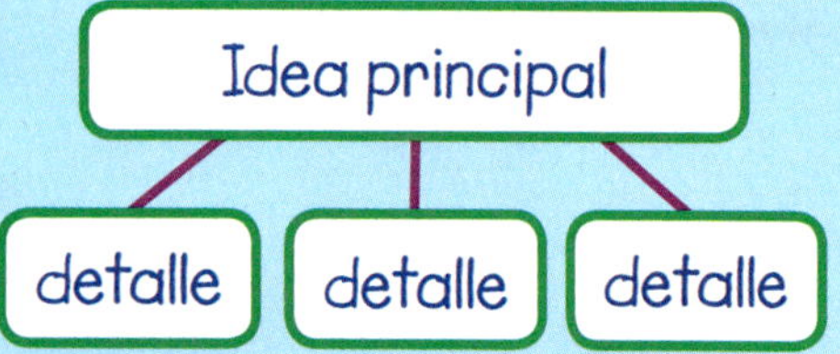

L2.4

Estrategia de comprensión

Verificar la comprensión: Resume o repasa los puntos principales de la selección para que entiendas y recuerdes mejor la lectura.

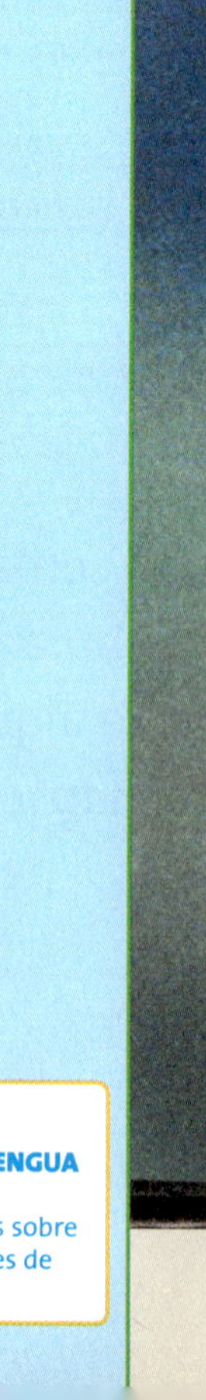

LOS ANIMALES TAMBIÉN HABLAN

POR SUSAN McGRATH

Los lobos aúllan, gañen y gruñen. El coyote levanta la cabeza y da aullidos. Los lobos y los coyotes no usan palabras, pero sí sonidos, olores y muchas otras maneras para enviarse mensajes. Todos los animales se dicen cosas entre ellos. Se comunican entre sí.

Un lobo enojado levanta el lomo y camina con las patas tiesas. Con su cuerpo les dice a los otros lobos que está molesto.

El lobo olfatea la nieve para encontrar rastros de otros lobos. El ciervo macho raspa el cuerpo contra un árbol y allí deja su olor. El olor les dice a otros ciervos: "No se acerquen aquí".

Los animales no hablan como las personas, pero tienen muchas maneras de comunicarse entre ellos.

Tres ciervos de cola blanca, o ciervos de Virginia, sacuden la cola al cruzar un riachuelo. La cola, blanca como la nieve, les avisa a los otros ciervos que existe peligro. Con esta señal les dicen: "¡Corran! ¡Sígannos!".

Un conejito de las rocas, o pika, también avisa si hay peligro. Emite una advertencia muy ruidosa con su garganta: "¡iiiik!". Los demás conejos buscan refugio para ponerse a salvo.

¡Crac! Los cuernos de dos alces machos chocan al embestirse. "¿Quién manda aquí?", se dicen. "Veamos quién es el más fuerte".

Estas liebres árticas se dicen lo mismo. Las dos liebres grandes y peludas saltan y se pegan con las zarpas.

Los insectos también se comunican entre sí. La mantis religiosa, que también se conoce como santateresa, alarga su cuerpo para parecer más grande. Con esta señal quiere decir: "Es mejor que no te metas conmigo".

Hasta la oruga tiene algo que decir. La oruga de la mariposa macaón, o mariposa rey, produce un olor desagradable para ahuyentar a sus enemigos.

La luz de la luciérnaga macho
advierte: "¡Estoy aquí!". Una luciérnaga
hembra que pase junto a él entenderá la
señal que le dice: "Acércate aquí".

La araña macho, la más pequeña
en la fotografía, camina cautelosa por
la telaraña de la araña hembra. Con
sus pasos le dice: "Soy tu amigo, no
tu almuerzo". Entonces, ella lo deja
pasar. La marca roja en el estómago de
la araña hembra nos indica que es una
araña viuda negra muy venenosa.

Estas crías de petirrojo abren el
pico para recibir su cena de gusanos.
"Dame de comer", es lo que quieren
decir los piquitos abiertos. "¡Dame de
comer!" "¡Dame de comer!"

Las golondrinas comunes chirrían posadas en una rama. Y parece que los pingüinos barbijos también tienen mucho que decir. Pero nadie sabe exactamente lo que dicen estas aves. Sólo podemos adivinarlo. ¿Qué crees que dicen?

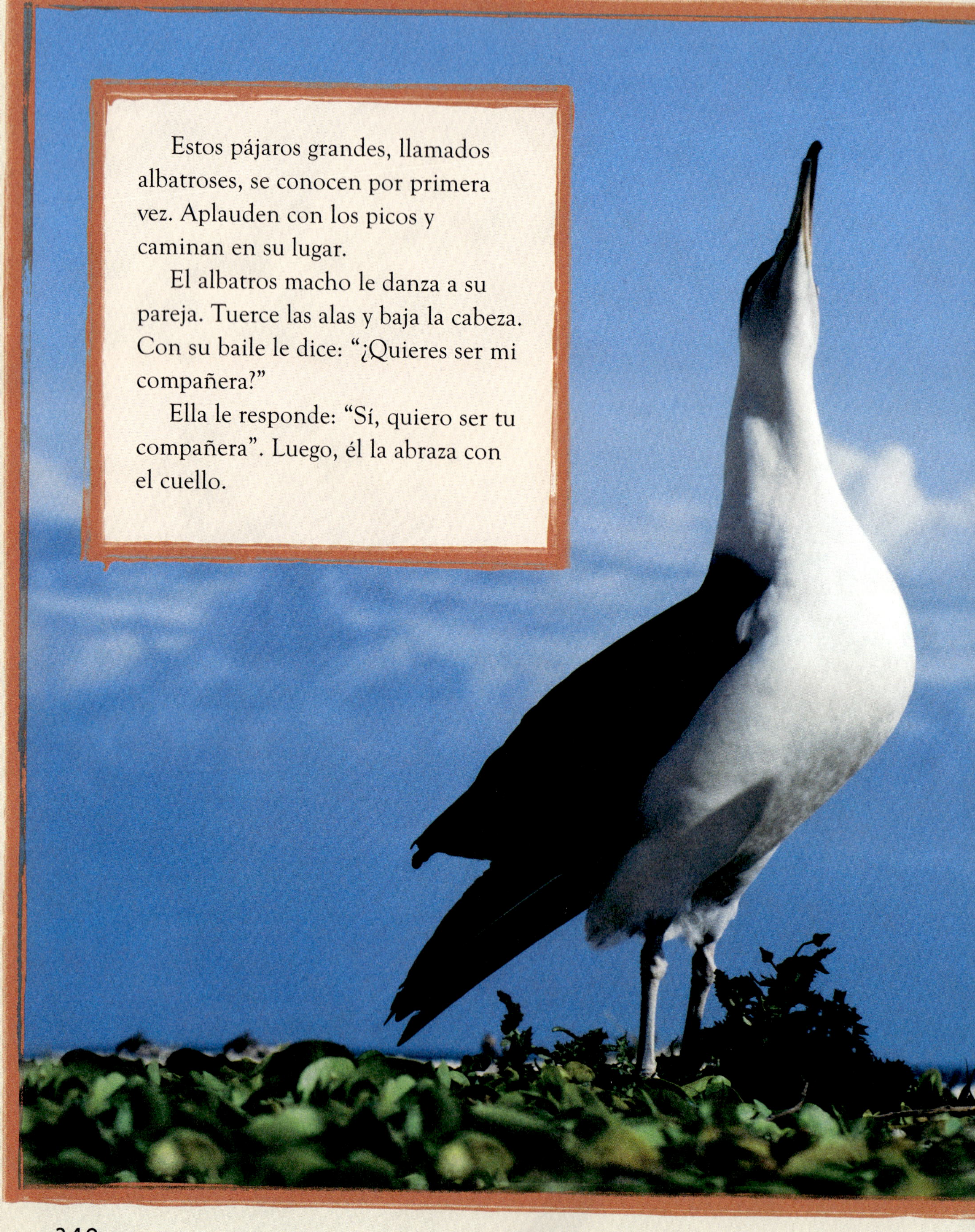

Estos pájaros grandes, llamados albatroses, se conocen por primera vez. Aplauden con los picos y caminan en su lugar.

El albatros macho le danza a su pareja. Tuerce las alas y baja la cabeza. Con su baile le dice: "¿Quieres ser mi compañera?"

Ella le responde: "Sí, quiero ser tu compañera". Luego, él la abraza con el cuello.

Dos elefantes marinos macho se destacan dentro de una manada de hembras. Los machos resoplan y braman con sus enormes hocicos.

El primero dice con un bramido: "Este grupo es mío".

El segundo brama: "No. Es mío".

Parece que las hembras no se han enterado de nada.

Hasta debajo del mar los animales se
comunican entre ellos. Tres ballenas jorobadas
—mamá, papá y bebé— nadan juntas. Papá canta
muy alto. Su canto dice: "Estoy aquí".

La ballena beluga, o ballena blanca, chirría
y chasquea. Los marineros pensaban que este
sonido se parecía al del canto de los pájaros.
Solían llamar a esta ballena «el canario de
los mares».

Dos manatíes, mamíferos marinos, se
acercan uno al otro debajo del agua y se
tocan los bigotes. Es común que se besen de
este modo para saludarse. También chirrían
y chillan.

¿Quién se hubiera imaginado que los
animales tienen tantas cosas que decir?
Tanto en la tierra, como en el aire, como
en el agua, los animales se envían señales.

Esta vieja chimpancé peina a un chimpancé más
joven. Le saca la caspa con los dedos. Los chimpancés
se asean unos a otros. Es una manera de demostrarse
cariño. A través del contacto se dicen: "Te quiero".

La lechuza joven picotea dulcemente a la lechuza
adulta. De esta manera le ruega que la alimente.

Todos los animales se comunican con sus sentidos:
vista, oído, tacto y olfato. La próxima vez que veas
a unos pájaros, ardillas, gatos o perros, préstales
atención. ¿Qué estarán diciendo?

PENSAMIENTO CRÍTICO

1. ¿Cuál es la idea principal de "Los animales también hablan"? IDEA PRINCIPAL

2. ¿De qué maneras se comunican los lobos entre ellos? DETALLES IMPORTANTES

3. Piensa en cómo se comunican algunos animales entre ellos. ¿En qué se parece a la forma en que se comunican los seres humanos? COMPARAR

4. ¿Cómo puedes saber si la autora quiere que sus lectores estudien la naturaleza? SACAR CONCLUSIONES

5. **ESCRIBIR** ¿En qué se parece la manera en que dos alces machos y dos liebres árticas se comunican? Explica tu respuesta con ejemplos.

RESPUESTA BREVE

El canto de la BALLENA

traducido de la revista *Super Science (Superciencias)*

El mejor lugar para avistar ballenas es la costa de California. Miles de ballenas cruzan la costa californiana todos los años. A mucha gente le gusta verlas pasar. Otros prefieren escucharlas.

Los científicos saben desde hace muchos años que las ballenas cantan. Pero el porqué lo hacen ha sido un misterio hasta hoy. Recientemente, los científicos descubrieron que las ballenas cantan para comunicarse entre ellas en alta mar.

¿Cómo es posible que las ballenas emitan un sonido que viaje tan lejos? Una de las razones es que el sonido se propaga a través de diferentes cuerpos y a diferentes velocidades. Dentro del agua, el sonido viaja a mayor velocidad y a mayor distancia que por el aire. Además, el tono (frecuencia grave o aguda de los sonidos) del canto de las ballenas es un tono grave. Estos sonidos graves son tan poderosos que pueden recorrer miles de millas a través del agua. ¡Eso sí es una llamada de larga distancia!

Enlaces

Comparar textos 

1. Piensa en lo que leíste sobre la comunicación entre los pájaros en "Los animales también hablan" y "El canto de la ballena". ¿Qué sonido viajaría más rápido: el sonido del pájaro o el sonido de la ballena?

2. ¿Le recomendarías a un amigo que leyera "Los animales también hablan"? Explica tu respuesta.

3. ¿De qué manera te ayudó la lectura de "Los animales también hablan" a entender el mundo natural?

Repaso del vocabulario

Parejas de palabras

Trabaja en equipo con un compañero. Escriban cada palabra del vocabulario en una tarjeta. Pongan las tarjetas boca abajo sobre una mesa. Túrnense para voltear dos tarjetas a la vez y escribir cada uno una oración que incluya ambas palabras. Léanse las oraciones y comprueben si usaron correctamente las palabras del vocabulario.

señal

sacuden

avisa

comunican

chirrían

asean

ESTÁNDARES DE CALIFORNIA
ESTÁNDARES DE CONTENIDO ACADÉMICO DE LENGUA Y LITERATURA EN INGLÉS—Lectura 1.3 Leer en voz alta y con fluidez y exactitud un texto narrativo y expositivo con el ritmo, la entonación y la expresión adecuados; **L2.2** Formular preguntas y respaldar las respuestas mediante la conexión del conocimiento previo con la información literal que se encontró y se infirió del texto; *(continúa)*

Lectura repetida

Elige un fragmento de "Los animales también hablan". Léelo en voz alta. Haz una pausa después de las comas y al final de cada oración. Usa un cronómetro para saber en cuánto tiempo lees. Proponte una meta para mejorar tu tiempo de lectura. Lee varias veces hasta que logres tu meta.

Escritura

E1.1
E1.1a
E1.1b

Escribe una descripción

Describe en un párrafo la forma en que se comunica un animal de "Los animales también hablan". Presenta la idea principal en la primera oración. Después, escribe detalles descriptivos. Usa la gráfica de idea principal y detalles para planear tu escritura.

Mi lista de cotejo

Característica de escritura → Elección de palabras

✔ Uso un lenguaje preciso para describir las acciones de los animales.

✔ Mi párrafo tiene una idea principal y detalles descriptivos.

✔ Uso la puntuación correcta en mi párrafo.

Idea principal

Detalle | Detalle | Detalle

CONTENIDO

Lección 9

Género: Cuento popular
Sopa de piedra
Jon J M
LA LEYENDA DE
JUANITO SEMILLA DE MANZANA
narrado por Eric A. Kimmel
ilustraciones de Stefano Vitale
Género: Leyenda

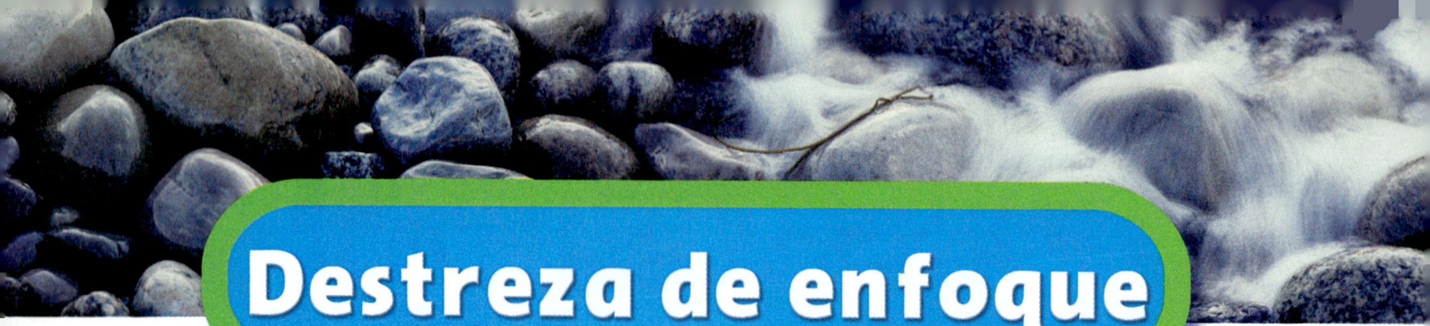

 Idea principal y detalles 

La **idea principal** indica de lo que se trata un párrafo en general. Los **detalles** apoyan la idea principal con más información.

- Algunos autores expresan la idea principal de un párrafo en la primera oración. En el resto de las oraciones ofrecen detalles que apoyan la idea principal.

- Otros autores no indican cuál es la idea principal del párrafo, y tú, como lector, debes averiguarla.

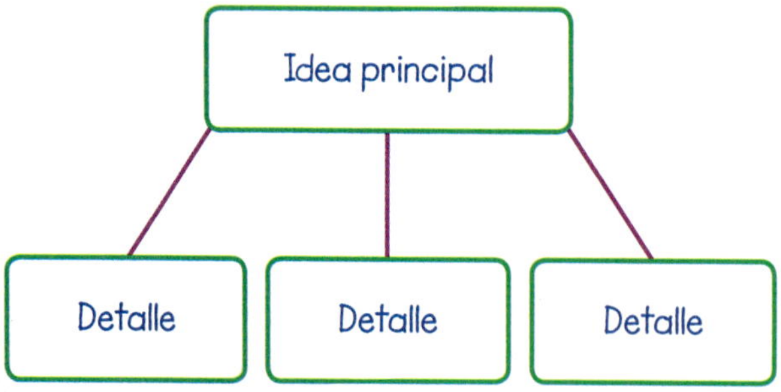

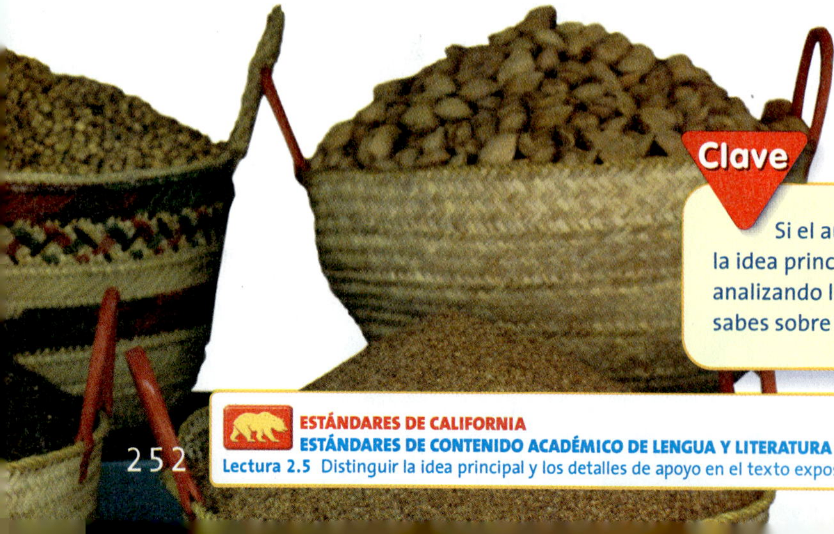

Clave

Si el autor no indica abiertamente la idea principal, tú puedes averiguarla analizando los detalles y recordando lo que sabes sobre el tema.

Lee el siguiente párrafo. Piensa en la idea principal que apoyan los detalles.

> En la Antigua China, los mercaderes y otros viajeros viajaban a través del desierto y de pasajes montañosos. En ocasiones, los mercaderes usaban caballos y camellos para transportar los productos que querían comercializar. Llevaban desde China hasta lugares muy remotos productos como té, seda, azúcar y sal. Allí vendían esos productos o los intercambiaban por otros. Muchos mercaderes regresaban a China cargados de medicinas, oro y plata.

Detalle	Detalle	Detalle
Los mercaderes viajaban a través del desierto y de pasajes montañosos.	En ocasiones, los viajeros usaban caballos y camellos.	Los mercaderes vendían productos y servicios.

Idea principal

Inténtalo

Lee el párrafo de nuevo. Localiza dos detalles más que apoyen la idea principal.

www.harcourtschool.com/reading

Vocabulario

banquete

distinguir

irresistible

curioso

generosos

hambre

La comida china

Hace mucho tiempo, China era gobernada por emperadores. El emperador vivía en un palacio. Todos los días, más de dos mil trabajadores preparaban sabrosos platillos para el emperador. Para cada **banquete**, los cocineros preparaban diferentes tipos de cereales, carnes, frutas y postres. Los cocineros probaban los platillos para **distinguir** si se habían usado los ingredientes correctos. Pero sólo el emperador, su familia, los miembros de la corte y los invitados especiales podían tener el placer de comer esos manjares.

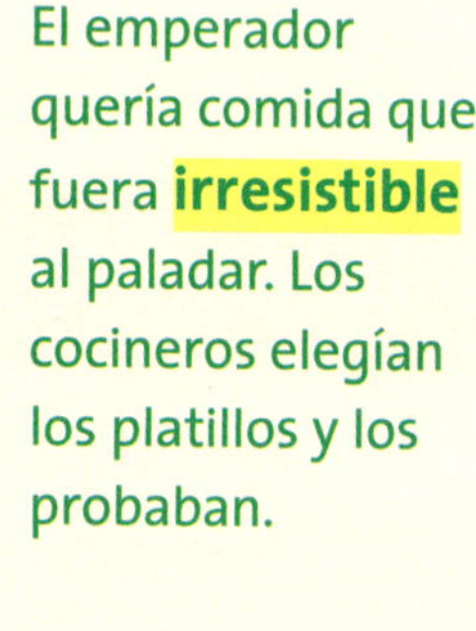

El emperador quería comida que fuera **irresistible** al paladar. Los cocineros elegían los platillos y los probaban.

254

Durante siglos, el pueblo chino cultivó, recolectó o cazó toda la comida con que se alimentaba. En algún momento, algunos chinos viajaron a otros países. Allá encontraron alimentos que no conocían, cuyo sabor les pareció muy **curioso**. Entonces llevaron esos atractivos y desconocidos alimentos a China. Así, el maíz, el chile picante y la papa se convirtieron pronto en ingredientes fundamentales de la comida china.

Los chinos son muy **generosos**. Hoy en día, muchos viven lejos de su país y comparten su deliciosa comida con las personas del mundo.

www.harcourtschool.com/reading

Los antiguos chinos conocían las plantas silvestres que podían comer durante los tiempos de **hambre**.

Detectives de las palabras

Tu misión de esta semana es buscar las palabras del vocabulario en cuentos populares de China o de otros países. Cada vez que encuentres una palabra del vocabulario, escríbela en tu diario de vocabulario. No olvides anotar dónde encontraste cada palabra.

Estudio del género

L3.1

Un **cuento popular** es una historia transmitida de viva voz de generación en generación. Identifica

- sucesos que se repiten.

- detalles que confluyen para enseñar juntos una moraleja.

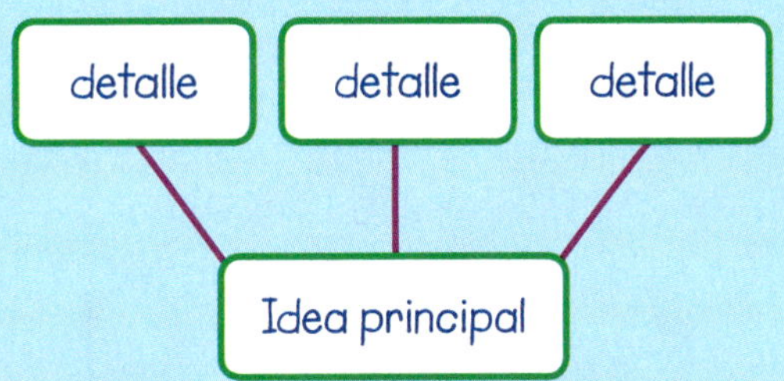

Estrategia de comprensión

R2.4

Resume o revisa los sucesos principales de un cuento para que entiendas mejor las partes más importantes de la historia.

ESTÁNDARES DE CALIFORNIA
ESTÁNDARES DE CONTENIDO ACADÉMICO DE LENGUA Y LITERATURA EN INGLÉS—Lectura 2.4 Recordar puntos fundamentales del texto y hacer y modificar predicciones sobre la información posterior; **L3.1** Distinguir formas comunes de literatura (p. ej., poesía, drama, ficción, no ficción).

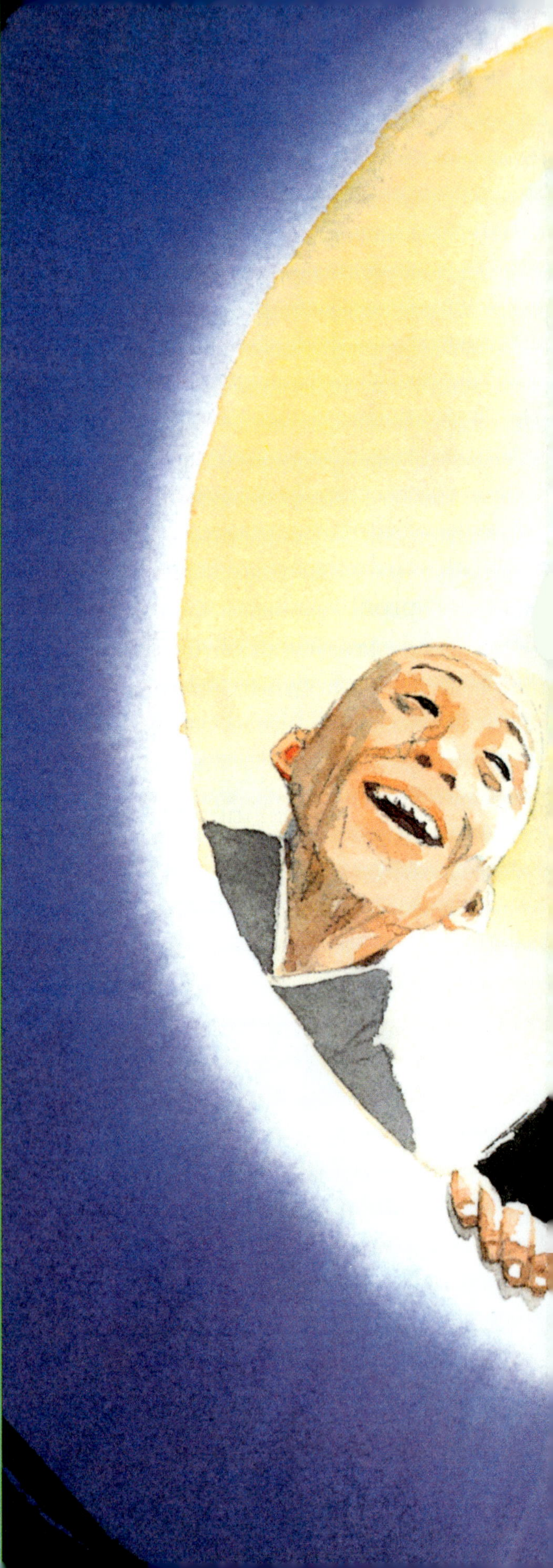

Sopa de piedra
narración e ilustraciones de
Jon J Muth
257

Tres monjes viajaban por un camino montañoso.
Hok, Lok y Siú iban hablando de muchas cosas:
de los bigotes del gato, del color del sol y de la
generosidad.

—Siú, ¿cómo se consigue la felicidad?
—preguntó Hok, el más joven de los monjes.

—Averigüémoslo —respondió Siú, el más viejo
y el más sabio.

El sonido de una campana les hizo mirar hacia los tejados de las casas de un pueblecillo en el valle. Desde allá arriba, los monjes no podían distinguir los tiempos difíciles por los que había pasado la aldea. El hambre, las inundaciones y la guerra habían dejado a sus habitantes fatigados y recelosos de los forasteros. Desconfiaban hasta de sus vecinos.

Los aldeanos trabajaban
mucho, pero en solitario.

Había un granjero.

Un mercader de té.

Un erudito.

Una costurera.

Un doctor.

Un carpintero…
y muchos otros.

Pero no tenían mucho trato
entre ellos.

Cuando los monjes llegaron al pie de la montaña, los aldeanos corrieron a esconderse dentro de sus casas. Nadie vino a recibirlos a las puertas de la muralla.

Y cuando los vieron entrar a la aldea, pasaron el cerrojo a las ventanas.

Los monjes tocaron a la puerta de la primera casa. Nadie contestó. Luego la casa se quedó en penumbra.

Tocaron a la puerta de la segunda casa. Y ocurrió lo mismo.

Pasó una y otra vez, de una casa a la siguiente.

—Esta gente no conoce la felicidad —acordaron los tres monjes.

—Pero hoy —dijo Siú con el rostro tan claro como la luna— les enseñaremos a hacer sopa de piedra.

Buscaron palos y ramas para hacer una fogata.

Del pozo de la aldea sacaron agua y llenaron una
olla que pusieron al fuego.

Una valiente niñita que los había estado observando
se les acercó.

—¿Qué hacen? —preguntó.

—Buscamos leña —dijo Lok.

—Para el fuego —dijo Hok.

—Vamos a hacer sopa de piedra y necesitamos
tres piedras redondas y lisas —dijo Siú.

La niña y los monjes buscaron las piedras en
la plaza hasta que por fin encontraron las más
apropiadas. Entonces las pusieron en la olla a hervir.

—Haremos una sopa riquísima con estas piedras
—dijo Siú—. Aunque si tuviéramos una olla más
grande podíamos hacer más cantidad.

—Mi mamá tiene una olla más grande —dijo
la niña.

La niña corrió a su casa. Al ir a llevarse la olla, la madre le preguntó para qué la quería.

—Los tres forasteros están cocinando una sopa de piedra —le contestó—. Necesitan la olla más grande que tengamos.

—Es fácil encontrar piedras —dijo la madre—. Me gustaría saber cómo se hace una sopa de piedra.

Los monjes atizaron el fuego. El humo comenzó a elevarse en el viento y los aldeanos se asomaron a las ventanas. ¡Una fogata y una enorme olla en el medio de la plaza les resultaba muy curioso!

Uno a uno, los aldeanos fueron saliendo de sus casas. Querían saber qué era una sopa de piedra.

—Claro está, la receta original de sopa de piedra dice que se sazone con sal y pimienta —dijo Hok.

—Cierto —le contestó Lok mientras removía el agua con las piedras—. ¡Es una lástima que no tengamos ni sal ni pimienta!

—Yo tengo sal y pimienta en casa —dijo el viejo erudito con la mirada curiosa. Y trajo sal y pimienta y algunas otras especias.

Siú probó la sopa.

—La última vez que hicimos una olla tan grande de sopa de piedra, las zanahorias que le añadimos le dieron un sabor muy dulce —dijo.

—¡Zanahorias! —dijo una señora en el grupo—. Creo que tengo unas cuantas, pero sólo unas cuantas. Y salió corriendo. Y regresó con los brazos llenos de zanahorias y las echó en la olla.

—¿No les parece que la sopa quedaría mejor si tuviera cebollas? —preguntó Hok.

—Sí, la cebolla le daría muy buen sabor —dijo el granjero y salió a toda prisa. Cuando regresó, traía cinco cebollas enormes. Y todas fueron a parar a la olla de sopa hirviendo.

—¡Ahora sí va a estar buena esta sopa! —dijo.

Todos los aldeanos estuvieron de acuerdo. El olor de la sopa era irresistible.

—¡Qué lástima que no tengamos algunas setas! —dijo Siú rascándose el mentón.

Algunos aldeanos se relamieron los labios. Algunos salieron y regresaron con champiñones frescos, fideos, guisantes y repollos.

Y entonces, algo maravilloso empezó a ocurrir entre los aldeanos. Cada vez que una persona ofrecía algo para la sopa, la próxima aportaba mucho más. Y con eso, la sopa se fue transformando en un manjar exquisito y delicioso.

—El emperador hubiera sugerido que le añadiéramos bolitas de masa de harina—dijo un aldeano.

—Y un poco de tofu —dijo otro.

—Y frijolitos verdes y batatas —dijeron otros—. Y malanga, calabaza y maíz.

—¡Ajo, jengibre, salsa soja, capullos de lis!

—¡Tengo en casa! ¡Tengo en casa! —gritaban todos y regresaban con todo lo que podían encontrar.

Los monjes meneaban la sopa y la olla hervía. ¡Olía riquísima! ¡Sabría exquisita! ¡Qué generosos eran ahora los aldeanos!

Cuando la sopa estuvo lista, los aldeanos se
reunieron. Trajeron arroz y panecillos. Litchi y
empanadas dulces. Y té para todos. Encendieron
los faroles y se sentaron a comer.

Nadie se acordaba de la última vez que habían
tenido un festín de esa clase.

Después del banquete contaron cuentos, cantaron canciones y celebraron hasta la madrugada.

Y entonces quitaron el cerrojo de las puertas y acogieron a los monjes en sus casas. Y les dieron lugares cómodos donde dormir.

Al amanecer, la aldea se reunió cerca de los sauces para despedir a los monjes.

—¡Gracias por recibirnos en su aldea! —dijeron los monjes—. Fueron muy generosos.

—¡Gracias a ustedes! —contestaron los aldeanos—. Nos dieron un regalo que nos va a durar toda la vida. Nos demostraron que si compartimos, siempre tendremos en abundancia.

—Y que la felicidad —dijeron los monjes— se consigue con una sopa de piedra.

Pensamiento crítico

1 ¿Cuál es la idea principal del cuento "Sopa de piedra"? IDEA PRINCIPAL

2 ¿Qué les sucede a los aldeanos durante el festín? DETALLES IMPORTANTES

3 ¿Crees que los aldeanos continuarán practicando su cambio de actitud? Explica. EXPRESAR OPINIONES PERSONALES

4 ¿Cómo puedes saber si el autor cree que los monjes provocaron un cambio positivo en la aldea? SACAR CONCLUSIONES

5 **ESCRIBIR** ¿Por qué los monjes les enseñaron a los aldeanos a hacer sopa de piedra? Explica qué sucede como resultado. RESPUESTA BREVE

 **ESTÁNDARES DE CALIFORNIA**
ESTÁNDARES DE CONTENIDO ACADÉMICO DE LENGUA Y LITERATURA EN INGLÉS—Lectura 2.2 Formular preguntas y respaldar las respuestas mediante la conexión del conocimiento previo con la información literal que se encontró y se infirió del texto; **L2.3** Demostrar la comprensión mediante la identificación de respuestas en el texto; **L2.6** Extraer la información apropiada y significativa del texto, incluyendo problemas y soluciones; **L3.4** Determinar el tema subyacente o el mensaje del autor en un texto de ficción y no ficción.

Jon J Muth

Jon J Muth dibujó historietas durante muchos años. Sólo después de que nació su hijo comenzó a escribir e ilustrar libros infantiles. Muchos de ellos se basan en fábulas y cuentos populares.

Para escribir *Sopa de piedra* se inspiró en un cuento europeo. Lo reescribió e ilustró de manera que pudiera desarrollarse en China. En los cuentos populares chinos es muy común que aparezcan monjes como los de esta historia.

En algunas ocasiones, Jon J Muth toma a sus hijos como modelos para ilustrar a sus personajes. Por cierto, la "J" de su nombre no es la inicial de Jamal, Jake, Jason, ni de ningún otro nombre.

www.harcourtschool.com/reading

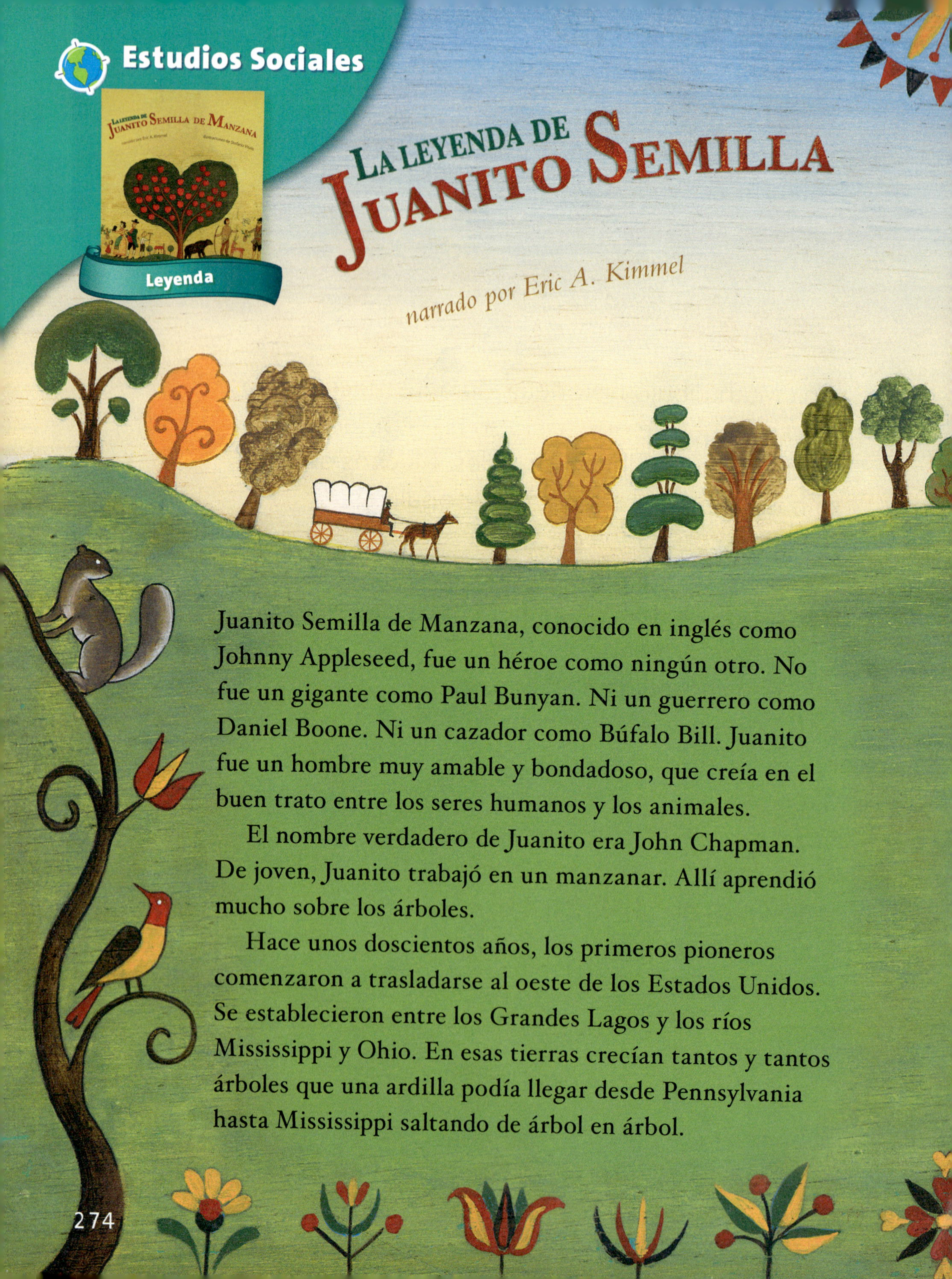

LA LEYENDA DE JUANITO SEMILLA

narrado por Eric A. Kimmel

Juanito Semilla de Manzana, conocido en inglés como Johnny Appleseed, fue un héroe como ningún otro. No fue un gigante como Paul Bunyan. Ni un guerrero como Daniel Boone. Ni un cazador como Búfalo Bill. Juanito fue un hombre muy amable y bondadoso, que creía en el buen trato entre los seres humanos y los animales.

El nombre verdadero de Juanito era John Chapman. De joven, Juanito trabajó en un manzanar. Allí aprendió mucho sobre los árboles.

Hace unos doscientos años, los primeros pioneros comenzaron a trasladarse al oeste de los Estados Unidos. Se establecieron entre los Grandes Lagos y los ríos Mississippi y Ohio. En esas tierras crecían tantos y tantos árboles que una ardilla podía llegar desde Pennsylvania hasta Mississippi saltando de árbol en árbol.

DE MANZANA

ilustraciones de Stefano Vitale

Juanito fue de los primeros en llegar a esas tierras. Muchos de los que llegaron con él venían con la idea de amasar riquezas, pero Juanito no. Él pensaba en las familias que vendrían detrás. Las manzanas les harían falta. Las manzanas eran muy nutritivas. Con ellas se podía hacer jugo. Se podían conservar para que duraran todo el invierno. Pero, aunque había muchos árboles en el nuevo territorio, ninguno era un árbol de manzana.

Juanito se propuso sembrar manzanos. Regresó a Pennsylvania, a las grandes prensas que hacían jugo de manzana. Allí encontró muchísimas semillas que quedaban después de hacerse el jugo. Juanito escogió las mejores y se las llevó al oeste. Y las sembró en los claros de los bosques. Las regó y las cultivó.

Los pobladores del lugar querían comprar los árboles
jóvenes de Juanito. Él se los vendía a cambio de lo que
ellos podían pagar: un sombrero viejo, una camisa, un par
de mocasines. Si la gente no tenía con qué pagar, se los
regalaba. Quería que todos tuvieran manzanas.

A veces, Juanito se iba con un saco de semillas hasta
las cabañas que quedaban lejos. Le enseñaba a la gente
a sembrar las semillas y a cultivar los árboles. La gente
comenzó a llamarlo Juanito Semilla de Manzana.

Juanito siempre andaba descalzo y se cubría con una
camisa vieja, a veces hasta con un pedazo de saco. Y
en vez de sombrero, llevaba una olla en la cabeza. Pero
a pesar de que parecía un poco raro, la gente lo quería
muchísimo.

Cuando andaba de viaje, se alojaba en la casa
de alguna familia. En las noches les contaba
historias de sus andanzas. Dondequiera que
Juanito iba era bienvenido.

Los indígenas también lo recibían con alegría. Sabían que este hombre tan extraño era su amigo. Y los animales también lo sabían. Cuenta la historia que, una noche de invierno, a Juanito lo sorprendió una nevada. Una osa y su cachorro le dieron abrigo en su guarida, dentro del tronco de un árbol. Allí pasó la fría y larga noche al amparo de los osos.

Juanito Semilla de Manzana tenía casi setenta años al morir. Durante su vida sembró miles de manzanos. Los descendientes de los árboles de Juanito fueron llevados más al oeste, por todo el camino de Oregón. Es muy posible que la manzana que te comes hoy haya crecido en un árbol que nació de un manzano de Juanito.

John Chapman, o Juanito Semilla de Manzana, como se le conocía, dejó su huella profunda en Norteamérica. Cada vez que nos comemos una manzana o somos generosos con los demás, estamos siguiendo su ejemplo.

Enlaces

Comparar textos 

L2.2
L3.3

1. ¿En qué se parecen Juanito Semilla de Manzana y los monjes de "Sopa de piedra"? ¿En qué se diferencian?

2. ¿Te gustaría asistir a un banquete como el de "Sopa de piedra"? Explica tu respuesta.

3. ¿Qué te enseñó "Sopa de piedra" sobre la vida en una comunidad?

Repaso del vocabulario

Califica la situación

Trabaja en equipo con un compañero. Túrnense para leer en voz alta cada una de las siguientes oraciones. Coloquen un punto en la línea para expresar cómo se sentirían en cada situación. Comenten sus respuestas.

feliz ________________________________ triste

- Tus amigos fueron muy **generosos** al compartir contigo su almuerzo.

- Eres el invitado especial de un **banquete.**

- Recibiste un regalo que resultó ser muy **curioso.**

banquete

distinguir

irresistible

curioso

generosos

hambre

Teatro leído

Reúnete con un grupo de compañeros para preparar una función de teatro leído. Elijan el fragmento de "Sopa de piedra" que piensan leer. Cada uno debe leer la parte de un personaje o del narrador. Hablen con claridad, haciendo una pausa, después de las comas y al final de cada oración.

Escritura

Escribe un párrafo de instrucciones

Escribe un párrafo donde expliques cómo hacer sopa de piedra. Expresa la idea principal. Después, añade detalles que ofrezcan más información sobre la idea principal. Usa una gráfica como la siguiente para planear tu escritura.

Mi lista de cotejo

✔ Añado detalles que apoyan la idea principal.

✔ Elijo palabras que describen con claridad los detalles.

Idea principal

Detalle — Detalle — Detalle

L2.2 Formular preguntas y respaldar las respuestas mediante la conexión del conocimiento previo con la información literal que se encontró y se infirió del texto; **L3.3** Determinar cómo son los personajes de acuerdo con lo que dicen o hacen y de acuerdo a cómo los representa el autor o el ilustrador; **Comprensión auditiva y expresión oral 2.2** Planear y presentar interpretaciones dramáticas de experiencias, historias, poemas u obras de teatro con una dicción, inflexión, tempo y tono claros; **Expresión escrita 1.1** Crear un solo párrafo; **E1.1a** Desarrollar una oración sobre un tema; **E1.1b** Incluir hechos y detalles simples que sirvan de apoyo.

CONTENIDO

Teatro leído
SUSPENSO
El caso
del desayuno de los
tres osos
ilustrado por Kristin Sorra
Lectura de otra asignatura
LIBRO DE CIENCIAS
Libro de
Ciencias

aclarar

intruso

experto

laboratorio

sospecho

confieso

L1.3
CAO1.9

Leer para adquirir fluidez

Cuando lees un guión en voz alta:

- agrupa las palabras de un enunciado para que leas con fluidez.

- fíjate en los signos de puntuación para que puedas leer con expresión las oraciones de tu personaje.

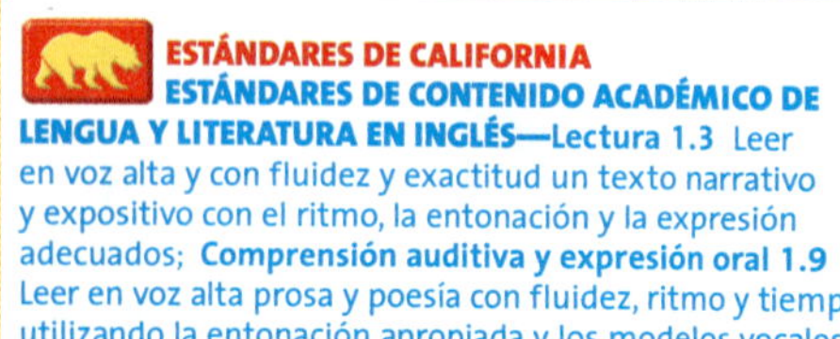

ESTÁNDARES DE CALIFORNIA
ESTÁNDARES DE CONTENIDO ACADÉMICO DE LENGUA Y LITERATURA EN INGLÉS—Lectura 1.3 Leer en voz alta y con fluidez y exactitud un texto narrativo y expositivo con el ritmo, la entonación y la expresión adecuados; **Comprensión auditiva y expresión oral 1.9** Leer en voz alta prosa y poesía con fluidez, ritmo y tiempo, utilizando la entonación apropiada y los modelos vocales para enfatizar pasajes importantes del texto leído.

El caso
del desayuno de los
tres osos

ilustrado por Kristin Sorra

PRIMERA ESCENA

ESCENARIO: La agencia de los detectives Lepo y Lupe

Lupe: ¡Qué día tan aburrido! No hemos resuelto ni un misterio.

Lepo: ¿Quién llama tan fuerte a la puerta? Creo que es mejor que investiguemos.

Lupe: ¡Lepo! Hay tres osos en la puerta. Y parecen disgustados.

Lepo: Creo que nuestro día se acaba de volver interesante.

Lupe: ¿En qué puedo servirles?

Mamá Osa: Necesitamos su ayuda para aclarar un misterio.

Bebé Oso: ¡Alguien se ha sentado en nuestras sillas! ¡Alguien se ha comido nuestra comida!

Lupe: Un momento, señores. Cálmense. Comiencen desde el principio. Dígannos exactamente qué sucedió.

Papá Oso: Hoy en la mañana salimos a dar nuestro paseo habitual mientras se enfriaba el desayuno. Mamá Osa había hecho los panqueques de banana que tanto nos gustan.

Mamá Osa: Cuando regresamos a casa, ¡la encontramos toda desordenada!

Bebé Oso: ¡Alguien se había sentado en nuestras sillas! ¡Alguien había visto una película en nuestro reproductor de DVD!

Lepo: Me parece que se trata de un intruso. Mejor vamos hasta allá y buscamos pistas.

Los tres osos: ¡Sí! ¡Vamos!

SEGUNDA ESCENA

ESCENARIO: La casa de los osos

Lepo: Ya entiendo lo que dicen, Osos. ¿Nos ayudan a
buscar pistas?

Bebé Oso: Miren mi silla. Alguien se sentó en ella.
Está llena de migas de torta de banana.

Papá Oso: ¡Me da tanta vergüenza! Nuestra casa
nunca está desordenada.

Lupe: No se preocupe. Estamos acostumbrados a estas
cosas. Su casa es muy bonita. Échenle la culpa
al intruso de este desorden.

Lepo: Miren. En la cocina encontré estos
pelos rubios.

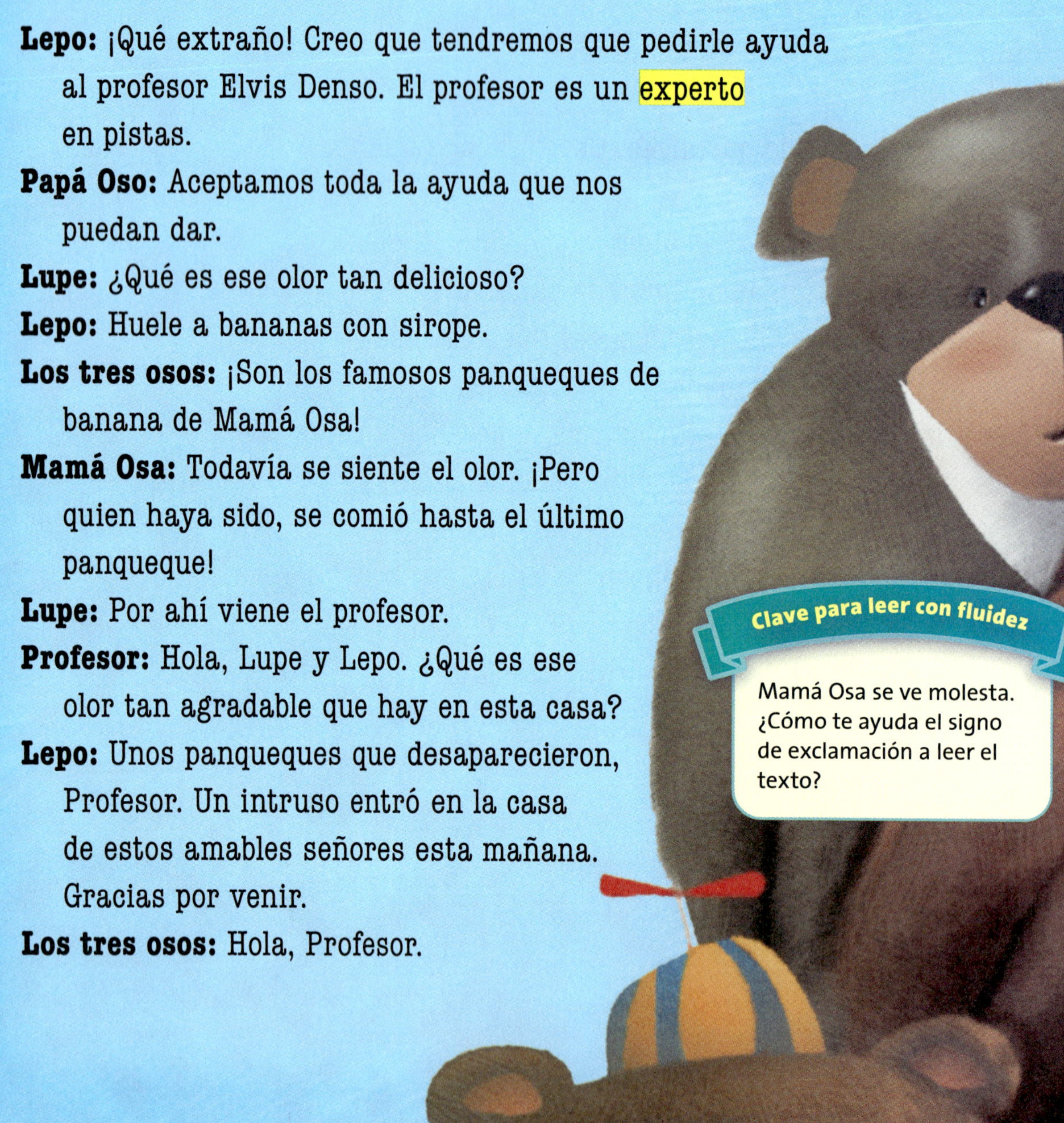

Lepo: ¡Qué extraño! Creo que tendremos que pedirle ayuda al profesor Elvis Denso. El profesor es un experto en pistas.

Papá Oso: Aceptamos toda la ayuda que nos puedan dar.

Lupe: ¿Qué es ese olor tan delicioso?

Lepo: Huele a bananas con sirope.

Los tres osos: ¡Son los famosos panqueques de banana de Mamá Osa!

Mamá Osa: Todavía se siente el olor. ¡Pero quien haya sido, se comió hasta el último panqueque!

Lupe: Por ahí viene el profesor.

Profesor: Hola, Lupe y Lepo. ¿Qué es ese olor tan agradable que hay en esta casa?

Lepo: Unos panqueques que desaparecieron, Profesor. Un intruso entró en la casa de estos amables señores esta mañana. Gracias por venir.

Los tres osos: Hola, Profesor.

Lepo: Profesor, esto es lo que parece que ocurrió. Un intruso se sentó en las sillas de los osos.

Lupe: Y se comió la comida de los osos.

Bebé Oso: ¡Y hasta vio una de nuestras películas!

Profesor: ¿Qué película vio?

Bebé Oso: *La banana que se comió a Belmonte.* Es sobre un plátano que crece tanto y tanto que se cae encima de la ciudad.

Mamá Osa: El intruso no vio toda la película.

Papá Oso: La detuvo antes del final.

Profesor: ¡Qué interesante! ¿Alguna otra pista?

Lupe: Encontramos migas y pelos rubios por toda la casa.

Papá Oso: ¡Y además, el intruso se comió todas las bananas! ¡Nos dejó sin panqueques y sin bananas! ¿Qué vamos a comer ahora?

Lepo: No se preocupen. Vamos a resolver este misterio. El profesor va a investigar los pelos en el laboratorio.

Mamá Osa: Gracias por ayudarnos, Profesor.

Profesor: De nada. Hasta luego, Lupe. Hasta luego, Lepo. Los llamaré tan pronto sepa algo de estos pelos.

Lepo: Bueno, Lupe. Repasemos todas las pistas que tenemos.

Lupe: Los pelos rubios, las migas de los panqueques de banana y las bananas que desaparecieron.

Bebé Oso: Y no se olviden de la película *La banana que se comió a Belmonte.*

Presta atención a los diferentes signos de puntuación cuando Papá Oso habla.

Lepo: Cierto. Creo que necesitamos hablar con Benito Bananas. Me parece que es mucha coincidencia.

Los tres osos: ¿Quién es Benito Bananas?

Lepo: Benito Bananas es el más grande aficionado de las bananas en el mundo. Hasta vive en una casa con forma de banana. Muy curiosa. Estoy seguro que la han visto. Queda al final de esta cuadra. Sospecho que sabe algo de este misterio. ¡Vayamos hasta allá!

TERCERA ESCENA

ESCENARIO: La casa de Benito Bananas

Lupe: Lepo, toca el timbre.

Lepo: Ya viene a abrir. ¡Espera! Acabo de verlo sacudirse
una miga de su suéter. Parece nervioso.

Bananas: ¿Quién es? ¡Ahhh! ¡Osos! ¡Socorro! ¡Avisen al
guardabosques!

Lupe: Cálmese, Bananas. Estos osos son sus vecinos.
Nosotros somos los detectives Lupe y Lepo.

Lepo: Los osos vinieron a vernos para que los ayudemos a resolver un misterio. Esta mañana, un intruso entró en la casa de los osos. ¿Notó hoy algo raro?

Bananas: No. Estuve muy ocupado toda la mañana. Estaba viendo la película *La banana que se comió a Belmonte.*

Lepo: ¿Y cómo termina esa película, Bananas?

Bananas: No lo sé. Cuando la banana se puso enorme, tuve que detener la película.

Bebé Oso: ¡En el mismo momento en que el intruso detuvo la película en nuestra casa!

Lupe: ¿Y por qué detuvo la película?

Bananas: Fui por más sirope para mis panqueques de banana. ¡Ay! ¡Creo que metí la pata!

Lepo: Espera, Lupe. Me están llamando a mi teléfono móvil. Es el profesor. Hola, Profesor.

Profesor: Lepo, estoy en el laboratorio. Los pelos rubios no son cabellos. ¡Son hebras amarillas de un tejido!

Lepo: Entonces, el intruso llevaba un jersey amarillo. Gracias, Profesor. Hasta luego. Bueno, Bananas, es hora de que nos diga la verdad. Sabemos que el intruso llevaba puesto un suéter amarillo. ¡Igualito que el suyo!

Bananas: ¡Me rindo! ¡Confieso que fui yo! Pero pienso pagarle a los osos. Esta mañana olí un aroma delicioso. Mi olfato me llevó hasta la casa de los osos. La puerta estaba abierta. Me fijé que tenían la película que hacía tiempo quería ver. Probé todas las sillas. La pequeña era la más cómoda.

Bebé Oso: ¡Ésa es mi silla!

Bananas por fin dice la verdad. Divide el párrafo en oraciones para que lo leas con fluidez.

Bananas: Está mal lo que hice. Me arrepiento y quiero demostrárselos. Miren, estoy haciendo panqueques de banana para ustedes.

Los tres osos: ¿Eso es lo que huele tan rico?

Papá Oso: Lo perdonamos, Bananas. Pero la próxima vez que quiera algo, pídalo.

Mamá Osa: Lupe y Lepo, ¡gracias por su ayuda! ¿Quieren acompañarnos a comernos un banquete de panqueques de banana?

Lupe: Muchas gracias. Ustedes son muy generosos, pero ya he tenido bastante sobre bananas por el día de hoy.

Lepo: Además, ya tenemos otro misterio que resolver. Acabo de recibir una llamada de Caperucita Roja. Parece que alguien se llevó su canasta de panecillos de arándanos.

Lupe: Manos a la obra.

ESTRATEGIAS DE COMPRENSIÓN
Repaso

Lectura de un libro de Ciencias

Enlace a la lectura de otra asignatura Los libros de Ciencias tienen características especiales que te ayudan a comprender el texto que estás leyendo. Entre ellas se incluyen: encabezamientos, fotografías y pies de foto, vocabulario científico y elementos gráficos como diagramas. Revisa las páginas que contengan esta información cada vez que leas.

Lee las notas que están arriba y debajo de las páginas pequeñas en la página 295. ¿Cómo te ayudan estas características a leer una lección de Ciencias?

Repasar las estrategias de enfoque

Las estrategias que aprendiste en este tema también te ayudan a leer un libro de Ciencias.

Verificar la comprensión: Volver a leer
Vuelve a leer el texto para verificar la comprensión y para que entiendas mejor lo que has leído.

Resumir
Resume un párrafo, una parte del texto o una lección completa en cuanto termines tu lectura. Esto te ayudará a memorizar las ideas más importantes.

Piensa en dónde y cómo puedes usar las estrategias de comprensión mientras lees "Cómo sobreviven los seres vivos" en las páginas 296 y 297.

VOCABULARIO

Por lo general, las palabras de **vocabulario** científico se presentan en negritas. El significado de cada una de ellas se ofrece en la propia oración. Estas palabras y sus definiciones también puedes hallarlas en el glosario de tu libro de Ciencias.

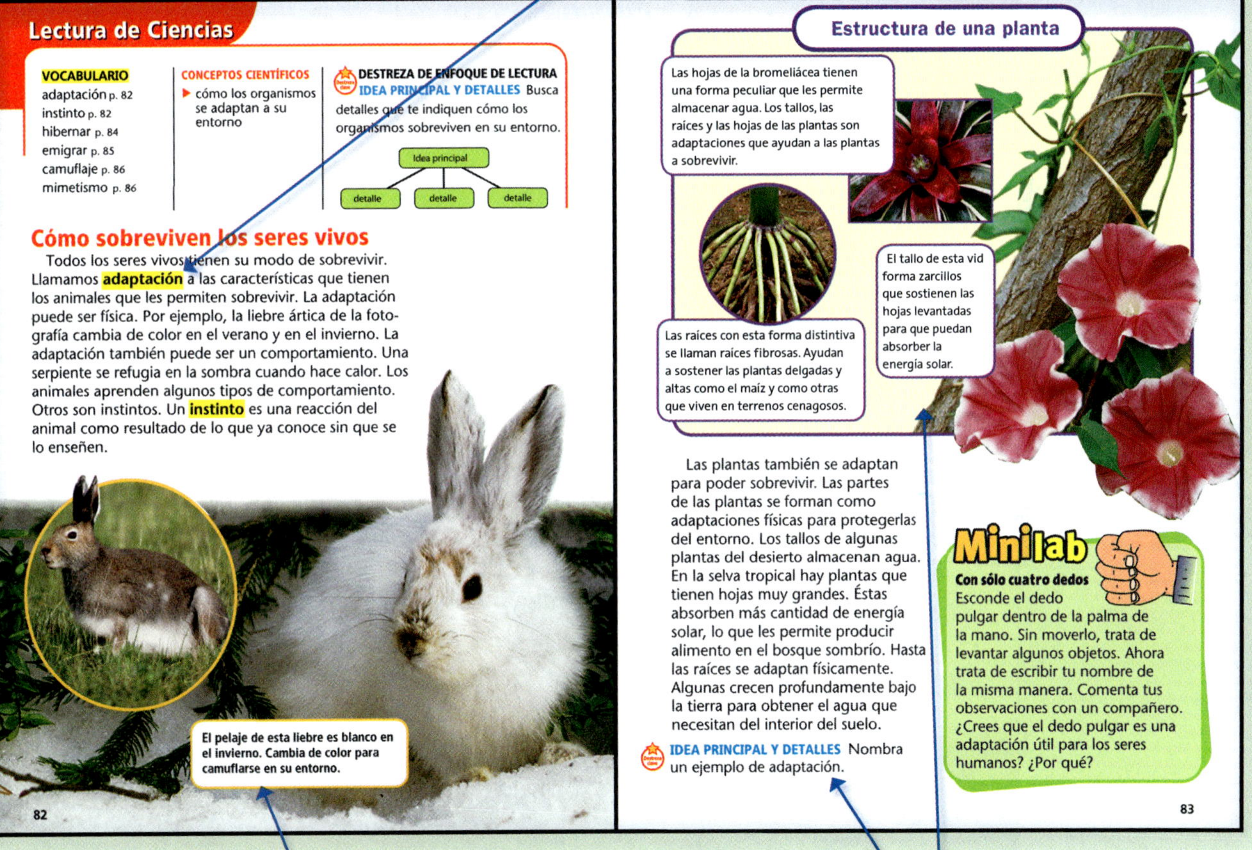

Lectura de Ciencias

VOCABULARIO
adaptación p. 82
instinto p. 82
hibernar p. 84
emigrar p. 85
camuflaje p. 86
mimetismo p. 86

CONCEPTOS CIENTÍFICOS
▶ cómo los organismos se adaptan a su entorno

DESTREZA DE ENFOQUE DE LECTURA
IDEA PRINCIPAL Y DETALLES Busca detalles que te indiquen cómo los organismos sobreviven en su entorno.

Idea principal
detalle   detalle   detalle

Cómo sobreviven los seres vivos

Todos los seres vivos tienen su modo de sobrevivir. Llamamos **adaptación** a las características que tienen los animales que les permiten sobrevivir. La adaptación puede ser física. Por ejemplo, la liebre ártica de la fotografía cambia de color en el verano y en el invierno. La adaptación también puede ser un comportamiento. Una serpiente se refugia en la sombra cuando hace calor. Los animales aprenden algunos tipos de comportamiento. Otros son instintos. Un **instinto** es una reacción del animal como resultado de lo que ya conoce sin que se lo enseñen.

El pelaje de esta liebre es blanco en el invierno. Cambia de color para camuflarse en su entorno.

82

Estructura de una planta

Las hojas de la bromeliácea tienen una forma peculiar que les permite almacenar agua. Los tallos, las raíces y las hojas de las plantas son adaptaciones que ayudan a las plantas a sobrevivir.

Las raíces con esta forma distintiva se llaman raíces fibrosas. Ayudan a sostener las plantas delgadas y altas como el maíz y como otras que viven en terrenos cenagosos.

El tallo de esta vid forma zarcillos que sostienen las hojas levantadas para que puedan absorber la energía solar.

Las plantas también se adaptan para poder sobrevivir. Las partes de las plantas se forman como adaptaciones físicas para protegerlas del entorno. Los tallos de algunas plantas del desierto almacenan agua. En la selva tropical hay plantas que tienen hojas muy grandes. Éstas absorben más cantidad de energía solar, lo que les permite producir alimento en el bosque sombrío. Hasta las raíces se adaptan físicamente. Algunas crecen profundamente bajo la tierra para obtener el agua que necesitan del interior del suelo.

IDEA PRINCIPAL Y DETALLES Nombra un ejemplo de adaptación.

Minilab

Con sólo cuatro dedos
Esconde el dedo pulgar dentro de la palma de la mano. Sin moverlo, trata de levantar algunos objetos. Ahora trata de escribir tu nombre de la misma manera. Comenta tus observaciones con un compañero. ¿Crees que el dedo pulgar es una adaptación útil para los seres humanos? ¿Por qué?

83

PIES DE FOTO

Los **pies de foto** ofrecen más información sobre lo que se muestra en las fotografías.

ELEMENTOS GRÁFICOS Y PREGUNTAS

En las características especiales se incluyen **elementos gráficos**, tales como diagramas, y **preguntas** al final de cada sección, todo lo cual te ayuda a resumir la lección.

Lectura de Ciencias

VOCABULARIO

adaptación p. 82

instinto p. 82

hibernar p. 84

emigrar p. 85

camuflaje p. 86

mimetismo p. 86

CONCEPTOS CIENTÍFICOS

▶ cómo los organismos se adaptan a su entorno

DESTREZA DE ENFOQUE DE LECTURA

IDEA PRINCIPAL Y DETALLES Busca detalles que te indiquen cómo los organismos sobreviven en su entorno.

Cómo sobreviven los seres vivos

Todos los seres vivos tienen su modo de sobrevivir. Llamamos **adaptación** a las características que tienen los animales que les permiten sobrevivir. La adaptación puede ser física. Por ejemplo, la liebre ártica de la fotografía cambia de color en el verano y en el invierno. La adaptación también puede ser un comportamiento. Una serpiente se refugia en la sombra cuando hace calor. Los animales aprenden algunos tipos de comportamiento. Otros son instintos. Un **instinto** es una reacción del animal como resultado de lo que ya conoce sin que se lo enseñen.

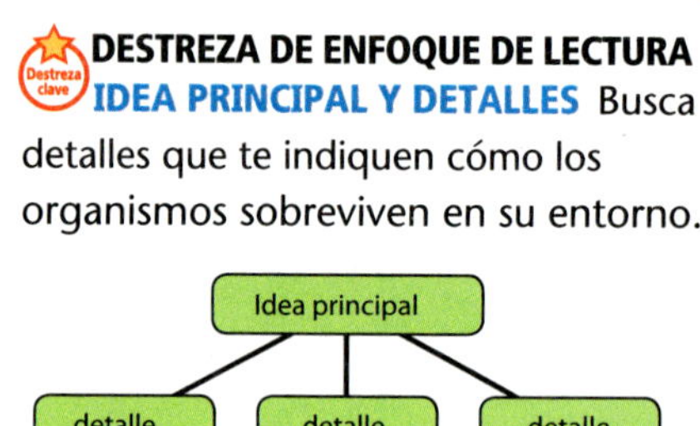

El pelaje de esta liebre es blanco en el invierno. Cambia de color para camuflarse en su entorno.

¿Por qué cuando vuelves a leer un texto puedes entenderlo mejor? ¿Por qué es útil resumir lo que lees?

Estructura de una planta

Las hojas de la bromeliácea tienen una forma peculiar que les permite almacenar agua. Los tallos, las raíces y las hojas de las plantas son adaptaciones que ayudan a las plantas a sobrevivir.

Las raíces con esta forma distintiva se llaman raíces fibrosas. Ayudan a sostener las plantas delgadas y altas como el maíz y como otras que viven en terrenos cenagosos.

El tallo de esta vid forma zarcillos que sostienen las hojas levantadas para que puedan absorber la energía solar.

Las plantas también se adaptan para poder sobrevivir. Las partes de las plantas se forman como adaptaciones físicas para protegerlas del entorno. Los tallos de algunas plantas del desierto almacenan agua. En la selva tropical hay plantas que tienen hojas muy grandes. Éstas absorben más cantidad de energía solar, lo que les permite producir alimento en el bosque sombrío. Hasta las raíces se adaptan físicamente. Algunas crecen profundamente bajo la tierra para obtener el agua que necesitan del interior del suelo.

 **IDEA PRINCIPAL Y DETALLES** Nombra un ejemplo de adaptación.

Minilab

Con sólo cuatro dedos
Esconde el dedo pulgar dentro de la palma de la mano. Sin moverlo, trata de levantar algunos objetos. Ahora trata de escribir tu nombre de la misma manera. Comenta tus observaciones con un compañero. ¿Crees que el dedo pulgar es una adaptación útil para los seres humanos? ¿Por qué?

83

Lección 11

Lección 12

TÍTULOS DE LAS LECTURAS	La más querida El pastorcillo y el lobo	Las cartas de Max Postales de todo el mundo
Estrategia de comprensión	Usar la estructura del cuento	Usar la estructura del cuento
Destreza de enfoque	Trama	Trama

ESTÁNDARES DE CALIFORNIA
ESTÁNDARES DE CONTENIDO
ACADÉMICO DE LENGUA Y
LITERATURA EN INGLÉS

Lectura 2.6 Extraer la información apropiada y significativa del texto, incluyendo problemas y soluciones.

Lectura 2.6 Extraer la información apropiada y significativa del texto, incluyendo problemas y soluciones.

Tiempo para crecer

▶ *Cuento en tela del pueblo miao,*
artista desconocido

Lección 13 ▶

Crece un árbol
Árboles viejos sobreviven en las montañas de California

Hacer preguntas

Propósito del autor

🐻 **Lectura 3.4** Determinar el tema subyacente o el mensaje del autor en un texto de ficción y no ficción.

Lección 14 ▶

Un agujero en un árbol
¿Quieres observar los pájaros?

Hacer preguntas

Propósito del autor

🐻 **Lectura 3.4** Determinar el tema subyacente o el mensaje del autor en un texto de ficción y no ficción.

Lección 15 Repaso

Pregúntale a los expertos
Iris y Walter, amigos de verdad

Repasar las destrezas y estrategias

🐻 **Lectura 2.6** Extraer la información apropiada y significativa del texto, incluyendo problemas y soluciones.

299

CONTENIDO

Lección 11

Género: Ficción realista
La más querida
por Patricia C. McKissack   ilustrado por Yvonne Buchanan
DK Ink
El LEÓN y el RATÓN
y otras fábulas de Esopo
Género: Fábula

Destreza de enfoque

 **Trama** 

Recuerda que todos los cuentos tienen personajes, un escenario y una **trama**. La trama es lo que sucede en el cuento.

La trama presenta un problema y narra la manera en que los personajes lo resuelven.

Para que comprendas mejor lo que sucede en un cuento, te será muy útil identificar los personajes, el escenario y la trama.

Personajes	Escenario
Trama	
Problema	
Sucesos importantes	
Solución	

Clave

Si observas el orden de los sucesos, puedes comprender mejor la trama de un cuento. ¿Cuál fue el primer suceso importante que ocurrió? ¿Cuál fue el siguiente?

ESTÁNDARES DE CALIFORNIA
ESTÁNDARES DE CONTENIDO ACADÉMICO DE LENGUA Y LITERATURA EN INGLÉS—Lectura 2.6 Extraer la información apropiada y significativa del texto, incluyendo problemas y soluciones.

Lee el siguiente cuento. Indica cómo completarías un mapa del cuento como el que se presenta abajo.

Laura y Ana querían organizar un circo. En el parque le pidieron a Claudia y a Carlos que formaran parte del circo. Carlos les dijo que él podía ser el payaso. Claudia dijo que ella podía ser la equilibrista. Laura dijo que ella podía ser la presentadora del circo.

—Creo que yo haría mejor ese papel —dijo Ana.

Lanzaron una moneda al aire y Ana ganó.

—Tú eres muy buena haciendo maromas, Laura —le dijo Ana—. Creo que podrías ser una excelente acróbata.

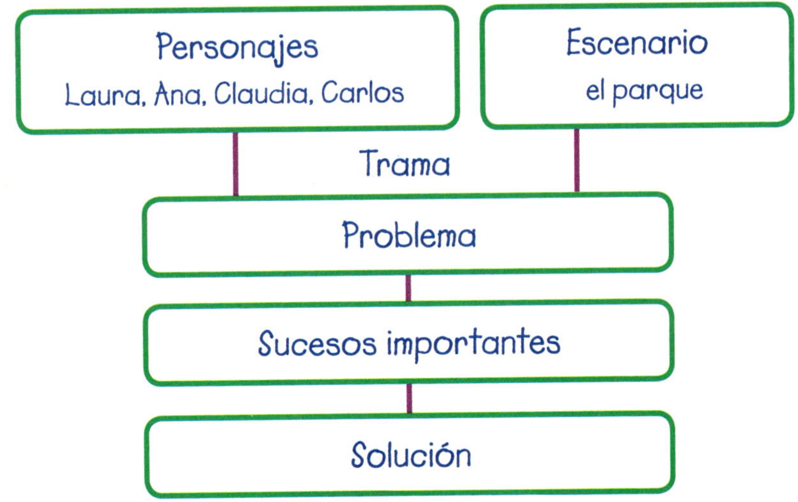

Inténtalo

Vuelve a leer la lectura y el mapa del cuento completado. Si Laura hubiese ganado, ¿cómo habría sido diferente la solución?

www.harcourtschool.com/reading

Vocabulario

Desarrollar un vocabulario rico

alentó

breve

humillada

calmaba

balbuceó

elogió

El diario de Jacobo

Lunes, 3 de noviembre

En la tarde fui al parque con Gabriel, mi hermano mayor. Nos apresuramos para llegar a la cancha de baloncesto. Gabriel me **alentó** para que practicara tiros libres. Por un **breve** momento, todos mis lances entraron en la canasta. Después, Vicente llegó a la cancha y me puse nervioso. Me vio fallar alrededor de cinco intentos seguidos. Cuando lo oí burlarse, escondí la cara, que se notaba **humillada**. A mis espaldas, Gabriel me **calmaba** diciéndome que debía ignorarlo.

Viernes, 7 de noviembre

Hoy fui al parque para participar en el torneo de tiros libres. Todos los chicos estaban alineados en la cancha de baloncesto. Vicente lanzó el balón antes que yo. ¡Canasta! Todos le aplaudieron. Llegó mi turno. Lancé el balón. La pelota hizo una curva perfecta en el aire, pero tocó el aro y rebotó. Estaba a punto de llorar. Alguien **balbuceó** algo desde lejos. Era Gabriel, quien entre la multitud, me **elogió** de todos modos. "¡Buen intento!", dijo al fin con toda su fuerza y me hizo sentir mucho mejor.

www.harcourtschool.com/reading

Campeones de las palabras

Tu misión de esta semana es usar palabras del vocabulario en tus conversaciones con amigos y familiares. Podrías hablarles sobre alguna ocasión en que te han elogiado por haber hecho algo bien. Escribe todos los días en tu diario de vocabulario las oraciones que digas con las palabras del vocabulario.

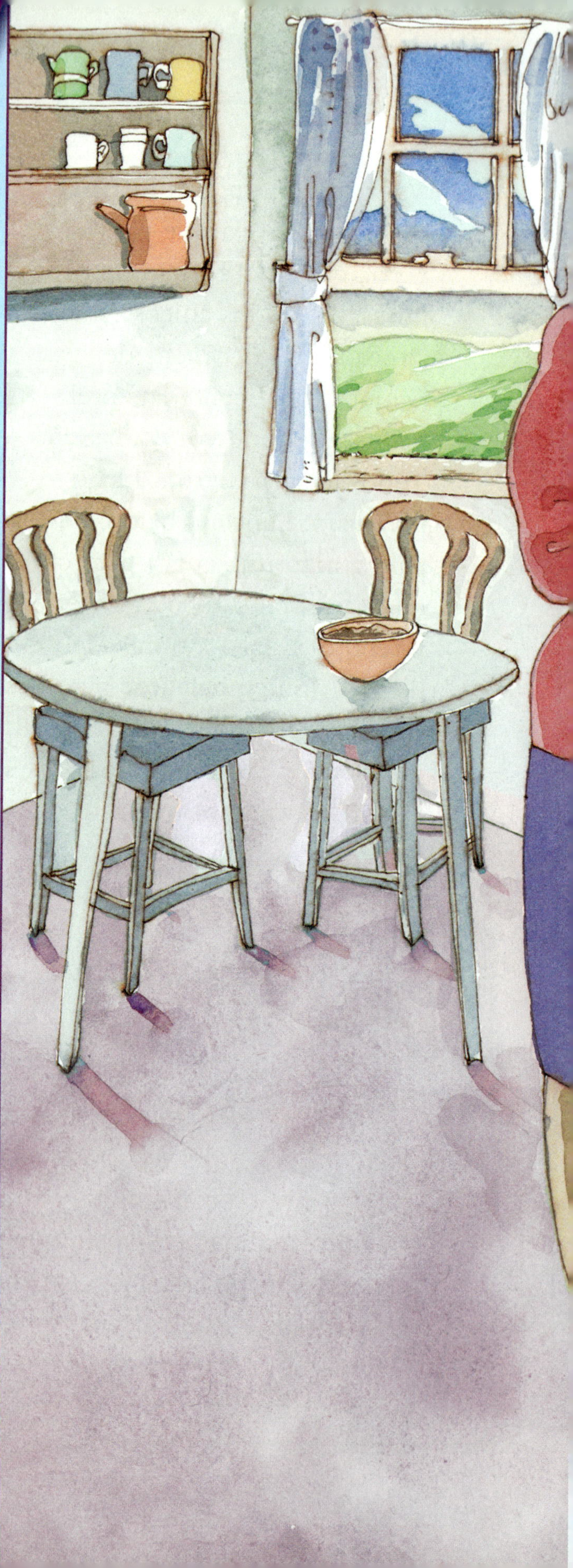

Estudio del género

En un texto de **ficción realista** aparecen personajes y sucesos como los de la vida real. Identifica

- personajes que se comportan como personas de verdad.

- problemas similares a los de la vida real.

Estrategia de comprensión

Usa la estructura del cuento para que puedas entender mejor el problema y la solución que se le da.

La más querida

POR PATRICIA C. McKISSACK
ILUSTRADO POR YVONNE BUCHANAN

Carolina piensa que sus padres la deberían querer más a ella que a sus hermanos. Después de todo, ella es la mayor y lleva más tiempo con sus padres que sus hermanitos José y Diana. Pero, últimamente, ya no está tan segura de eso.

Los tres niños van a actuar en una obra en el teatro de la comunidad. A Carolina le toca recitar un poema sobre un río. La señora Ledesma, la directora de la obra, elogió a Carolina porque había recitado perfectamente su poema. Carolina está segura de que su actuación será mejor que la de Diana, que hace el papel de un girasol, o la de José, que va a representar un pájaro. Cuando sus padres se den cuenta de lo magnífica que ella es, volverá a ser la preferida.

La noche de la actividad, todos comenzaron
a llegar al centro comunitario. El salón estaba
muy bien decorado. Parecía un hermoso día de
primavera. Las abejas zumbaban, los pájaros
cantaban y los conejos saltaban de aquí para allá.
Entonces llegó la hora de empezar el programa.
—¡Buena suerte, niños! —susurró nerviosa la
señora Ledesma.

El público cantó el himno nacional desafinadamente. Alguien dio la bienvenida. Y comenzó el espectáculo.

Los niños del grupo de Diana presentaron la primera escena: el jardín de girasoles. Diana y diez girasoles de tres a cinco años de edad persiguieron por el cielo al sol, de seis años. Unas nubes blancas y esponjosas colgaban del techo y una alfombra de hierba verde cubría el piso.

No recordaba las palabras. Tenía la mente
en blanco. No recordaba nada.

¿Cuántas veces había recitado esa poesía
tan fácil? Quería que la tierra se la tragara.

—No me acuerdo de la letra del poema
—balbuceó.

Entonces alguien empezó a aplaudir.
Carolina se había fijado en que eso era lo
que le hacían a los niños pequeños cuando
se confundían. ¡Pero eso no debía ocurrirle
a ella!

Humillada y sin saber qué hacer, Carolina
huyó del escenario. Salió por una puerta
lateral y corrió al estacionamiento.

Unos brazos fuertes la agarraron cuando
casi se desplomaba al lado del automóvil de
la familia.

—Carolina —le dijo mamá tomándola
fuertemente en sus brazos. La voz de mamá
la calmaba, como una brisa cálida.

—Todo saldrá bien, hija mía, no te
preocupes.

En ese momento, Carolina sintió que el mundo
se le venía encima. ¿Qué podía hacer ahora que
había hecho todo tan mal? No podía dejar de llorar.

—Yo sé que no soy la preferida. ¿Pero me
podrán querer aunque sea un poquito ahora que
todo me ha salido tan mal?

—¿Cómo se te ocurre pensar así? —dijo mamá
en un suspiro—. Tú eres mi hija y te quiero mucho.

—Sólo soy una más —dijo Carolina entre
pucheros.

Mamá no comprendió.

—Dime hija, ¿por qué te importa tanto ser la
más querida? ¿La preferida?

—Juanita Pérez dice que ella es la preferida de
su mamá.

—¡Pero Juanita es hija única!
—le dijo mamá.

Carolina se encogió de hombros.

—Bueno, como yo fui hija única
por cuatro años, pensé que yo
era la preferida porque ustedes
me habían querido durante más
tiempo. Pero, entonces... —la voz
se le fue apagando.

—Pero entonces, ¿qué? —mamá estaba dispuesta a escucharla. Se apoyó en el auto con los brazos cruzados. Carolina se lo dijo todo.

—Trataste a Diana de un modo muy especial cuando se enfermó, pero cuando yo me enfermé, no me hiciste sopa ni natilla ni me cantaste.

—Tú no estabas enferma de verdad —le dijo mamá riéndose—. ¿Te acuerdas del cuento del pastorcillo que dijo que venía el lobo y era mentira?

Carolina conocía el cuento porque lo había leído en la escuela. Nadie le creyó al pastorcillo cuando el lobo se apareció de verdad.

Mamá se sonrió.

—No debes hacerte la enferma a menos que lo estés realmente. Cuando te enfermes de verdad, te haré sopa.

—Trato hecho —Carolina sabía que se había equivocado, pero continuó—. También pusiste el trabajo de José en la puerta del frigorífico y le hiciste un pastel cuando lo escogieron para cantar. Pero no pusiste el mío allí.

Mamá le contestó enseguida.

—He pegado muchos trabajos tuyos en el refrigerador. Pero José es muy tímido y no tiene la facilidad que tienes tú para hacer las cosas. Así que cuando vi que estaba tratando de hacer un buen trabajo y había sacado una buena nota, aproveché para prestarle más atención.

Mamá le dio a Carolina un pañuelo. Carolina se sonó la nariz y se secó los ojos.

—Perdóname, mamá.

Mamá miró a Carolina a los ojos.

—Yo nunca podría querer a un hijo más que a otro. A los tres los quiero con todo mi corazón.

De repente, por un costado del auto, se aparecieron un girasol y un pájaro.

—No llores, Carolina —le dijo Diana—. No hay problema. Todo está bien.

—Carolina, no te rindas. Tú no permitirías que yo me rindiera —dijo José—. Tú eres nuestra hermana mayor, la única que tenemos.

En eso, papá los encontró. Y con él venían los abuelos.

—¿Qué te parece, Carolina —dijo papá—,
si tratas de recitar el poema una vez más?
La señora Ledesma dijo que puedes hacerlo
después de que recite el cielo.

Carolina lo pensó. Mamá la alentó con
un gesto.

—¿Saben quién es la más querida?
—preguntó Carolina.

—No. ¿Quién? —dijeron todos.

—Ustedes son los más queridos —respondió
Carolina guiñando un ojo a mamá. Entonces
regresó al salón con las
bufandas ondulantes
como si fueran las
aguas de un río.

320

Pensamiento crítico

1. ¿Cuál es el problema que se plantea en "La más querida" y cómo se soluciona? **TRAMA**

2. ¿Cómo se siente Carolina después de que se equivoca en el escenario? **EMOCIONES DE LOS PERSONAJES**

3. Si tú fueras Carolina, ¿habrías intentado recitar el poema de nuevo? Explica tus razones. **EXPRESAR OPINIONES PERSONALES**

4. ¿Cómo puedes saber que la autora cree que Carolina hace mal al fingir que está enferma? **SACAR CONCLUSIONES**

5. **ESCRIBIR** Escribe sobre alguna ocasión en que hayas actuado con valor. **RESPUESTA BREVE**

ESTÁNDARES DE CALIFORNIA
ESTÁNDARES DE CONTENIDO ACADÉMICO DE LENGUA Y LITERATURA EN INGLÉS—Lectura 2.2 Formular preguntas y respaldar las respuestas mediante la conexión del conocimiento previo con la información literal que se encontró y se infirió del texto; **L2.3** Demostrar la comprensión mediante la identificación de respuestas en el texto; **L2.6** Extraer la información apropiada y significativa del texto, incluyendo problemas y soluciones; **Expresión escrita 2.1** Escribir textos narrativos.

Antes de que Patricia C. McKissack escribiera cuentos infantiles, le encantaba oírlos. En las calurosas tardes de verano, su familia solía sentarse en el portal a recitar poemas y contar cuentos. Muchos años después supo que esas historias la habían inspirado a convertirse en escritora.

Pero Patricia primero trabajó como maestra. Así se dio cuenta de que no había muchos libros sobre la cultura afroamericana. Entonces decidió escribir uno. Supuso que al concluirlo volvería a dar clases o a trabajar en alguna otra cosa. Han pasado más de veinte años y ¡Patricia C. McKissack sigue escribiendo libros!

Ivonne Buchanan creció en la ciudad de Nueva York. En una ocasión, su mamá le regaló unos pliegos de cartulina. Ése fue el comienzo de su carrera como ilustradora.

Ivonne Buchanan asegura que los dibujantes deben conocer otras materias, aparte de las técnicas artísticas. Por eso, aun cuando ha ganado varios premios por sus ilustraciones, recientemente ha comenzado a escribir literatura infantil. Le encanta contar cuentos y espera escribir muchos en el futuro.

www.harcourtschool.com/reading

323

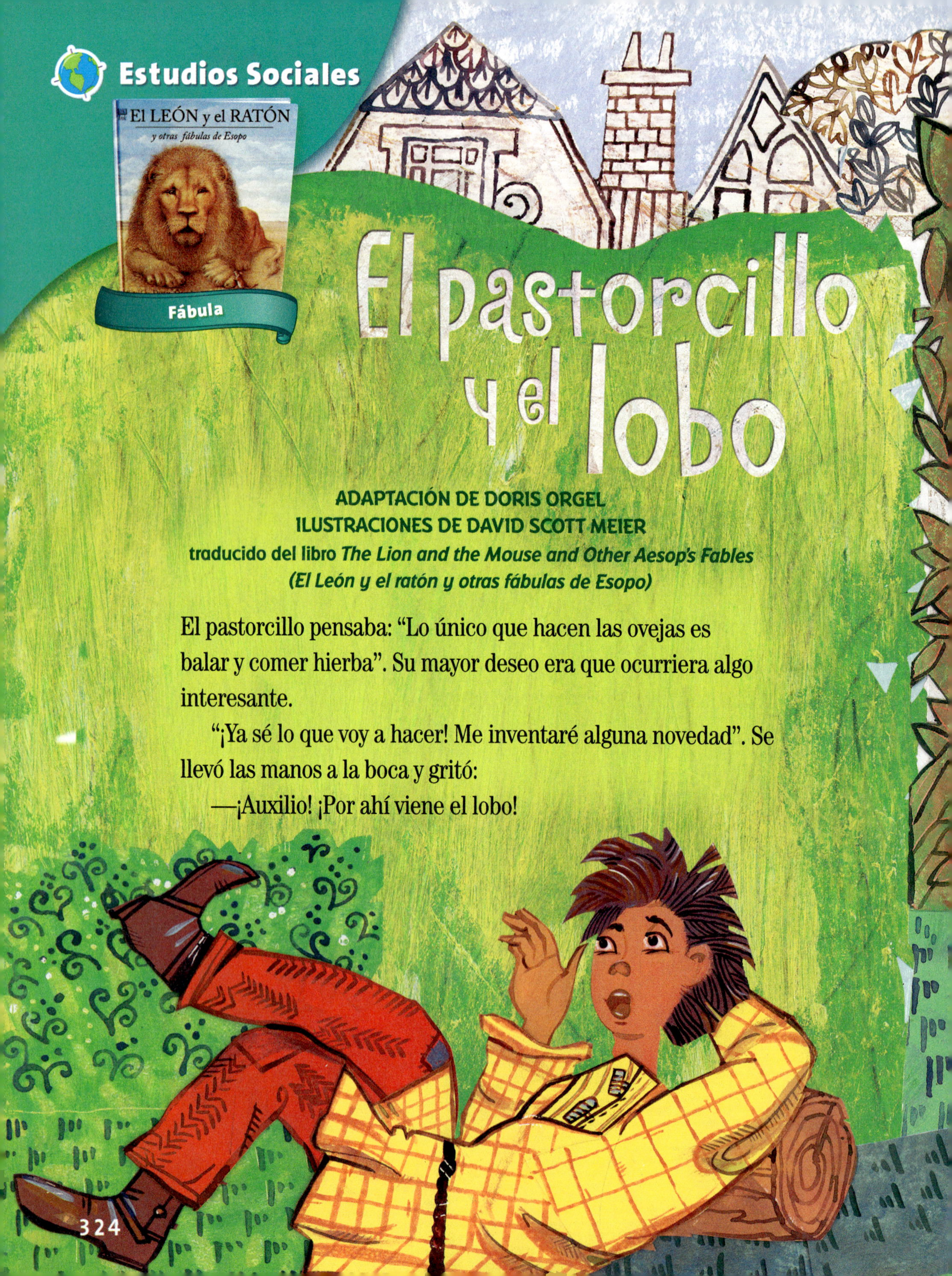

Fábula

El pastorcillo y el lobo

ADAPTACIÓN DE DORIS ORGEL
ILUSTRACIONES DE DAVID SCOTT MEIER
traducido del libro *The Lion and the Mouse and Other Aesop's Fables*
(*El León y el ratón y otras fábulas de Esopo*)

El pastorcillo pensaba: "Lo único que hacen las ovejas es balar y comer hierba". Su mayor deseo era que ocurriera algo interesante.

"¡Ya sé lo que voy a hacer! Me inventaré alguna novedad". Se llevó las manos a la boca y gritó:

—¡Auxilio! ¡Por ahí viene el lobo!

Los aldeanos llegaron a toda prisa.

—¿El lobo? ¿Dónde está?

El pastorcillo se echó a reír.

—¡Los engañé!

Otro día, para divertirse, volvió a gritar:

—¡El lobo! ¡El lobo!

Otra vez los aldeanos llegaron a toda prisa y otra vez los engañó el pastorcillo.

Pero un día, el lobo se apareció de verdad. Vigilaba hambriento a las ovejas.

—¡Socorro! ¡Que viene el lobo! —gritó el pastorcillo muerto de miedo—. ¡Ahora sí es de verdad!

Pero nadie le creyó.

Y ya sabes lo que ocurrió. El lobo se comió muchísimas ovejas ese día. Se dio un banquete de carnero. El pastorcillo se arrepintió y nunca más engañó a los aldeanos.

Enlaces

Comparar textos 

1. ¿En qué se parece la actitud de Carolina en "La más querida" a la del pastor de "El pastorcillo y el lobo"?

2. ¿Qué es lo que más te gustó de los padres de Carolina?

3. ¿De qué maneras el escenario de "La más querida" se parece a algún lugar que tú podrías conocer en la vida real?

Repaso del vocabulario

El bebé balbuceó por un breve momento.

Parejas de palabras

Trabaja en equipo con un compañero. Escriban cada palabra del vocabulario en una tarjeta. Pongan las tarjetas boca abajo sobre una mesa. Túrnense para voltear dos tarjetas a la vez y escribir cado uno una oración que incluya ambas palabras. Léanse las oraciones y comprueben si usaron correctamente las palabras del vocabulario.

alentó

breve

humillada

calmaba

balbuceó

elogió

L1.3
CAO1.9

Lectura en pareja

Trabaja en equipo con un compañero. Elija cada uno el fragmento que más le guste de "La más querida". Túrnense para leer en voz alta. Lean las palabras de cada personaje como si las dijera una persona de verdad. Al terminar la lectura, dense mutuamente su opinión.

Escritura

E2.1

Mi lista de cotejo

Característica de escritura → Voz

✔ Uso palabras que expresan cómo se siente Carolina.

✔ Uso un mapa del cuento para planear mi escena.

Escribe una escena nueva

Escribe lo que crees que podría pasar después en "La más querida". Usa los mismos personajes y el mismo escenario, pero piensa en sucesos nuevos para planear la escritura de la siguiente escena.

Personajes	Escenario

Trama

Problema

Sucesos importantes

Solución

Carta amistosa

En una **carta amistosa,** una persona le escribe a otra que conoce. Una carta amistosa tiene cinco partes, como las que incluyen "Las cartas de Max". Escribí esta carta para contarle a mi abuelita sobre mi obra de teatro de la escuela.

Ejemplo de escritura

14 Sierra Ave.
Sebring, FL 32811
9 de Noviembre de 20–

Querida Abuelita:

    ¡Me eligieron en la escuela para el papel principal de la obra de teatro! Voy a ser de Periquín en "Las habichuelas mágicas". Tengo que aprenderme muchos diálogos. Ya estamos haciendo el vestuario y la escenografía. Para la casa del Gigante, todo necesita ser muy grande. Hemos hecho platos y plantas enormes y ¡hasta un retrato colosal del Gigante!

    La función será en la cafetería de la escuela este viernes por la noche. ¡Ojalá puedas acompañarme!

    Te quiere mucho,
David

Característica de escritura

FLUIDEZ DE LAS ORACIONES Usa oraciones cortas y largas. Amplía algunas oraciones añadiéndoles detalles importantes.

Característica de escritura

VOZ Las oraciones deben sonar naturales. Deja que tus sentimientos se expresen a través de ellas.

A continuación explico cómo escribo una carta.

1. **Pienso en todas las partes de una carta.**

2. **Pienso en la persona que va a leer la carta y en lo que quiero decirle. Para planear mi escritura, uso un organizador gráfico como el siguiente.**

> Interpretaré el papel principal en "Las habichuelas mágicas".

> Mi clase está haciendo el vestuario y la escenografía.

> Necesito informar dónde y cuándo se presentará la función.

3. **Escribo mi carta y la firmo.**

4. **Escribo las direcciones en un sobre, le pongo una estampilla postal y envío la carta por correo.**

David Longas
14 Sierra Ave.
Sebring, FL 32811

Sra. Carmen Longas
245 Marina Ave.
Chicago, IL 64811

Ésta es la lista de cotejo que uso cuando escribo una carta amistosa. Tú también puedes usarla.

Lista de cotejo para escribir una carta amistosa

☐ Mi carta consta de cinco partes: encabezamiento, saludo, cuerpo, despedida y firma.

☐ Uso un orden que tenga sentido.

☐ Uso mi propia voz y escribo de manera natural para lograr expresar mis pensamientos y sentimientos.

☐ Uso correctamente la gramática y la puntuación.

☐ Escribo oraciones cortas y largas. Amplío algunas oraciones añadiéndoles detalles importantes.

☐ Uso mi mejor caligrafía o escribo mi carta en la computadora y la firmo siempre con mi puño y letra.

CONTENIDO

Lección 12

Género: Ficción realista
Las cartas de Max
Gloria Rand • ILUSTRADO POR
POSTALES DE TODO EL MUNDO
Género: Postales

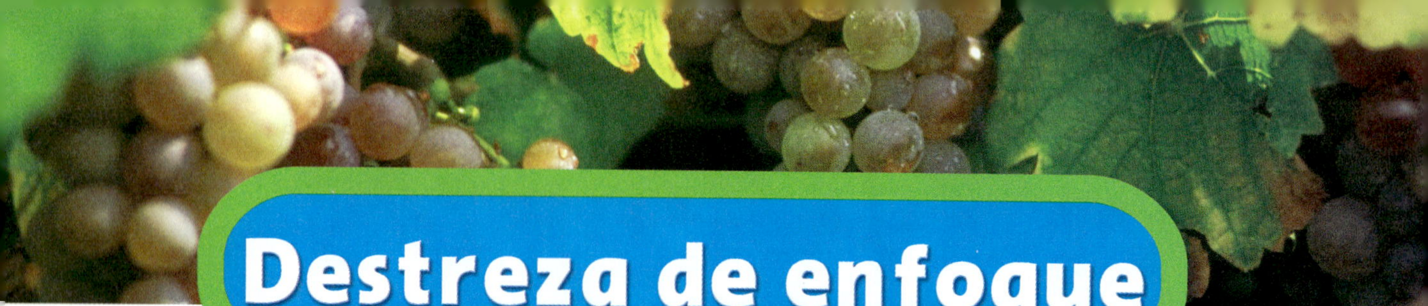

Destreza de enfoque

 Trama 

Recuerda que la **trama** plantea lo que sucede en un cuento. A través de ella se presenta un problema y se narra la manera en que se soluciona.

Una trama contiene información y sucesos que plantean el problema. Por medio de otros sucesos se narra cómo los personajes resuelven ese problema. Para que comprendas mejor la lectura de un cuento, te será muy útil identificar esos sucesos.

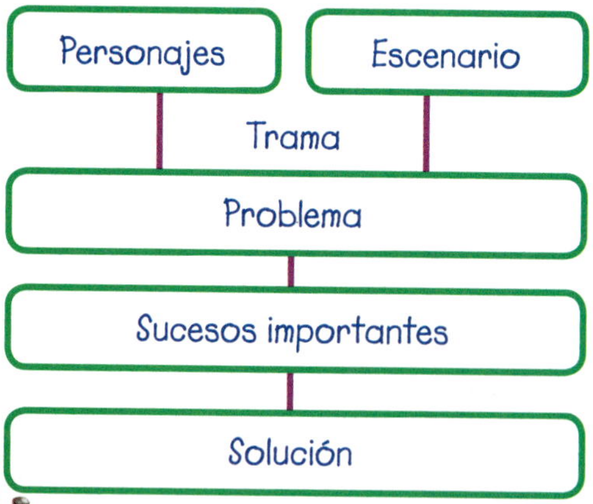

Personajes	Escenario

Trama

Problema

Sucesos importantes

Solución

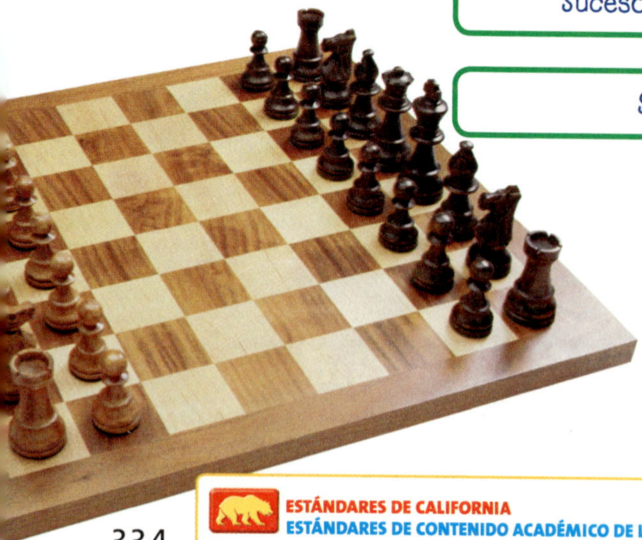

Clave

Identifica el problema que enfrentan los personajes en el cuento. Después, localiza los sucesos que muestran la manera en que los personajes resuelven ese problema.

Lee el cuento y completa un mapa del cuento como el que se muestra más abajo.

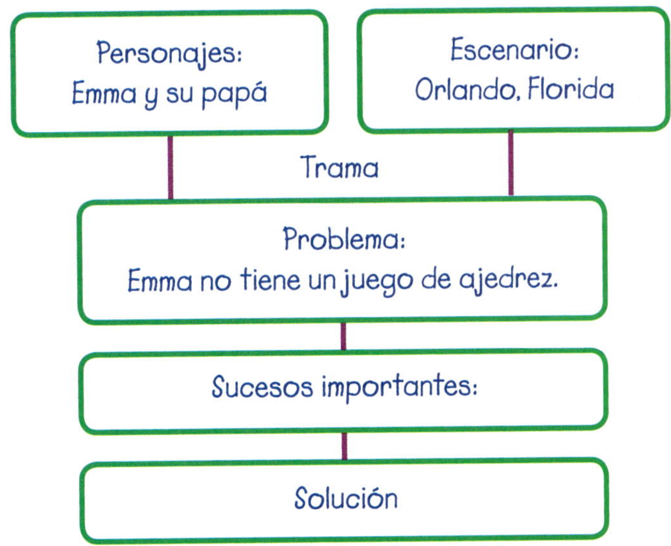

A Emma le gustaba mucho jugar ajedrez en su escuela de Orlando, Florida. Deseaba tener un juego de ajedrez para poder practicar en su casa.

—Vamos a hacer uno —le dijo su papá.

Él cortó una tabla en forma cuadrada. Emma pintó el tablero de ajedrez en una cara de la tabla. Después hicieron las piezas con plastilina.

—¡Ahora, enséñame a jugar!

—le dijo su papá.

| Personajes: Emma y su papá | Escenario: Orlando, Florida |

Trama

Problema:
Emma no tiene un juego de ajedrez.

Sucesos importantes:

Solución

Inténtalo

Observa de nuevo el problema. ¿Quién ayuda a Emma a resolverlo?

www.harcourtschool.com/reading

335

Vocabulario

- traduzca
- molestan
- repararlo
- agitaba
- aullido
- evadiendo

De visita en Chile

Chile es un país estrecho que se encuentra entre la cordillera de los Andes y el océano Pacífico. Es tan largo y delgado que parece un dedo índice. ¡Tú puedes localizarlo fácilmente en el mapa! Los turistas que no hablan español pueden contratar a un guía para que les **traduzca**. Así no se **molestan** cuando no entienden lo que les dicen.

La capital de este país sudamericano es Santiago. Los terremotos y las inundaciones han dañado algunos de los edificios históricos de la ciudad, como el Palacio de la Moneda. Con mucho cuidado, los especialistas han debido **repararlo**.

Si te gustan las aventuras, puedes escalar montañas. Algunas de las montañas son volcanes activos, es decir, pueden hacer erupción y lanzar rocas y lava en cualquier momento.

Hay turistas que dicen haber sentido que la tierra se **agitaba** bajo sus pies. Esto es cierto, porque los terremotos también son frecuentes en Chile. La mayoría son demasiado leves para preocuparse, pero uno de mayor intensidad puede ser tan aterrador como un **aullido** en media noche. El terremoto de mayor intensidad en la historia fue registrado en las costas chilenas en 1980. Sin embargo, Chile es un país muy seguro la mayor parte del tiempo.

Algunos alpinistas cuentan que tuvieron que escalar las montañas chilenas **evadiendo** las rocas que rodaban en dirección a ellos.

En Internet www.harcourtschool.com/reading

Escribientes

Tu misión de esta semana es usar las palabras del vocabulario en tu escritura. Por ejemplo, escribe sobre algo que hayas tenido que reparar. Léele a un compañero tu escrito.

Autora premiada

Ficción realista

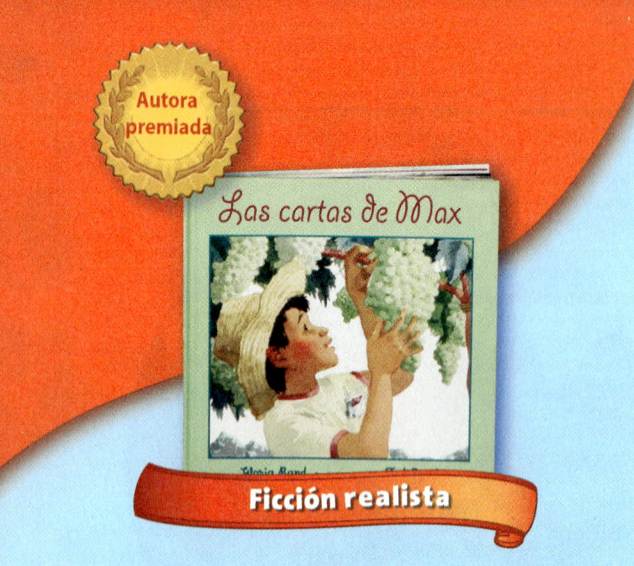

Estudio del género

L3.1

En un texto de **ficción realista** aparecen personajes y sucesos como los de la vida real. Identifica

- un escenario que podría ser real.
- problemas que los personajes podrían enfrentar en la vida cotidiana.

Personajes | Escenario

Trama

Problema

↓

Sucesos importantes

↓

Solución

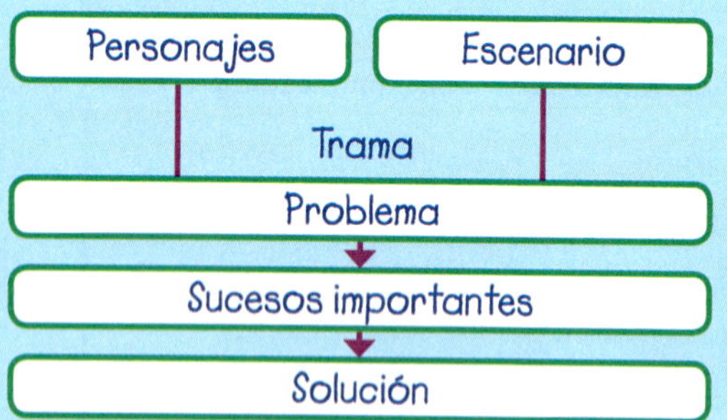

Estrategia de comprensión

Estrategia de enfoque

Usa la estructura del cuento para detectar claves que permitan aclarar el significado del cuento.

ESTÁNDARES DE CALIFORNIA
ESTÁNDARES DE CONTENIDO ACADÉMICO DE LENGUA Y LITERATURA EN INGLÉS—Lectura 3.1 Distinguir formas comunes de literatura (p. ej., poesía, drama, ficción, no ficción).

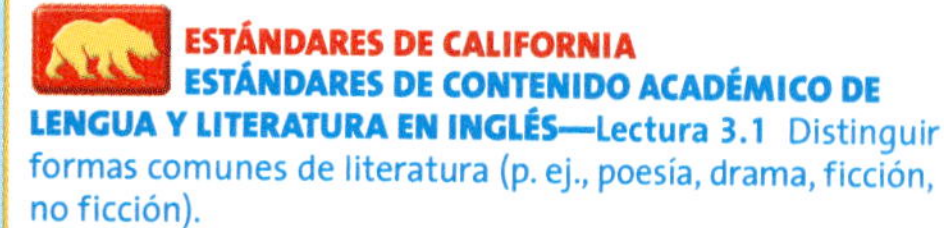

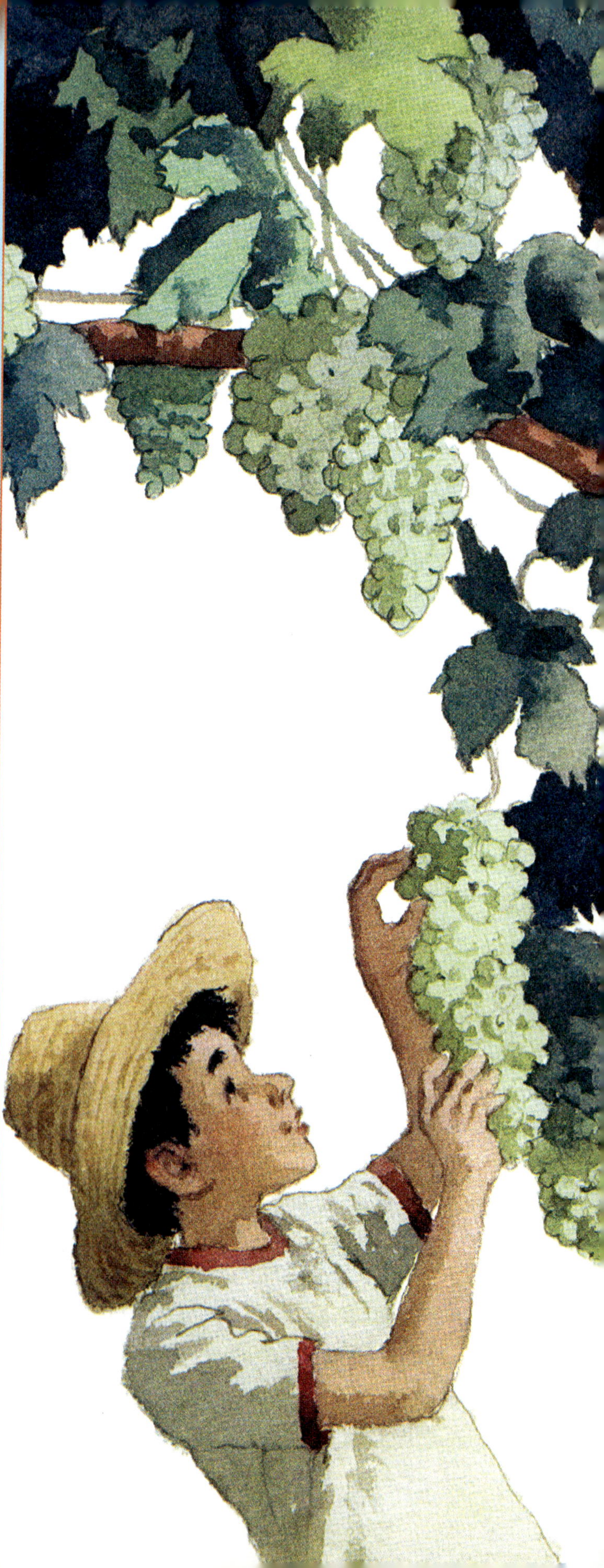

Las cartas de Max

por Gloria Rand

ilustrado por Ted Rand

Maximiliano vivía en una casita dentro de una enorme finca que se dedicaba al cultivo de frutas, allá en Chile, un país de Suramérica. La finca era de don Manuel. El papá de Max trabajaba en los viñedos de la hacienda. Allí crecían uvas que se enviaban a los mercados en todo el mundo.

A Max le gustaba vivir en la finca de don Manuel. Tenía su propia jaquita y muchos amigos que vivían cerca.

Un día, Max salió en su poni al almacén de la finca.
Le gustaba ver llegar los grandes cajones llenitos de
uvas frescas que traían de los viñedos.
En el almacén, las uvas se separaban
por racimos. Los racimos se envolvían
en papel y se envasaban en cajas. Las
cajas se ponían en camiones que las
trasladaban hasta el puerto. Una
vez allí, Max sabía que las meterían
en contenedores refrigerados y las
llevarían alrededor del mundo en
grandes buques de carga.

—¿Quieres que te llevemos a
ti también? —le preguntó en son
de broma el jefe del almacén a
Max—. Esas uvas van a los Estados
Unidos. ¿Conoces a alguien allá?
¿Algún amigo?

Max no tenía amigos en los Estados Unidos. Pero se le ocurrió que le gustaría tener uno en algún lugar lejano. Se montó en su potro y salió corriendo a casa. Cuando llegó, escribió esta notita:

Hola:

    Mi nombre es Maximiliano Farias. Me gustaría ser tu amigo. Por favor, escríbeme.

    Maximiliano Farias
    Casilla 74
    El Monte, Chile

Max se metió la carta en el bolsillo y volvió otra vez al almacén, donde seguían trayendo uvas y empacándolas para enviarlas a los Estados Unidos. Entonces vigiló que nadie lo observara y metió la cartita dentro de una caja de uvas.

"Ojalá alguien encuentre mi carta. Y me conteste y podamos ser amigos", pensó.

Max no le mencionó el asunto de la carta a nadie, ni a su hermanita. Pero casi todos los días le preguntaba a su mamá si había llegado correspondencia para él.

—¿Esperas carta? —le preguntaba su mamá.

—No. Nada más por preguntar.

Las semanas pasaron unas tras otras. Y cuando ya Max creía que nadie le escribiría, recibió una carta.

—¿Por eso preguntabas por el correo? —le dijo su mamá un poco confundida al entregarle el sobre—. Esta carta viene de los Estados Unidos. Lo sé por el sello. ¿Qué hiciste, Max?

Max abrió el sobre y le contó a su mamá de la carta que había metido en la caja de uvas. Entonces dijo en tono que mostraba su decepción:

—Pero me han escrito en un idioma que no entiendo.

La madre de Max reconoció que la carta estaba escrita en inglés, aunque ella tampoco podía leerla.

—Don Manuel sabe inglés. Si se lo pides amablemente, quizás te traduzca la carta.

Max salió cabalgando a toda prisa por el camino polvoriento hasta la casa de don Manuel. El ama de llaves abrió los enormes portones de la mansión.

—Entra —le dijo y lo llevó a un salón donde don Manuel tomaba el té de la tarde.

—Hola, Max. ¿En qué te puedo ayudar? —le preguntó don Manuel.

Max le contó sobre la carta que había escrito en secreto.

—¡Qué interesante! —dijo don Manuel sonriente—. Déjame verla.

La carta la había escrito una niña llamada Maggie. En ella le decía que su papá era el gerente de productos agrícolas de un supermercado en una ciudad norteamericana. Había encontrado la carta en una de las cajas de uva procedentes de Chile.

"Mi papá me trajo la carta y me dijo que la llevara a la escuela. La Srta. Moore, la maestra de español de la escuela, la podría traducir. La Srta. Moore me la leyó y me dijo que le parecía que tú tenías más o menos la misma edad que yo. Yo tengo diez años. ¿Tú también tienes diez años? Escríbeme pronto".

Esa noche, Max le escribió otra carta a Maggie. Y Maggie le contestó. Y así comenzaron a escribirse a menudo. Se convirtieron en amigos por correspondencia.

Se contaban de la escuela, de los juegos de fútbol y de sus pasatiempos. Hablaban de lo que querían ser cuando fueran más grandes.

Escribían sobre el tiempo y el clima en sus países, y de cómo, cuando en Chile era verano, en los Estados Unidos era invierno. Se contaron hasta de lo mucho que a veces molestan los hermanos menores.

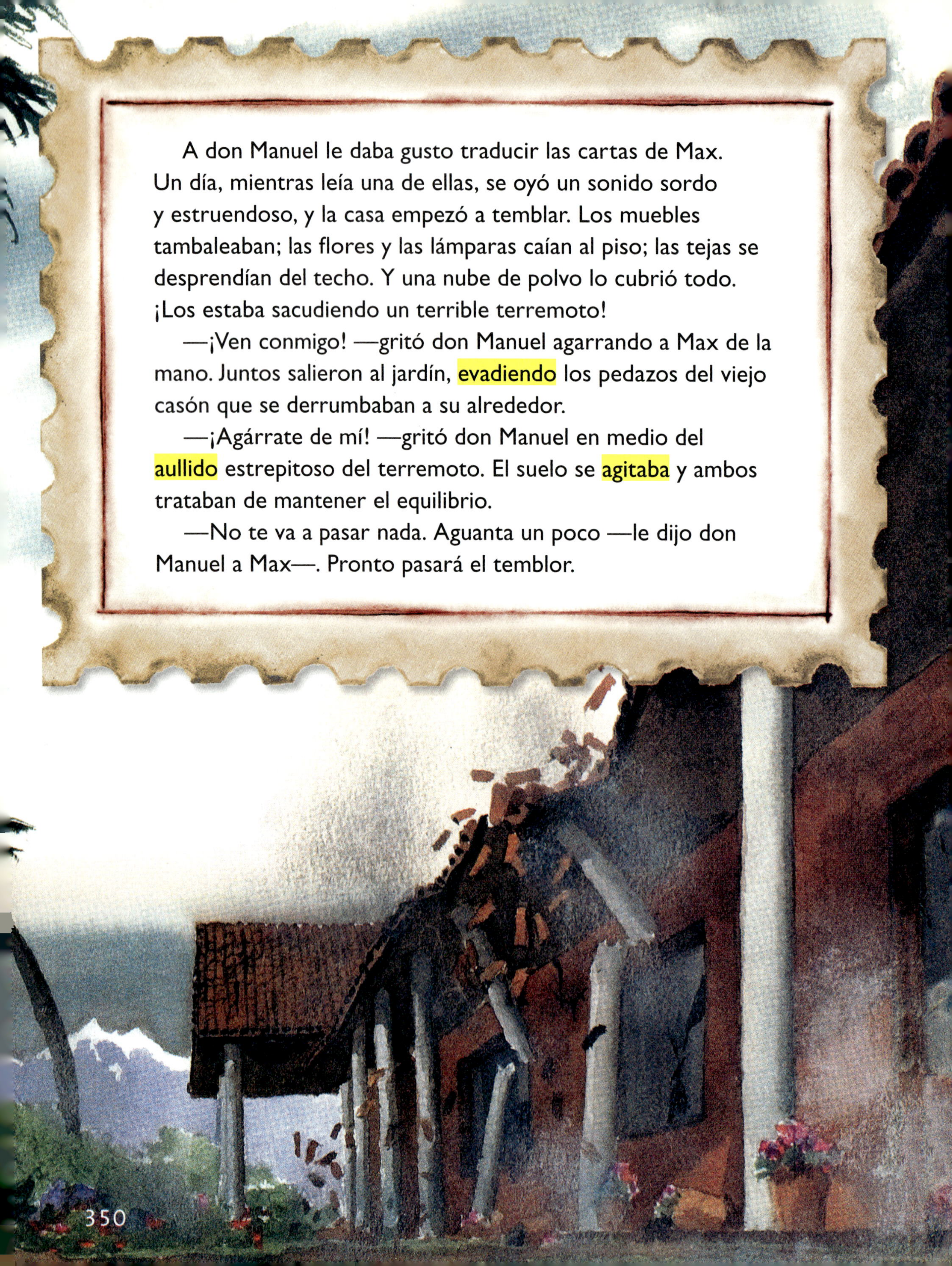

A don Manuel le daba gusto traducir las cartas de Max. Un día, mientras leía una de ellas, se oyó un sonido sordo y estruendoso, y la casa empezó a temblar. Los muebles tambaleaban; las flores y las lámparas caían al piso; las tejas se desprendían del techo. Y una nube de polvo lo cubrió todo. ¡Los estaba sacudiendo un terrible terremoto!

—¡Ven conmigo! —gritó don Manuel agarrando a Max de la mano. Juntos salieron al jardín, evadiendo los pedazos del viejo casón que se derrumbaban a su alrededor.

—¡Agárrate de mí! —gritó don Manuel en medio del aullido estrepitoso del terremoto. El suelo se agitaba y ambos trataban de mantener el equilibrio.

—No te va a pasar nada. Aguanta un poco —le dijo don Manuel a Max—. Pronto pasará el temblor.

A lo lejos, Max vio a la jaquita que iba galopando a toda prisa en dirección a su casa. Quiso ir tras ella, pero don Manuel no lo dejó. Había escombros por todas partes.

—¡Quédate aquí hasta que esto pase! Ya no tardará.

Cuando la tierra dejó de sacudirse, don Manuel le dijo:

—Ahora sí te puedes ir. Tu mamá debe estar muy preocupada. ¡Apúrate! Pero no te acerques a ninguna de las casas, no vaya a ser que sigan cayendo tejas de los tejados.

Max llegó a su casa en un santiamén, en el preciso momento en que su papá volvía de los viñedos. Su mamá y su hermana los abrazaron a los dos. Habían pasado el terremoto solas en casa. Todos estaban contentos de estar juntos, pero todavía asustados por el fuerte retumbar de la tierra.

Al otro día, Max supo que la escuela no iba a abrir. Durante el terremoto, muchas ventanas se habían roto y las paredes se habían agrietado. Llevaría mucho tiempo repararlo todo. Todavía se sentían temblores esporádicos. Max prefería estar en casa.

Pasó el tiempo. Del terremoto sólo quedaba el horrible recuerdo. Max regresó a la escuela.

—Hay una sorpresa para ti, Max —le dijo el director señalando un montón de cajas que estaban en la puerta del aula de Max—. Todas llevan tu nombre y el de tus compañeros.

Con la ayuda del director, del maestro y de los chicos del salón, Max abrió una caja tras otra. Estaban llenas de libros, juegos, papel, bolígrafos y ropa nueva. En una de las cajas había un retrato de Maggie y sus compañeros de escuela. También había una cartita.

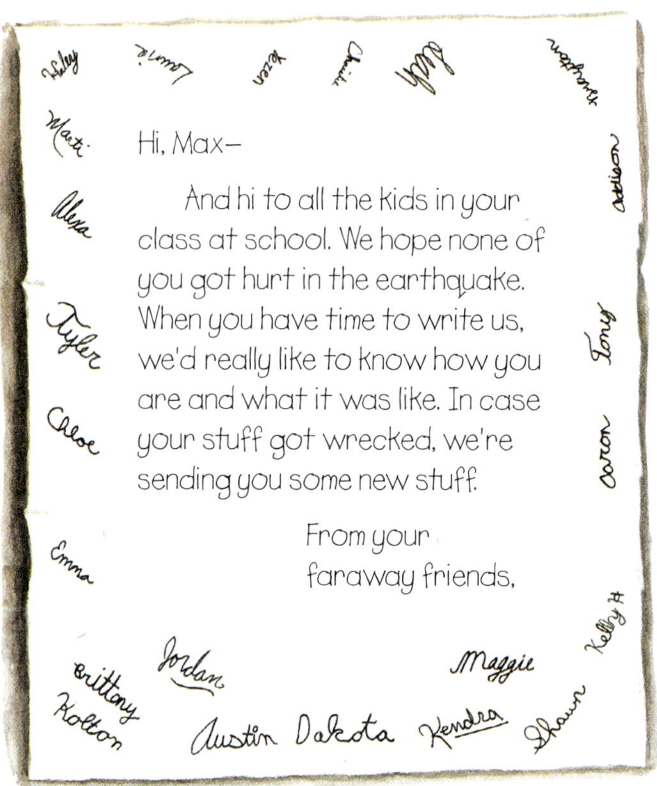

Hi, Max—

And hi to all the kids in your class at school. We hope none of you got hurt in the earthquake. When you have time to write us, we'd really like to know how you are and what it was like. In case your stuff got wrecked, we're sending you some new stuff.

From your
faraway friends,

En español decía: "Hola, Max. Saludos también para todos tus compañeros de clase. Esperamos que estén bien después del terremoto. Cuando tengas tiempo, escríbenos para que nos cuentes cómo estás y cómo sucedió todo. Les enviamos materiales nuevos, en caso de que hayan perdido sus pertenencias. De tus amigos en los Estados Unidos". La carta la firmaban Maggie y todos los de su clase.

Max estaba muy feliz. La cartita que había metido en una caja de uvas había encontrado una amiga en la distancia, para él y para sus compañeros.

Pensamiento crítico

L2.2
L2.3
L2.6
L3.4
E1.1
E1.1b

1 ¿Qué problema causa el terremoto en la escuela de Max? ¿Cómo ayuda Maggie a resolver este problema? TRAMA

2 ¿Cómo se siente Max al abrir las cajas que le ha enviado su amiga en la distancia? ¿Por qué? EMOCIONES DE LOS PERSONAJES

3 ¿Crees que Max encontró una buena manera de hacer amistades? ¿Por qué? EXPRESAR OPINIONES PERSONALES

4 ¿Cómo puedes saber que la autora cree que tener un amigo extranjero por correspondencia es una forma especial de amistad? SACAR CONCLUSIONES

5 **ESCRIBIR** ¿Qué sucesos importantes ocurrieron a partir de que Max puso una carta en una caja de uvas?

RESPUESTA BREVE

ESTÁNDARES DE CALIFORNIA
ESTÁNDARES DE CONTENIDO ACADÉMICO DE LENGUA Y LITERATURA EN INGLÉS—Lectura 2.2 Formular preguntas y respaldar las respuestas mediante la conexión del conocimiento previo con la información literal que se encontró y se infirió del texto; **L2.3** Demostrar la comprensión mediante la identificación de respuestas en el texto; **L2.6** Extraer la información apropiada y significativa del texto, incluyendo problemas y soluciones; **L3.4** Determinar el tema subyacente o el mensaje del autor en un texto de ficción y no ficción; **Expresión escrita 1.1** Crear un solo párrafo; **E1.1b** Incluir hechos y detalles simples que sirvan de apoyo.

357

Gloria Rand

Gloria Rand ha escrito muchos libros infantiles. Su esposo, Ted Rand, se los ha ilustrado todos. Al escribir sus libros, la autora se inspira principalmente en hechos reales o personas que conoce. Esta escritora disfruta todos los aspectos de su trabajo. Le gusta investigar datos y entrevistar personas para sus historias. Sobre todo, le fascinan los niños que leen sus libros. Y al respecto nos dice: "Si un joven lector nos hace saber que nuestros libros están bien hechos, nos hace sentir triunfadores en todos los sentidos".

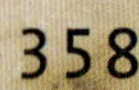

Ted Rand

Ted Rand ilustró todos los libros infantiles de su esposa, así como muchos de otros autores. En total ilustró más de ochenta libros.

Pero no siempre se dedicó a esta profesión. De hecho, no fue hasta que tenía más de sesenta años que comenzó a dibujar profesionalmente. Le gustaba incorporar muchos detalles en sus ilustraciones. Es por eso que para muchas personas, sus dibujos son auténticas obras de arte.

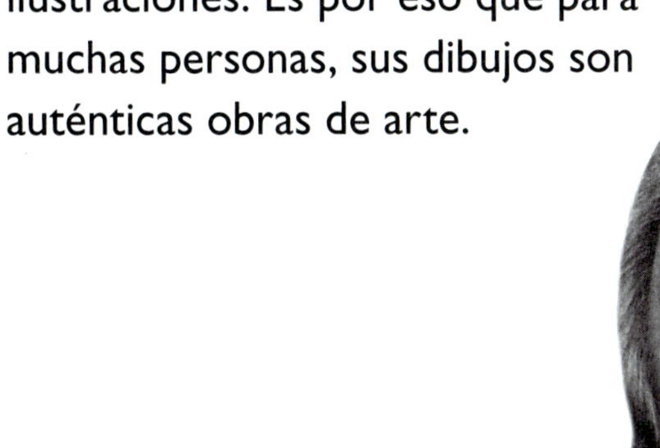

www.harcourtschool.com/reading

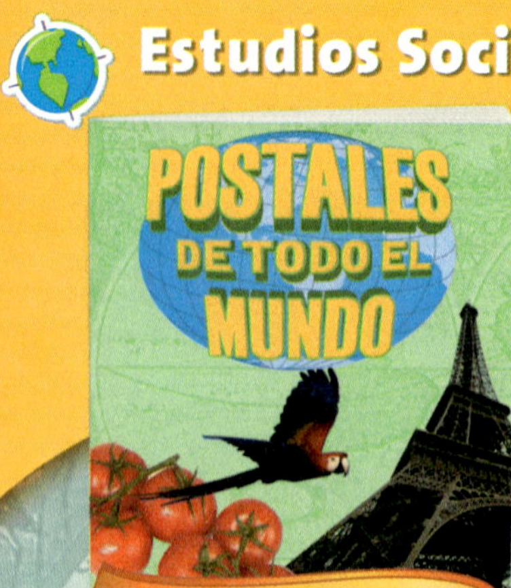

POSTALES DE TODO EL MUNDO

Los amigos por correspondencia se escriben por medio de cartas o correos electrónicos. También se envían postales. Con ellas intercambian datos interesantes sobre el lugar donde viven.

21 de noviembre

Querida Sara:

California es un lugar precioso. Donde yo vivo, cultivamos tomates. Muchos los enviamos a los supermercados. Pero la gran mayoría la utilizamos para hacer productos como jugo y salsa de tomate. ¡Sin nuestros deliciosos tomates, no puedes hacer pizza ni salsa de espagueti!

Tu amiga,

Devon

Sara Jackson

123 Pine St.

Columbia, MO 65204

10 de diciembre

Querido Justin:

¡Saludos desde Costa Rica! El clima aquí es cálido todo el año. Ideal para cultivar bananas que enviamos a todas partes del mundo. Ahora, cuando te comas una banana, piensa que a lo mejor se cultivó en el hermoso país de Costa Rica.

Un fuerte abrazo,

Juan

Justin Manning

1255 Garden Ave.

New York, NY 10134

29 de diciembre

Querido Miguel:

¡**Bonjour** desde París, Francia! Esta mañana, mi papá y yo fuimos a una tienda de quesos. En mi país se hacen más de 400 tipos de queso. Los franceses se dedican a la fabricación de quesos desde hace mucho tiempo. ¡Y en algunas partes de Francia, la gente fabrica queso desde hace 1000 años!

Escríbeme,

Marie

Miguel Santos

445 Cardinal Dr.

Tampa, FL 33688

Enlaces

Comparar textos 

1. ¿En qué se parecen y en qué se diferencian los amigos por correspondencia de "Las cartas de Max" y de "Postales de todo el mundo"?

2. ¿Te gustaría tener un amigo por correspondencia en otra parte del mundo? ¿Por qué?

3. ¿Aprendiste algo nuevo sobre Chile? Explica tu respuesta.

Repaso del vocabulario

Califica la situación

Trabaja en equipo con un compañero. Túrnense para leer en voz alta cada una de las siguientes oraciones. Señalen un punto en la línea para expresar cómo se sentirían en cada situación. Comenten sus respuestas.

molesto ——————————————— tranquilo

- El pedal de tu bicicleta está dañado y tienes que **repararlo.**
- El mar bravo **agitaba** el barco velero en que viajabas.
- Debes cruzar la cancha de fútbol **evadiendo** a los contrincantes.

traduzca

molestan

repararlo

agitaba

aullido

evadiendo

ESTÁNDARES DE CALIFORNIA
ESTÁNDARES DE CONTENIDO ACADÉMICO DE LENGUA Y LITERATURA EN INGLÉS—Lectura 1.3 Leer en voz alta y con fluidez y exactitud un texto narrativo y expositivo con el ritmo, la entonación y la expresión adecuados; **L2.2** Formular preguntas y respaldar las respuestas mediante la conexión del conocimiento previo con la información literal que se encontró y se infirió del texto; *(continúa)*

Lectura en pareja

Trabaja en equipo con un compañero. Elija cada uno un fragmento de "Las cartas de Max". Túrnense para leer en voz alta los fragmentos que eligieron. Recuerden leer las palabras de cada personaje como si las dijera una persona de verdad.

Escritura  E2.3 E2.3b

Escribe una nota de agradecimiento

Escríbele una nota de agradecimiento a alguien que te haya ayudado. Describe en ella el favor que te hizo y por qué lo consideras digno de gratitud. Incluye en esa nota las cinco partes de una carta: encabezamiento, saludo, cuerpo, despedida y firma.

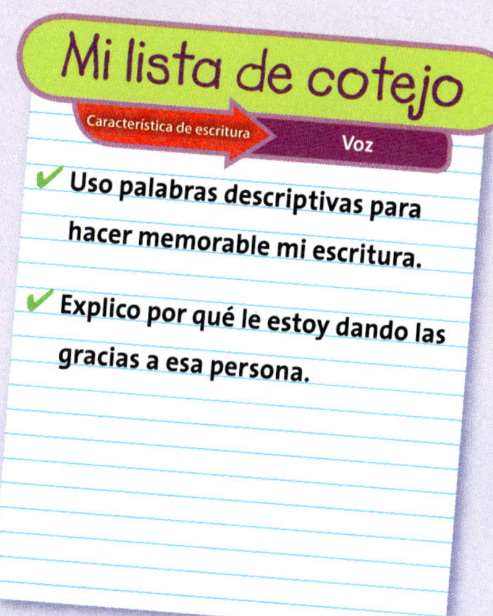

CONTENIDO

Lección 13

Género: No ficción descriptiva
Crece un árbol
por Arthur Dorros
traducido por F. Isabel Campoy y Alma Flor Ada
ilustraciones de S. D. Schindler
ÁRBOLES VIEJOS SOBREVIVEN EN LAS MONTAÑAS DE CALIFORNIA
por April Pulley Sayre
Género: Artículo informativo

Palabras que terminan en *-nte* 

Un *sufijo* es la terminación particular de una palabra. Cada sufijo le da un significado especial a las palabras. Existen varios sufijos en español. Aquí estudiaremos el sufijo *-nte* y su significado.

- Por lo general, el sufijo *-nte* al final de una palabra indica "el que hace la acción". Por ejemplo: *cantante* es el que canta, *caminante* es el que camina.

- Cuando una palabra termina en *-nte*, pero no tiene como raíz un verbo, entonces *-nte* no es un sufijo porque no hay ninguna acción que pueda realizarse. Por ejemplo: *diamante, adelante, elefante y cociente.*

Palabra raíz	Palabra raíz más el sufijo *-nte*
danzar	danzante
pasear	paseante
correr	corriente

Clave

Cuando leas una palabra que termina en *–nte*, identifica el verbo que forma la raíz de esa palabra. Así observarás qué acción se está haciendo y te será muy fácil entender el significado de esa palabra.

Lee el siguiente cuento. Identifica las palabras que terminan en *–nte*. Escríbelas en la tabla de abajo. En la columna de al lado, escribe la palabra raíz de cada una de ellas.

Tuve un sueño muy extraño anoche. Estaba perdido en un espeso bosque. Aunque soy amante de la naturaleza, tenía mucho miedo. Quizás porque era de noche. Afortunadamente encontré un vigilante. Con mirada penetrante me preguntó:

—¿Vives en este bosque?

—No —le contesté—, soy un estudiante de la ciudad.

—Entonces despiértate ya porque vas a llegar tarde a la escuela —me ordenó.

Palabras que terminan en *-nte*	Palabra raíz

Inténtalo

Vuelve a leer el cuento. Añádele una oración que cuente algo más sobre el sueño. Incluye una palabra con el sufijo *–nte*, por ejemplo *sorprendente, caminante*.

www.harcourtschool.com/reading

367

Vocabulario

Desarrollar un vocabulario rico

columnas

absorben

protege

susurra

disuelven

partículas

La mayor parte de los bosques tropicales se localizan en climas cálidos y húmedos.

Las capas del bosque tropical

Los bosques tropicales tienen cuatro capas. La capa superior es la emergente. Allí, los árboles son muy altos. Sobresalen como **columnas** gigantes en medio del paisaje boscoso. Sus hojas **absorben** la mayor parte de la luz solar. En esta capa viven animales como las águilas, los monos y los murciélagos.

Le sigue la frondosa capa del follaje que **protege** a muchos animales. En esta capa, los animales se esconden de los predadores y, al mismo tiempo, encuentran el agua y los alimentos que necesitan.

Debido a lo frondosa que es esta capa, es
difícil ver a los animales que viven allí. Pero,
en medio del viento que **susurra** entre el follaje,
se escuchan los sonidos que hacen, como los
chillidos de los monos que saltan de rama
en rama en busca de frutas.

Debajo del follaje está el piso
o monte bajo. Los jaguares y los
leopardos acechan allí a sus presas
trepados en gruesas ramas.

La capa más baja es el suelo. Debido
a la falta de luz, a las plantas les es muy
difícil crecer en esta capa. Además, las
fuertes lluvias **disuelven** los nutrientes del
suelo y los arrastran hacia los ríos. En el
suelo del bosque tropical viven animales
como las víboras y los insectos.

Los gusanos del bosque tropical desintegran el suelo en **partículas**.

www.harcourtschool.com/reading

Detectives de las palabras

Tu misión de esta semana es buscar las
palabras del vocabulario en libros de
Ciencias y en sitios de Internet sobre la
naturaleza. Cada vez que encuentres una palabra del
vocabulario, escríbela en tu diario de vocabulario. No
olvides anotar dónde encontraste cada palabra.

No ficción descriptiva

L3.1

Estudio del género

Un texto de **no ficción descriptiva** desarrolla información e ideas. Identifica

- ilustraciones y pies de foto.

- hechos y detalles que te ayuden a comprender mejor un tema.

| Lo que sé | Lo que leo | Lo que aprendí |

Estrategia de comprensión

Haz preguntas que te ayuden a detectar las ideas importantes de la lectura.

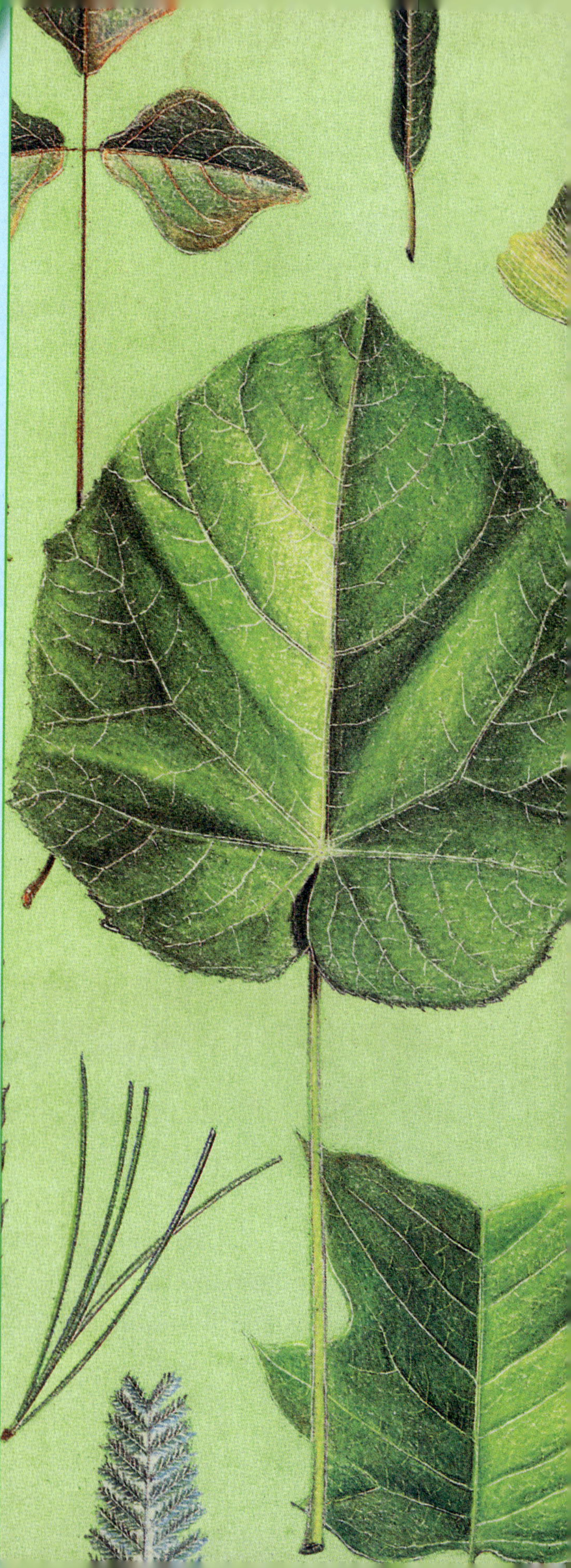

Crece un árbol

por Arthur Dorros
traducido por F. Isabel Campoy
y Alma Flor Ada
ilustraciones de S. D. Schindler

Un árbol gigante puede parecer que siempre fue grande. Pero incluso, el mayor de los árboles sigue creciendo y cambiando. En primavera se puede ver cómo crece un árbol al observar las yemas o brotes de las ramas que se convierten en hojas.

Los pinos de
bristlecone, o pinos
erizos, son los árboles
más antiguos que se
conservan con vida
en la Tierra. Algunos
tienen 5,000 años. ¡Son
más viejos que las
pirámides de Egipto!

373

Las hojas pueden ser agujas delgadas o tener la forma de un gran corazón. Pero cualquiera sea la forma o tamaño de las hojas, crean alimento para el árbol.

En las hojas se forma una especie de azúcar. Y esa azúcar sirve de alimento al árbol.

El líquido azucarado que se forma
en las hojas se mezcla con otros jugos
del árbol, llamados savia. La savia
transporta el alimento por todo el
árbol. Si una rama se quiebra o si la
corteza se rompe, la savia brota del
árbol. El olor penetrante de la savia
evita que los insectos que viven en el
árbol se lo coman.

La miel de arce se
produce con la savia
dulce de ese árbol.

*El baobab almacena
agua en su tronco.
Cuando está lleno,
se le ve grueso y
redondo. Durante
los meses secos, este
peculiar árbol obtiene
el agua que necesita
de su propio tronco.
Entonces, su tronco se
hace más delgado.*

Los árboles necesitan luz, aire, tierra y agua para crecer. El agua viaja por los canales del tronco y las ramas hasta las hojas. El agua sube por el tronco como si se estuviera bebiendo a través de una cañita. La savia azucarada que se crea en las hojas baja por otros canales en el tronco para llevar alimento a las distintas partes del árbol.

*S*ólo unos cuantos árboles tienden raíces desde sus ramas hasta la tierra para recolectar agua. Las raíces del baniano crecen como columnas alrededor del tronco.

*L*as raíces son muy fuertes cuando crecen. Mientras se desarrolla, una raíz puede levantar el cemento de la acera o partir una roca. Al romper las piedras, las raíces ayudan a formar tierra.

Las raíces del árbol crecen en la tierra y lo sostienen. Las raíces son como tuberías. Absorben agua y la llevan al interior del árbol. Las raíces se adentran profundamente en la tierra. Se extienden debajo de ella, por regla general, un poco más allá que las ramas.

Los árboles necesitan minerales para crecer. Los minerales son partículas diminutas que se encuentran en el suelo. La sal es uno de estos minerales. Al igual que la sal, los otros minerales se disuelven en el agua. Se mezclan con el agua que absorben las raíces y así circulan por todo el árbol.

Los hongos que crecen entre sus raíces pueden ayudar al árbol a conseguir minerales. A la vez, los hongos y las plantas que crecen junto a un árbol aprovechan el agua que las raíces absorben.

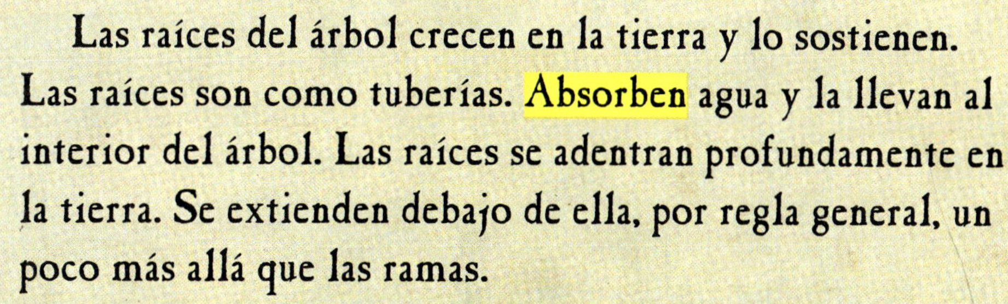

Hongos boleto bicolor

La corteza es la piel del árbol. La capa externa de la corteza **protege** al árbol. Cuando un roble es joven, su corteza es suave como la piel de un bebé. A medida que el árbol crece, su corteza se va endureciendo y cuarteando.

Mariposa
Polifemo

Si quieres identificar
un árbol, puede serte
muy útil observar
su corteza.

El corcho que se usa en
las pizarras se obtiene
de la corteza del
alcornoque.

La corteza de la acacia
de tres espinas está
cubierta de púas para
proteger el árbol.

En los lugares fríos, el cámbium sólo crece en la primavera y el verano. Puedes contar los anillos de crecimiento para saber qué edad tenía un árbol cuando murió. El abeto de Douglas es un pino que puede tener más de mil anillos, uno por cada año de vida.

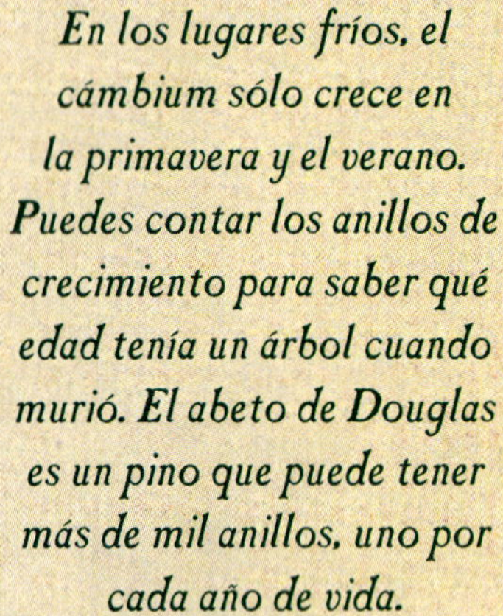

En los bosques tropicales, el cámbium crece durante todo el año, pero no forma anillos en el tronco. Por ello es muy difícil saber la edad de esos árboles.

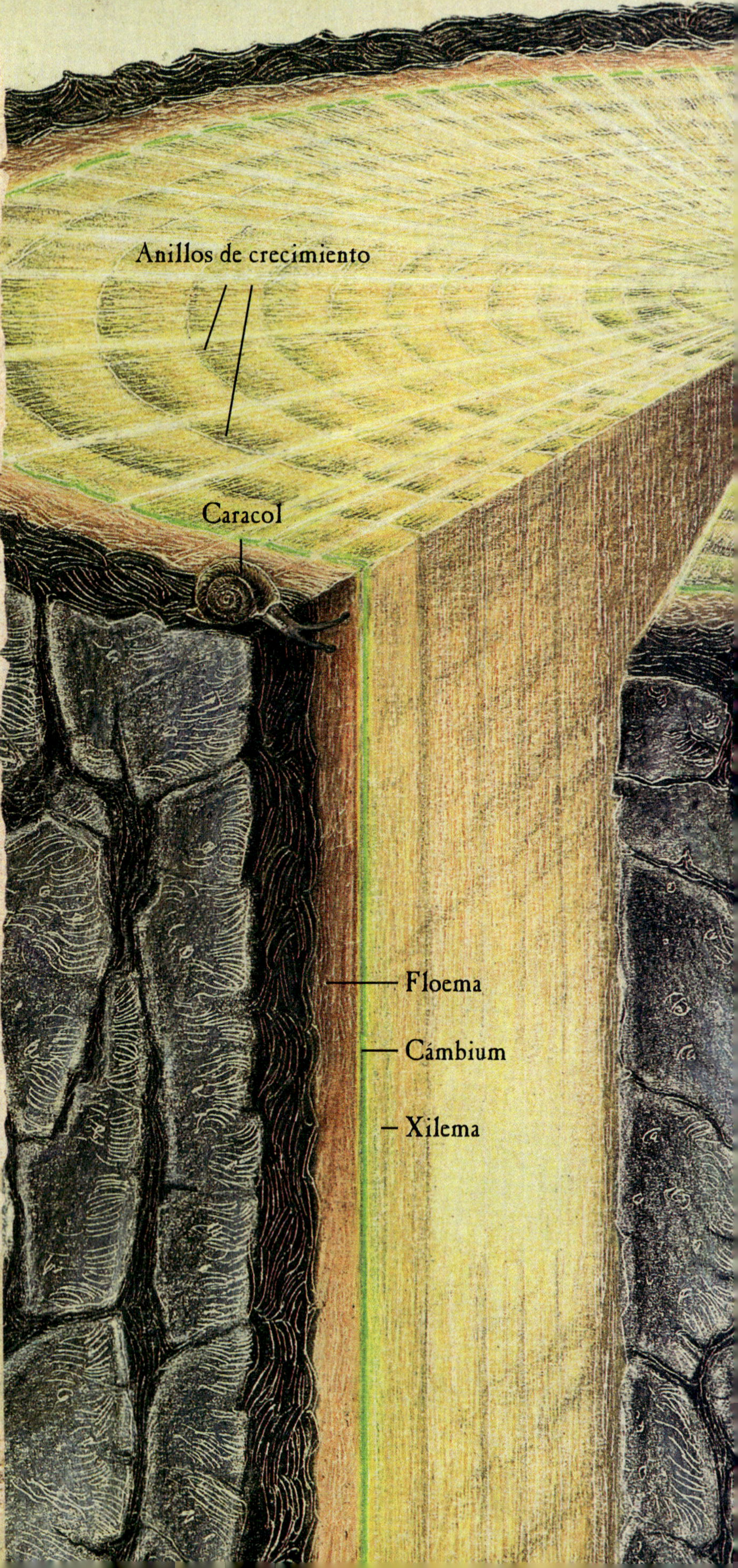

La corteza que se puede ver y tocar ya no crece. Debajo, hay una capa de corteza llamada *cámbium*, que sí crece. Cada año, el cámbium forma un nuevo anillo en el tronco del árbol. Con cada anillo de cámbium, el tronco se vuelve más grueso. Junto al cámbium hay dos capas llamadas *xilema y floema*. El agua de las raíces circula a través del xilema y la savia de las hojas circula a través del floema.

Los árboles crecen en altura y en anchura a la vez. En algunos árboles, cuando el tronco crece, las ramas más bajas se caen y eso hace que el tronco parezca más alto. Pero las ramas no suben por el tronco. Los árboles sólo crecen en la parte superior, mientras que las ramas más altas crecen hacia arriba.

Si hoy encuentras una marca en el tronco de un árbol, esa marca permanecerá a la misma altura mientras el árbol viva.

Entre los árboles más altos del mundo están las secuoyas. Llegan a medir más de 300 pies de altura.
50 años
200 años

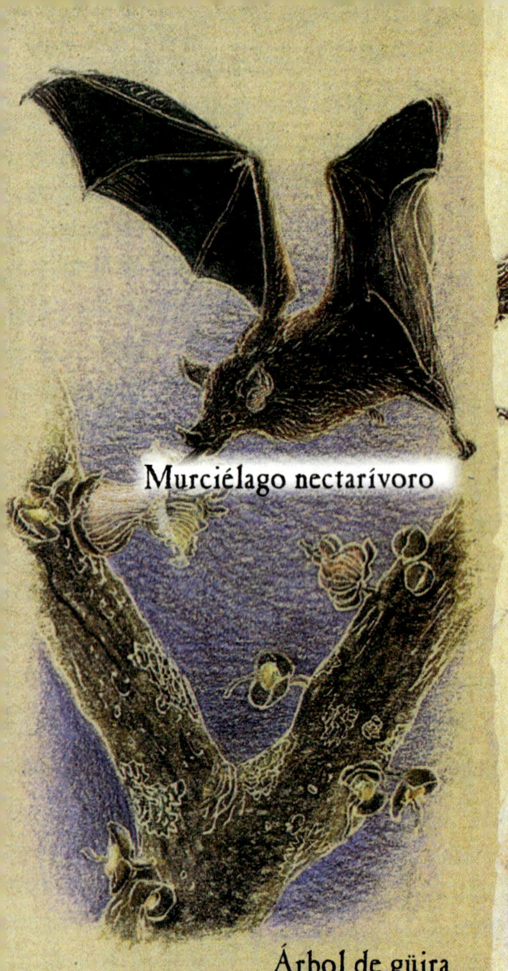

*Algunos pájaros, insectos
y hasta murciélagos se
acercan a las flores en
busca de su dulce néctar.
Al sacudir los pétalos,
estos animales quedan
impregnados de un polvillo
llamado polen. Una vez
satisfechos, se alejan y
dispersan el polen sobre
otras flores. Cuando este
polvillo alcanza ciertas
partes de esas flores, se
forman semillas de las que
nacerán nuevas flores. El
viento también ayuda a
polinizar las flores.*

En la primavera se pueden oler las flores.
Las flores de los árboles pueden ser de distintas
formas y colores y tienen su propio aroma.
Unas partes de la flor se convierten en semillas.
Los robles tienen guirnaldas de flores, llamadas
candelillas o amentos, de las que salen las
bellotas, las semillas del roble.

Un roble puede soltar más de cincuenta mil bellotas al año. Sólo unas pocas llegarán a ser robles. A la mayoría se las comen o las pisan, se pudren o van a dar a un lugar donde sus raíces no pueden crecer. Algunas de las bellotas se prenden en la piel de algún animal que se las lleva y las suelta o entierra en otros lugares. Otros tipos de semillas vuelan con el viento o flotan sobre las aguas.

Ardilla
gris

Cada tipo de árbol produce
su propia semilla y cada
una de ellas está cubierta
de manera particular. Las
nueces, las piñas y las frutas
cubren las semillas que están
en su interior.

Nuez de
Brasil

Piña del
pino

Cereza

Los cocos son las semillas
de la palmera. Un coco
puede cruzar el mar
flotando y enraizar en una
playa muy distante.

El otoño es la mejor temporada para recolectar hojas. Cada árbol tiene un color particular.

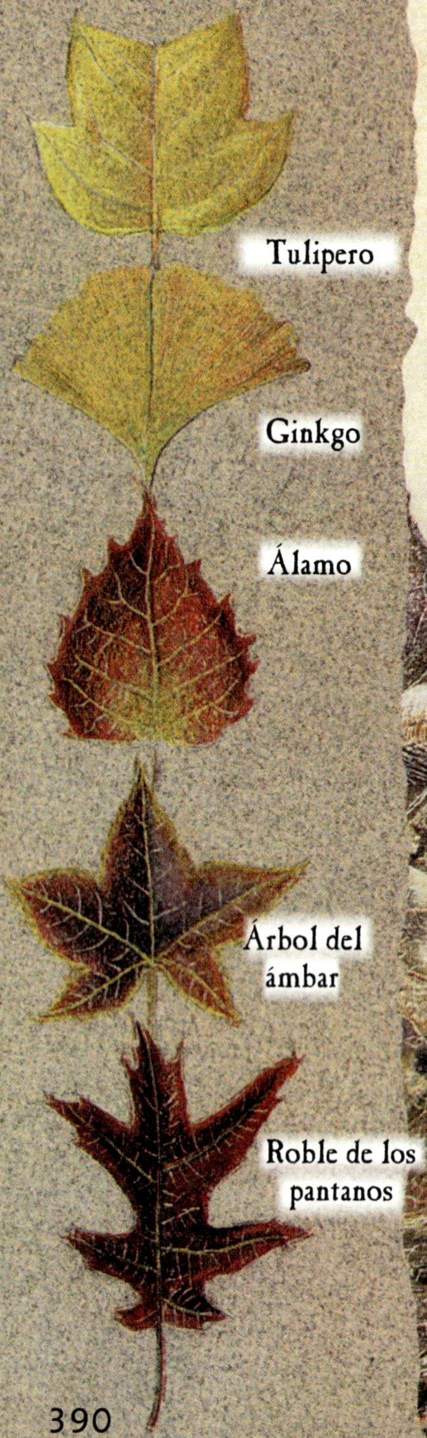

En los lugares fríos, los árboles dejan de crecer durante el otoño. Las hojas dejan de crear alimentos azucarados y pierden su color verde. Entonces pueden verse los colores rojo, marrón, amarillo y naranja que también tienen las hojas.

Los pinos y algunos árboles tienen agujas u hojas que no cambian de color en el otoño.

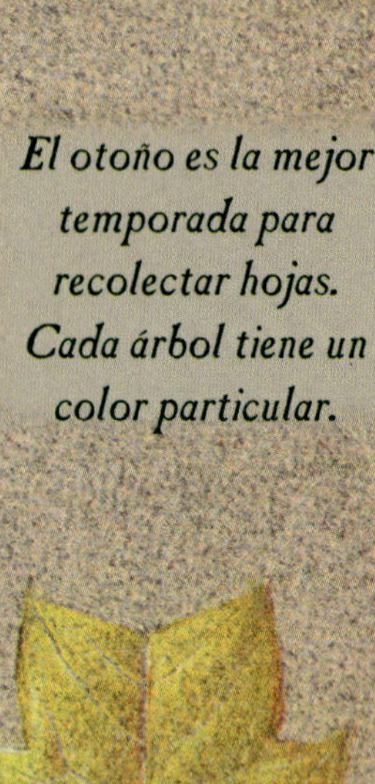

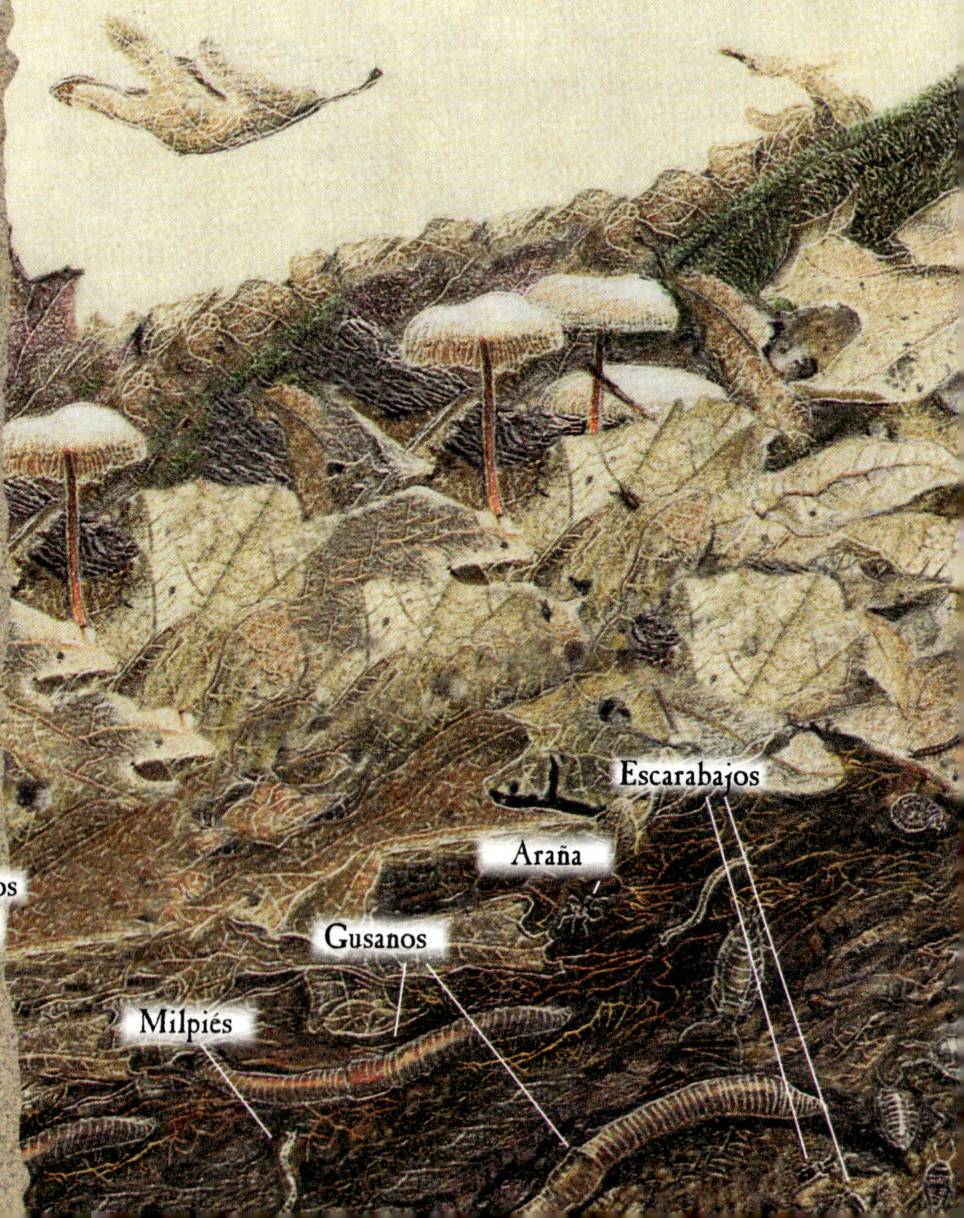

Cuando las hojas caen al suelo, los insectos y los gusanos se las comen. Los trozos de hojas mordidas o masticadas hacen que la tierra sea más fértil y eso ayuda al crecimiento de los árboles y otras plantas.

Roble albar

Durante el frío del invierno, los árboles descansan y sus ramas están desnudas. Parecen estar secas. Pero si las miras de cerca, verás los brotes o yemas que se convertirán en hojas y flores en la primavera.

Castaño de Indias

Escucha como el viento de primavera susurra entre las hojas. Los árboles han empezado a crecer de nuevo.

Roble albar

Pensamiento crítico

L2.2
L2.3
L3.4
E1.1
E1.1b

1. ¿Cuál fue el propósito del autor al escribir "Crece un árbol"? ¿Cómo lo sabes? PROPÓSITO DEL AUTOR

2. ¿Cómo usan los árboles el azúcar que se produce en sus hojas? DETALLES IMPORTANTES

3. ¿Qué es lo más interesante que aprendiste sobre los árboles en esta lectura? EXPRESAR OPINIONES PERSONALES

4. ¿Cómo puedes saber que al autor le interesa la manera en que los árboles cambian a lo largo del año? SACAR CONCLUSIONES

5. **ESCRIBIR** ¿Qué cambios manifiesta un árbol mientras crece? Apoya tu respuesta con ejemplos de la propia lectura. RESPUESTA AMPLIA

ESTÁNDARES DE CALIFORNIA
ESTÁNDARES DE CONTENIDO ACADÉMICO DE LENGUA Y LITERATURA EN INGLÉS—Lectura 2.2 Formular preguntas y respaldar las respuestas mediante la conexión del conocimiento previo con la información literal que se encontró y se infirió del texto; **L2.3** Demostrar la comprensión mediante la identificación de respuestas en el texto; **L3.4** Determinar el tema subyacente o el mensaje del autor en un texto de ficción y no ficción; **Expresión escrita 1.1** Crear un solo párrafo; **E1.1b** Incluir hechos y detalles simples que sirvan de apoyo.

Arthur Dorros

A Arthur Dorros le gusta escribir sobre todo aquello que le interesa. Le encantan los árboles. Cuando tenía cinco años, plantó un tallito de arce, el cual llegó a crecer tan alto ¡como una casa de dos pisos! Dice que era casi tan grande como el de *Crece un árbol*.

Arthur Dorros piensa que todos tenemos una historia que contar. Por eso, cuando recorre el país, entusiasma a todos los niños para que escriban. Les asegura que si leen lo suficiente, aprenderán lo necesario para comenzar a escribir.

S. D. Schindler

S. D. Schindler empezó a dibujar y a colorear desde niño. Cuando tenía cuatro años, se ganó una carreta roja en un concurso de colorear. En sus clases siempre fue conocido como "el artista". Las fotos y las ilustraciones de animales eran sus preferidas.

A S. D. Schindler le gusta la naturaleza tanto como dibujar. Para ilustrar *Crece un árbol*, tomó como modelos a las plantas y los animales que viven en un bosque cerca de su casa.

www.harcourtschool.com/reading

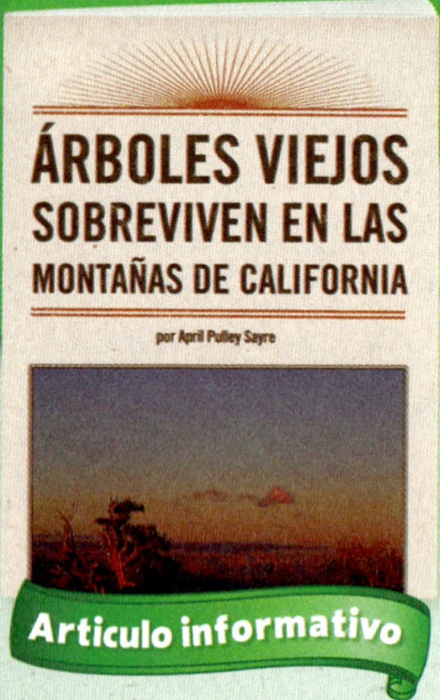

Artículo informativo

ÁRBOLES VIEJOS SOBREVIVEN EN LAS MONTAÑAS DE CALIFORNIA

por April Pulley Sayre

Árboles sobrevivientes

El árbol más viejo del mundo es el pino de bristlecone. También se le conoce como pino erizo o pino longevo. Esta clase de pino crece en las Montañas Blancas de California. Algunos tienen más de 4,000 años. ¡Nacieron cuando se empezaban a construir las pirámides de Egipto!

El pino de bristlecone es un árbol sobreviviente. Los árboles necesitan agua, tierra, luz y calor para crecer. Estos pinos habitan en lugares muy altos y en montañas secas, frías y rocosas. Allí les llega la luz del sol, pero carecen de agua, suelo fértil y calor.

Algunas partes de los árboles más antiguos parecen estar muertas. Sin embargo, los árboles continúan produciendo semillas.

Todos los árboles necesitan agua para vivir. El pino de bristlecone puede sobrevivir en un ambiente seco porque no necesita mucha agua para vivir. Las hojas de este pino son muy delgadas y se llaman agujas. Las agujas retienen más agua que las hojas anchas y planas.

Además, estos pinos requieren de muy poca energía. Son árboles de hojas perennes. Es decir, no pierden su color verde en todo el año ni las hojas en el invierno. Pero hasta las plantas perennes necesitan mudar algunas agujas para que les crezcan nuevas. Por ejemplo, el pino blanco, o pino carrasco, pierde las agujas cada dos años, a diferencia del pino de bristlecone, que se demora 30 años en mudarlas. De esta manera, estos árboles ahorran energía, ya que no tienen que fabricar agujas con frecuencia.

Los pinos de bristlecone pueden mantenerse en pie cientos de años después de morir.

Algunas piñas del pino de bristlecone joven son de color morado.

Las agujas del pino de bristlecone le proveen energía al árbol.

Los pinos de bristlecone pueden llegar a medir 60 pies de altura.

Hay pinos de bristlecone que parecen estar muertos, pero en realidad están vivos. En algunos de ellos, lo único que tiene vida es una franja de corteza y el cámbium. El cámbium es la capa con vida que se encuentra debajo de la corteza. Las células de esta capa le suministran agua y alimento al árbol.

Una pequeña franja de corteza y cámbium es suficiente para alimentar una rama. Entonces, a la rama le nacen agujas. También le nacen las piñas que guardan las semillas. El árbol parece estar casi muerto, pero puede sobrevivir miles de años.

El pino de bristlecone más antiguo

El pino de bristlecone más antiguo es el pino matusalén. Tiene unos 4,700 años. El pino matusalén habita en el Antiguo Bosque de Bristlecone, en las Montañas Blancas de California.

Si visitas este bosque, es probable que no veas al pino matusalén. No tiene ninguna marca que lo identifique. La identidad del árbol se guarda en secreto para conservarlo. Las visitas del público podrían hacerle daño.

Los árboles nos cuentan historias

Estos árboles longevos encierran mucha historia. Aunque no podamos conocerla a simple vista, sus anillos guardan mucha información. En años de mucha lluvia y nieve, los anillos se vuelven más anchos. Los años de sequía ocasionan que los anillos sean más estrechos.

Los científicos pueden cortar una pequeña sección de un árbol sin hacerle el menor daño. La muestra es del ancho de una cañita. Con estas muestras estudian los árboles. De este modo, no tienen que talar el árbol para estudiar sus anillos. El estudio de los anillos les permite a los científicos conocer la vida de las plantas, los animales y los seres humanos que vivieron hace miles de años. Los pinos de bristlecone contienen muchas historias para aquellos que las sepan leer.

Enlaces

Comparar textos 

L2.2
L2.3

1. ¿En qué se parece el pino bristlecone de "Árboles viejos sobreviven en las montañas de California" al roble de "Crece un árbol"? ¿En qué se diferencia?

2. Ahora que ya sabes más sobre los árboles, ¿cuál sería tu estación favorita para observarlos? Explica tu respuesta.

3. ¿Cómo puede un árbol hacer del mundo un mejor lugar para vivir?

Repaso del vocabulario

Clasificación de palabras

Las raíces de los árboles absorben las partículas del agua.

Trabaja en equipo con un compañero. Clasifique cada uno las palabras del vocabulario en dos categorías. Piensen qué palabras son una *acción* y cuáles son un *objeto*. Comparen las clasificaciones. Túrnense para explicar por qué clasificaron las palabras de ese modo. Después escoja cada uno una palabra de cada categoría y escriban una oración con ambas palabras.

columnas

absorben

protege

susurra

disuelven

partículas

ESTÁNDARES DE CALIFORNIA
ESTÁNDARES DE CONTENIDO ACADÉMICO DE LENGUA Y LITERATURA EN INGLÉS—Lectura 1.3 Leer en voz alta y con fluidez y exactitud un texto narrativo y expositivo con el ritmo, la entonación y la expresión adecuados; **L2.2** Formular preguntas y respaldar las respuestas mediante la conexión del conocimiento previo con la información literal que se encontró y se infirió del texto. **L2.3** Demostrar la comprensión mediante la identificación de respuestas en el texto; **Expresión escrita 2.2** Escribir descripciones que usen detalles sensoriales concretos para presentar y respaldar impresiones unificadas de personas, lugares, cosas o experiencias.

Lectura repetida

Elige un fragmento de "Crece un árbol". Léelo en voz alta. Deja que tu voz suba y baje de manera natural. Vuelve a leer el fragmento. Usa un cronómetro para saber en cuánto tiempo lo haces. Repite la lectura hasta que seas capaz de leer perfectamente o con muy pocos errores.

Escritura 

Escribe un poema

Escribe un poema sobre un árbol. Para buscar ideas, piensa en lo que aprendiste en "Crece un árbol". Usa un organizador gráfico para pensar en palabras y frases interesantes. El poema no tiene que rimar, pero sí lograr que el lector entienda lo que a ti te gusta de los árboles. Podrías escribir las palabras de manera que formes con ellas la silueta de un árbol.

Mi lista de cotejo

Característica de escritura → Fluidez de las oraciones

✔ Uso el organizador gráfico para planear mi poema.

✔ Desarrollo las ideas en mi poema.

Cómo son los árboles	Qué sienten los árboles	A qué huelen los árboles

CONTENIDO

Lección 14

Género: No ficción descriptiva
Un agujero en un árbol
por Barba…
ilustr… Tom…

¿Quieres observar los pájaros?
Género: No ficción descriptiva

Propósito del autor 

El **propósito del autor** es la razón por la cual un escritor o escritora escribe un texto.

- Si un autor está narrando un cuento, su propósito es generalmente entretener al lector.
- El propósito de un autor que escribe un texto de no ficción es comúnmente proporcionar información.
- Si el autor está indicando qué hacer o pensar, su propósito es persuadir al lector.

Con el fin de averiguar cuál es el propósito del autor, piensa en lo que lees y en lo que sabes sobre los propósitos al escribir.

Lo que sé	Lo que leí	Propósito del autor

Clave

Un autor también puede proporcionar información mientras narra un cuento. Para averiguar el propósito del autor, identifica la razón principal por la cual escribió ese texto.

Lee el siguiente texto. Después, usa la tabla de abajo para pensar en el propósito del autor e identificarlo. Explica cuáles claves del texto te ayudaron a averiguar el propósito del autor.

Las ardillas voladoras en realidad no vuelan. Más bien planean o flotan en el aire. La ardilla voladora tiene un faldón de piel en cada lado de su cuerpo. Los faldones están unidos a sus patas traseras y delanteras. Cuando la ardilla quiere planear, estira sus patas para abrir sus faldones de piel. Los faldones son como las alas de un planeador. La ardilla mueve sus patas delanteras para dirigir el vuelo. ¡Una ardilla voladora puede planear hasta más de cien pies de distancia!

Lo que sé	Lo que leí	Propósito del autor
Los autores dan muchos datos cuando escriben para informar.		

Inténtalo

Si el autor hubiera escrito un cuento de ficción sobre una ardilla que pilotea un avión, ¿cuál habría sido el propósito del autor en este caso?

www.harcourtschool.com/reading

imagina

alberga

pudre

pincha

mudado

laberinto

Los Everglades de Florida

Por un momento, **imagina** que visitas una región que **alberga** miles de plantas y animales: los Everglades de Florida. ¿Qué crees que verías allí? Seguramente varias parvadas de pájaros que se detienen a descansar en las copas de los árboles. A la sombra de éstos, hay abundante comida para los pájaros, tanta que se **pudre** con frecuencia.

También hay bosques con varios tipos de pinos. Cuando los relámpagos caen en los árboles, pueden causar incendios forestales. El fuego despeja el bosque y permite que la luz solar llegue hasta el suelo para que crezcan árboles nuevos.

Una gran garza azul **pincha** un pez con su pico puntiagudo.

Otros árboles que podrías ver allí son los mangles. Estos extraños árboles crecen en lugares donde el agua dulce se ha **mudado** de los ríos y comienza a mezclarse con el agua salada de los mares.

Es posible que alcances a ver a las aves anidando en las ramas de los mangles. Sus enmarañadas raíces forman un **laberinto** donde algunos peces nadan y se esconden de los predadores.

Las raíces del mangle suspenden al árbol por encima del agua salada.

www.harcourtschool.com/reading

Campeones de las palabras

Tu misión de esta semana es usar las palabras del vocabulario en tus conversaciones con amigos y familiares. Por ejemplo, háblale a un familiar sobre algún pájaro que haya mudado su nido cerca de tu casa. Escribe en tu diario de vocabulario las oraciones que contienen palabras del vocabulario.

No ficción descriptiva

L3.1

Estudio del género

Un texto de **no ficción descriptiva** desarrolla información e ideas. Identifica

- ilustraciones que apoyan los datos.

- detalles que te ayuden a comprender mejor un tema.

Lo que sé	Lo que leo	Lo que aprendí

Estrategia de comprensión

Haz preguntas cada vez que no entiendas bien la lectura.

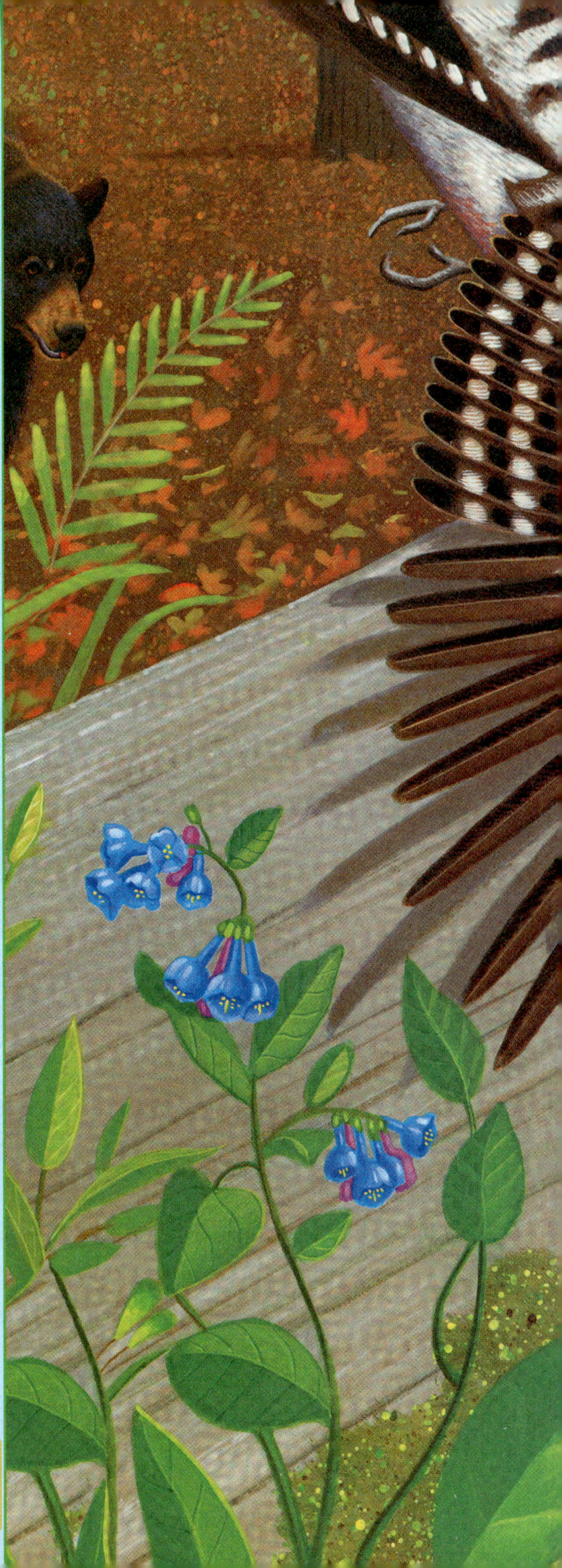

Un
agujero en un
árbol
por
Barbara Brenner
ilustrado por
Tom Leonard

Un agujero en un árbol. Un lugar pequeño en el árbol. ¿Cómo sucedió? ¿Quién vive allí?

Imagina que puedes observar el agujero desde que comienza a abrirse. Podrías ver algo así.

411

En este bosque hay un roble. Se parece a los demás robles con una diferencia: es el preferido de una osa negra. Cada vez que la osa pasa por su lado, se afila las garras en el tronco del árbol.

Vas de paseo por el bosque. Ves el árbol y te fijas en los arañazos de la corteza. ¡Quizás veas a la osa!

De tanto arañar en el tronco, algunos pedacitos de la corteza se desprenden del árbol. En la corteza se abre un corte. Un agujero en el árbol es el comienzo de todo.

Cuando regresas al bosque, ves que insectos pequeñitos han descubierto el agujero. Son los escolítidos (una especie de escarabajo) que se han mudado a ese lugar.

Los escolítidos se meten debajo de la corteza y perforan el árbol. Hacen un laberinto de túneles. Abren espacios llamados galerías donde depositan sus huevos. Y "siembran" hongos para que la colonia se alimente. Imagina que puedes mirar dentro. Verías algo así.

Pronto, los hongos crecen y cubren las paredes de los túneles. De los huevos de los escolítidos salen larvas. Las larvas se alimentan de los hongos. Y los hongos se alimentan de la madera blanda dentro del árbol.

Las larvas se convierten en escolítidos.

Para salir de las galerías, comen y comen y van abriendo más agujeros en el árbol.

Regresas de nuevo al árbol y ya hay más de diez agujeros. Pero el más grande de todos es el primero que viste.

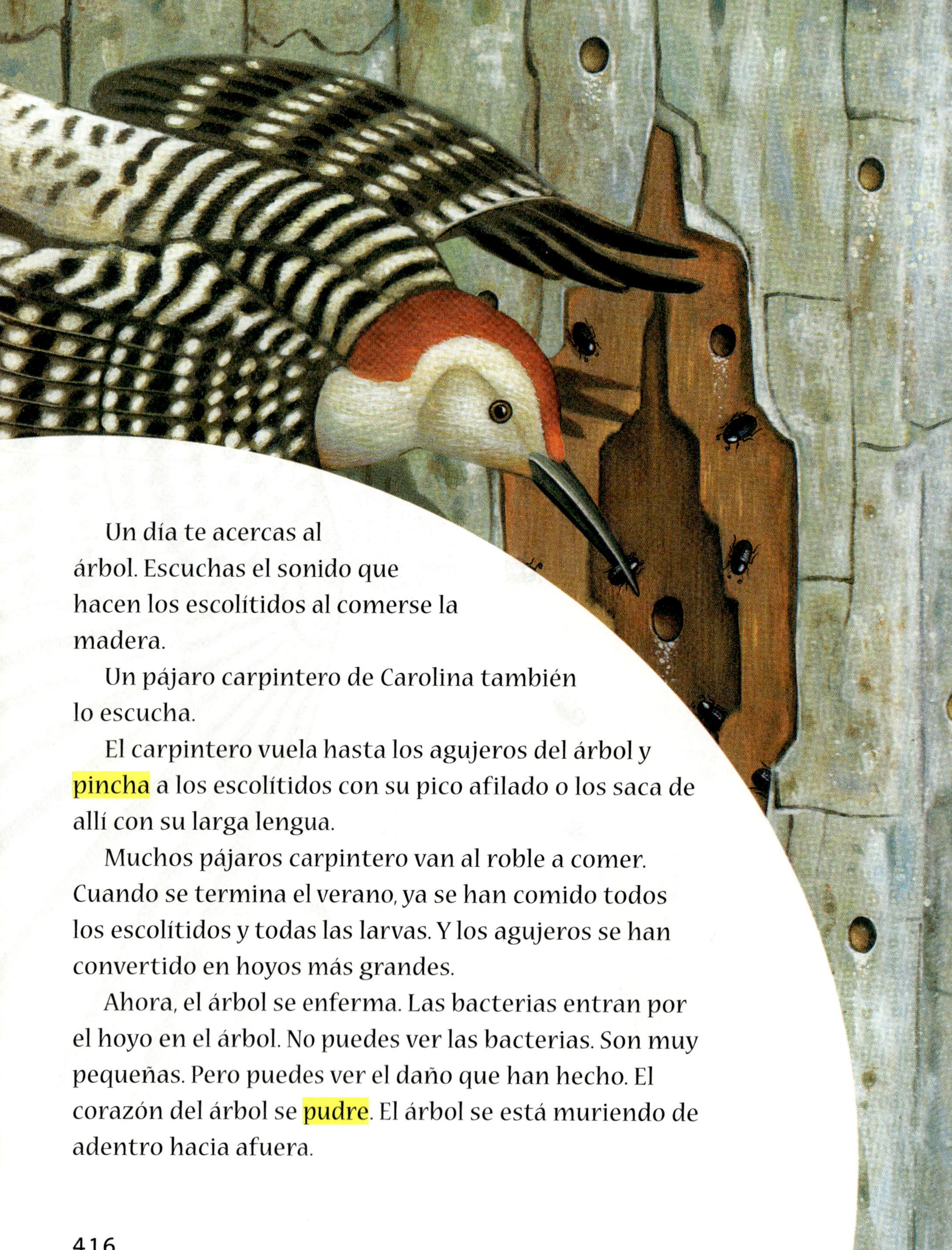

Un día te acercas al
árbol. Escuchas el sonido que
hacen los escolítidos al comerse la
madera.

Un pájaro carpintero de Carolina también
lo escucha.

El carpintero vuela hasta los agujeros del árbol y
pincha a los escolítidos con su pico afilado o los saca de
allí con su larga lengua.

Muchos pájaros carpintero van al roble a comer.
Cuando se termina el verano, ya se han comido todos
los escolítidos y todas las larvas. Y los agujeros se han
convertido en hoyos más grandes.

Ahora, el árbol se enferma. Las bacterias entran por
el hoyo en el árbol. No puedes ver las bacterias. Son muy
pequeñas. Pero puedes ver el daño que han hecho. El
corazón del árbol se pudre. El árbol se está muriendo de
adentro hacia afuera.

La corteza del árbol empieza a desprenderse hasta que se cae. El hoyo es tan grande que puedes mirar dentro.

Se ha convertido en un agujero ancho que podría servirle de hogar a alguna criatura.

El primer animal que lo descubre es una ardilla
voladora. Un día de invierno te encuentras a la ardilla
"alojada" allí. Te fijas que esconde unas nueces debajo de
la corteza suelta alrededor del hueco.

Cuando vuelves en la primavera, la ardilla voladora
se ha ido. El hueco está vacío. Pero no lo estará por
mucho tiempo. Una pareja de azulejos se muda al
hueco. El hueco es ideal para los azulejos porque está
lejos del suelo y les brinda protección.

Los azulejos hacen un nido con hierbas y ramas
en el fondo del hueco. Muy pronto hay seis huevos
en el nido.

La próxima vez que te asomas ves seis
pichones dentro del hueco. Los pichones
están a salvo en el nido. Allí se quedan hasta
que pueden volar.

Ya para este tiempo, el árbol no tiene hojas. Se le ha desprendido casi toda la corteza. Pero eso no le molesta a quienes viven en él.

Por las próximas tres primaveras, la pareja de azulejos anidará en el árbol.

Y por los próximos tres inviernos, una familia de ratones de patas blancas hará del árbol su hogar.

Durante estos tres años, el árbol no ha crecido. El roble está muerto. Pero el hueco en el tronco está lleno de vida.

Un carpintero velloso
mayor a veces se
==alberga== aquí.

El hueco también le
sirve de escondite a
una ardilla gris.

Cuando el hueco se
llena de agua, hasta
puedes ver una
ranita arbórea
que se ha
acomodado allí.

Un día, un rayo o un vendaval o un aguacero o una nevada tumba el árbol. Muchos años después, lo único que queda del árbol es un tronco con un hueco.

Pero el hueco sigue siendo un lugar especial para algunos seres vivos. Es posible que una serpiente de jarretera se cobije en él.

O que una salamandra *Plethodon cinereus* empolle sus huevos allí.

O quizás una araña *Linyphia phrygiana* teja su telaraña sobre el hueco para capturar a los insectos que lo rodean.

Los árboles vivos son muy importantes. Pero los árboles enfermos y muertos también lo son. Por lo general, un árbol muerto tiene un hueco, un lugar pequeño que le sirve de hogar a alguna criatura.

Pensamiento crítico

1 ¿Cuál propósito crees que tuvo la autora al escribir "Un agujero en un árbol"?
PROPÓSITO DEL AUTOR

2 ¿Qué sucesos importantes ocurren a partir de que la osa se afila las garras en el árbol? SECUENCIA

3 ¿Qué información de la lectura te asombró más?
EXPRESAR OPINIONES PERSONALES

4 ¿Cómo puedes saber que la autora cree que los árboles son útiles, incluso cuando ya han muerto? SACAR CONCLUSIONES

5 **ESCRIBIR** ¿De qué manera un árbol es útil para otros seres vivos? Apoya tu respuesta con ejemplos de la propia lectura. RESPUESTA BREVE

ESTÁNDARES DE CALIFORNIA
ESTÁNDARES DE CONTENIDO ACADÉMICO DE LENGUA Y LITERATURA EN INGLÉS—Lectura 2.2 Formular preguntas y respaldar las respuestas mediante la conexión del conocimiento previo con la información literal que se encontró y se infirió del texto; **L2.3** Demostrar la comprensión mediante la identificación de respuestas en el texto; **L3.4** Determinar el tema subyacente o el mensaje del autor en un texto de ficción y no ficción; **Expresión escrita 1.1** Crear un solo párrafo; **E1.1b** Incluir hechos y detalles simples que sirvan de apoyo.

Barbara Brenner

Barbara Brenner ama la naturaleza, especialmente los reptiles. En un cumpleaños recibió de regalo una víbora. Poco tiempo después, ya tenía ¡23 reptiles y anfibios como mascotas! Cuando visita las escuelas, suele llevar su boa al cuello.

Cada vez que necesita una idea para escribir un libro nuevo, piensa en todo lo que ha leído y en las cosas que le interesan. Le gusta escribir libros sobre ciencias, pero que contengan algo más que datos. Barbara Brenner piensa que al mezclar la ciencia con la ficción, se hace mucho más ameno el conocimiento científico.

Tom Leonard

Tom Leonard ha hecho dibujos desde que era niño. Al principio, sólo dibujaba a los personajes de sus tiras cómicas favoritas. Después de graduarse de una escuela de arte, consiguió trabajo como dibujante en periódicos y revistas. Posteriormente empezó a ilustrar libros infantiles.

Antes de ilustrar un libro, suele investigar a fondo ese tema particular. Sus ilustraciones se distinguen por ser realistas y estar llenas de colorido. Su mayor anhelo ahora es llegar a escribir e ilustrar sus propios libros.

Artículo de revista

¿Quieres observar los pájaros?

por Beverly J. Letchworth

¿Te gustaría observar los pájaros y descubrir algunos de sus misterios? Puedes hacerlo si prestas atención a los detalles.

Lo primero que debes hacer es identificar los pájaros que ves. Observa los que vienen a visitar el patio de tu casa. Luego hazte estas preguntas:

☞ ¿De qué color es el pájaro?

☞ ¿De qué tamaño es?

☞ ¿Qué tipo de cola tiene? ¿Cómo es su pico?

☞ ¿Cómo se desplaza? Algunos pájaros, como la corneja y el zanate, caminan. Otros, como el gorrión, dan saltitos.

☞ ¿Tiene alguna marca de algún color en el cuerpo?

Describe el comportamiento del pájaro. El pájaro trepatroncos, o herrerillo, camina por el árbol de arriba hacia abajo. El papamoscas fibí se posa en las ramas y mueve la cola.

¿Es un pájaro cantor? ¿A qué se parece su canto?

Es hora de nombrar al pájaro desconocido. En una guía de pájaros, o guía de campo, busca un pájaro que se parezca al que viste.

¡Lo encontraste! ¡Muy bien!

¡Caso resuelto!

Pájaro trepatroncos

Pautas a seguir para observar los pájaros

- **Camina** en silencio y con cuidado mientras observas los pájaros. **No** te muevas bruscamente porque podrías ahuyentarlos.
- **Viste** ropa de color verde oscuro o marrón, que se confunda con la hierba y los árboles. **No** te pongas ropa de colores brillantes ni cualquier prenda que pueda asustar a los pájaros.
- **Obsérvalos** por la mañana, que es cuando los pájaros están más activos.
- **Lleva** contigo prismáticos, un lápiz y una libreta.
- **Apunta** los detalles que observas y haz un dibujo del pájaro.
- **Lleva** una guía de pájaros en tu bolsillo.
- **Lleva** merienda y agua si te vas lejos de casa.

Enlaces

Comparar textos 

1. ¿En qué se parece el propósito de la autora de "Un agujero en un árbol?" al de la autora de "¿Quieres observar los pájaros?" ¿En qué se diferencia?

2. ¿Qué crees que te llamará más la atención la próxima vez que veas un árbol?

3. ¿Por qué un árbol es importante para su medio ambiente?

Repaso del vocabulario

Redes de palabras

Trabaja en equipo con un compañero. Elige dos palabras del vocabulario y crea una red de palabras para cada una de ellas. Escribe la palabra del vocabulario en el centro de la red. Después, escribe a su alrededor algunas palabras que se relacionen con ella. Analiza con tu compañero las palabras seleccionadas. Explica cómo se relaciona cada palabra de la red con la palabra del vocabulario.

imagina

alberga

pudre

pincha

mudado

laberinto

Lectura en pareja

Trabaja en equipo con un compañero. Elija cada uno un fragmento de "Un agujero en un árbol". Túrnense para leer en voz alta los fragmentos que eligieron. Dejen que la voz suba y baje de manera natural. Al terminar la lectura, dense mutuamente su opinión.

Escritura

E1.1
E1.1a
E1.1b

Mi lista de cotejo

Característica de escritura → Fluidez de las oraciones

✔ Desarrollo mi escritura para darle al lector suficiente información sobre el árbol.

✔ Uso un organizador gráfico para planear mi escritura.

Escribe un recuento

Escribe un párrafo en el que narres algo sobre el árbol de "Un agujero en un árbol". Incluye sucesos del comienzo, el medio y el final de esa selección. Léele el párrafo a un compañero.

Comienzo	Medio	Final

Comprensión auditiva y expresión oral 1.9 Leer en voz alta prosa y poesía con fluidez, ritmo y tiempo, utilizando la entonación apropiada y los modelos vocales para enfatizar pasajes importantes del texto leído; **Expresión escrita 1.1** Crear un solo párrafo; **E1.1a** Desarrollar una oración sobre un tema; **E1.1b** Incluir hechos y detalles simples que sirvan de apoyo.

CONTENIDO

Lección 15

Repaso del tema y desarrollo del vocabulario

edición

consejos

consultamos

recomienden

sabio

trazarte

L1.3
CAO1.9

Leer para adquirir fluidez

Cuando lees un guión en voz alta:

- expresa los sentimientos, como cuando hablas con una persona.

- deja que la entonación de tu voz suba y baje con naturalidad para que puedas expresar lo que siente el personaje.

ESTÁNDARES DE CALIFORNIA
ESTÁNDARES DE CONTENIDO ACADÉMICO DE LENGUA Y LITERATURA EN INGLÉS—Lectura 1.3 Leer en voz alta y con fluidez y exactitud un texto narrativo y expositivo con el ritmo, la entonación y la expresión adecuados; **Comprensión auditiva y expresión oral 1.9** Leer en voz alta prosa y poesía con fluidez, ritmo y tiempo, utilizando la entonación apropiada y los modelos vocales para enfatizar pasajes importantes del texto leído.

Pregúntale a los expertos

Personajes

Cora	Amigo Leonel
Tomás	Inspector Polilla
Victoria Vigorosa	Agu Deza

Escenario: Las oficinas de los editores de la revista *¿Qué debo hacer?*

Cora: Silencio, por favor. El ruido del papeleo no me deja escuchar.

Tomás: Espero que todos hayan podido darle una ojeada a las muchísimas cartas, correos electrónicos y peticiones que recibimos en la página web, y que debemos responder en nuestra próxima edición de la revista. Hay mucho que hacer.

Cora: Nos han escrito muchos niños.

Tomás: Nos alienta saber que tanta gente busca nuestros consejos prácticos. Como editores de esta revista de consejos, Cora y yo debemos elegir las mejores cartas. Luego los consultamos a ustedes, nuestros expertos, para contestarlas. Comencemos.

Cora: Primero escuchemos a Victoria Vigorosa, nuestra experta en salud.

Vigorosa: Gracias, Cora. Esta breve carta la recibimos de una niña de la Florida. Ella nos dice:

Estimada Victoria Vigorosa:

¿Son los juegos electrónicos una buena manera de ejercitarse?

En espera de su respuesta,
Niña Vídeo

Tomás: Muy bien, Vigorosa. ¿Qué le respondes?

Vigorosa: Ésta es mi respuesta.

Querida Niña Vídeo:

Aunque los juegos electrónicos son divertidos, no son buenos ejercicios. Para ejercitarse se necesita mover el cuerpo y liberar mucha energía. Para eso hay actividades muy buenas que son seguras y divertidas, como saltar la cuerda, jugar al fútbol o correr y saltar con tus amigos.

Tu amiga de la salud,
Victoria Vigorosa

Tomás: Ése es un consejo muy sano, Vigorosa.

Cora: La próxima carta es sobre la amistad.

Tomás: Amigo Leonel es nuestro experto en amistades.

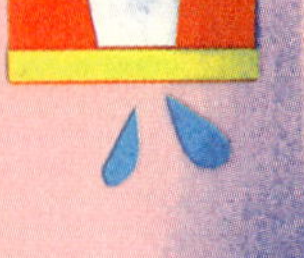

Amigo Leonel: Esta carta la recibimos
por correo electrónico.

Haz que tu voz suba y
baje para demostrar los
sentimientos de quien
escribe la carta.

Estimado Amigo Leonel:
¡Auxilio! Mi padre acaba de
encontrar empleo al otro lado de los
Estados Unidos. Ahora, mi familia
tiene que mudarse. Voy a extrañar mucho
a mis amigos. Creo que no tendré amistades
en la nueva ciudad. ¿Qué debo hacer?
Tu amigo preocupado,
Triste Por Mudarse

Cora: ¡Qué tristeza!
Tomás: Mudarse a una ciudad nueva siempre
es difícil.

Amigo Leonel: Pero el problema es fácil de solucionar. Éste es mi consejo.

Querido amigo Triste Por Mudarse:

No te aflijas tanto. Habla con tus padres y diles cómo te sientes. Estoy seguro que a ellos también les resulta triste mudarse. Dile a tus amigos que los vas a extrañar. Antes de irte, puedes organizar una fiesta de despedida e invitarlos a todos.

Cuando te hayas mudado, te va a ser más fácil hacer amistades si te haces miembro de un club o de grupos donde participan muchos niños. ¡Verás qué rápido tendrás nuevos amigos!

Buena suerte,
Amigo Leonel

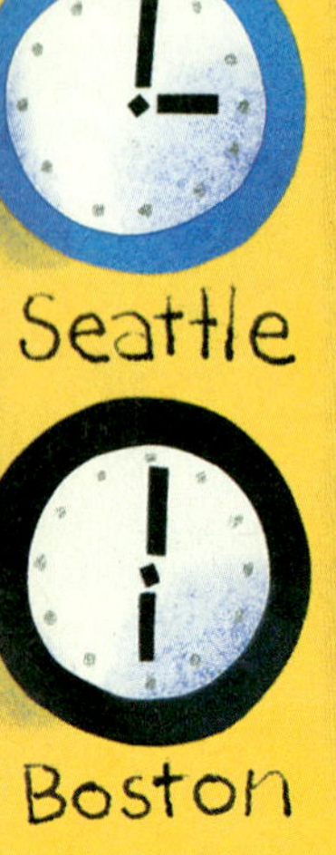

Tomás: Ése es un consejo muy bonito. Bueno. La próxima carta pide consejos para leer.

Cora: El Inspector Polilla es nuestro experto en lectura.

Inspector: Ésta es una pregunta muy frecuente. Es de un niño en California.

Estimado Inspector Polilla:

Me gusta leer, pero no sé cómo elegir un libro. ¿Tiene alguna sugerencia?

Un cordial saludo,
Leo Cantidad

Tomás: A mí también me interesa tu respuesta.
Estoy buscando un libro para leer.
Inspector: Pues esto es lo que le digo.

Querido Leo:

Cuando vas a elegir un libro para leer, primero debes pensar en lo que más te gusta. Busca un libro que te parezca interesante. Trata de leer libros de ficción y de no ficción. También pregúntales a tus amigos y a tus profesores qué libros prefieren ellos. Tal vez te recomienden alguno.

¡No dejes de leer!
Inspector Polilla

Tomás: Ése es un consejo muy sabio.
Cora: La siguiente es una carta sobre las tareas
de la escuela.
Tomás: Agu Deza es nuestra experta en tareas.
Agu Deza: Ésta es una petición que nos llegó a
través de la página web de *¿Qué debo hacer?*
Es de una niña en Ohio.

Cora: ¿Qué crees que debe hacer?

Agu Deza: Ésta es mi respuesta.

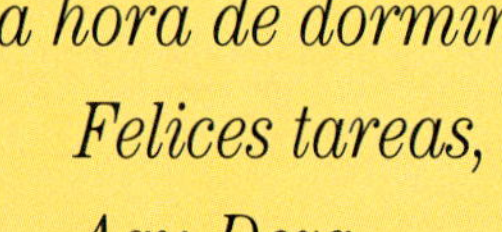

Cora: Y éstas son todas las cartas que recibimos.

Tomás: Bueno, ¿qué cartas vamos a publicar en la revista?

Todos: ¡Todas! ¡Todas las cartas son interesantes!

Cora: Eso mismo pensé yo.

Tomás: ¡Yo también! ¡Y me imagino que hemos terminado la reunión!

Cora: Un momento. Encontré otra carta. Es de un estudiante de Washington, D.C. Dice así.

Estimados editores de ¿Qué debo hacer?:

¿Qué consejo me darían para escuchar consejos de los demás?

Los saludo atentamente,
Necesitado De Consejo

Clave para leer con fluidez

Piensa en cómo te expresarías si le estuvieras dando un buen consejo a un amigo.

Tomás: ¿Qué le dirías, Cora?

Cora: Le diría que el mejor consejo es saber que recibes un buen consejo. Siempre hay que estar seguro de que quien te aconseja conoce del tema.

Tomás: ¡Magnífico trabajo! ¡Esta edición de *¿Qué debo hacer?* será una de las mejores!

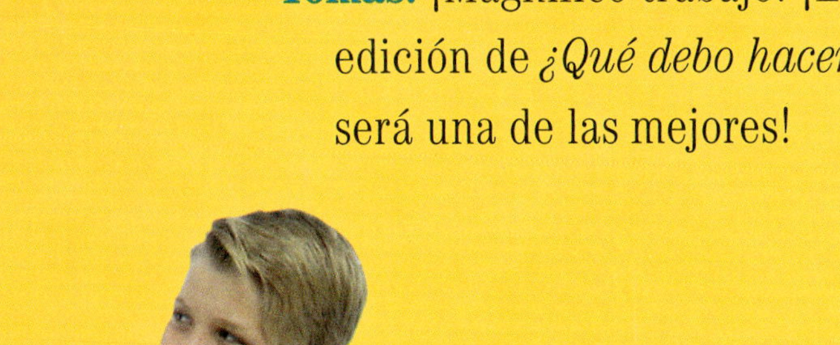

ESTRATEGIAS DE COMPRENSIÓN
Repaso

Lectura de un cuento en capítulos

Enlace a la lectura de un texto de ficción largo

Un cuento en capítulos es un cuento largo dividido en secciones cortas llamadas capítulos. En la página 441 se muestran algunas de las características de esta clase de cuentos. Antes de leer, identifica esas características en un libro.

Repasar las estrategias de enfoque 

Las estrategias que aprendiste en este tema también te ayudan a leer un cuento en capítulos.

 **Usar la estructura del cuento**

Usa tus conocimientos sobre la forma en que se estructuran los cuentos para que puedas comprender mejor la lectura de un cuento en capítulos. Identifica el problema que plantea cada capítulo. Piensa en la trama que el libro desarrolla en su conjunto y observa cómo avanza a medida que lees cada capítulo.

 **Hacer preguntas**

Hazte preguntas antes, durante y después de leer. ¿Qué sucede en cada capítulo? ¿Cómo se comportan los personajes? ¿Qué pasará después?

Piensa en cómo y cuándo puedes usar las estrategias de comprensión mientras lees dos capítulos de "Iris y Walter: Amigos de verdad" en las páginas 441–445.

TÍTULO
El título de un cuento en capítulos generalmente ofrece algunas pistas sobre el contenido de su trama.

NÚMERO Y TÍTULO DEL CAPÍTULO
Cada capítulo puede comenzar con un número, un título o ambos.

1. EL SUEÑO DE IRIS

Iris soñaba con montar al caballo Lluvia, cabalgar por las verdes praderas y pasar por el bosque de pinos hasta llegar a un brillante riachuelo.

—No puedes montar a Lluvia —dijo Walter.

—¿Por qué no? —preguntó Iris.

—Pues —contestó Walter—, porque Lluvia es un caballo salvaje y galopa muy rápido.

Pero el anhelo más grande de Iris era montar al caballo Lluvia.

Al día siguiente, Iris se puso sus botas de vaquero. Se puso su sombrero de vaquero. Y entonces, ella y Walter fueron a ver a Lluvia.

—¡Lluvia, Lluvia, acércate! —gritó Iris. Pero Lluvia dio un resoplido, pateó el suelo y se alejó a todo galope.

—¿Por qué no querrá acercarse a mí? —preguntó Iris.

—Porque a los caballos no les gusta que les griten —dijo Walter.

—Oh —dijo Iris.

Al otro día, Iris le trajo un regalo a Lluvia.

—Lluvia, ven —dijo Iris—. Te traje una de las galletitas sabrosas que hace el abuelo.

Pero Lluvia no le hizo caso.

—¿Por qué no me hace caso? —preguntó Iris.

—Porque a veces los caballos se azoran fácilmente.

—Walter, ¿qué les gusta a los caballos?

—A los caballos les gusta que los llamen con un chasquido, que les den de comer zanahorias y que los acaricien.

—Hmmm —dijo Iris pensativa.

TRAMA
Un cuento en capítulos desarrolla una trama a lo largo de todo el libro. Identifica los problemas y las soluciones particulares que se plantean dentro de cada capítulo.

Iris
y Walter
AMIGOS DE VERDAD
ESCRITO POR ELISSA HADEN GUEST
ILUSTRADO POR CHRISTINE DAVENIER

Piensa en la **estructura del cuento** de este capítulo. ¿Qué problema particular se plantea aquí?

1. EL SUEÑO DE IRIS

Iris soñaba con montar al caballo Lluvia, cabalgar por las verdes praderas y pasar por el bosque de pinos hasta llegar a un brillante riachuelo.

—No puedes montar a Lluvia —dijo Walter.

—¿Por qué no? —preguntó Iris.

—Pues —contestó Walter—, porque Lluvia es un caballo salvaje y galopa muy rápido.

Pero el *anhelo* más grande de Iris era montar al caballo Lluvia.

Al día siguiente, Iris se puso sus botas de vaquero. Se puso su sombrero de vaquero. Y entonces, ella y Walter fueron a ver a Lluvia.

—¡Lluvia, Lluvia, acércate! —gritó Iris. Pero Lluvia dio un resoplido, pateó el suelo y se alejó a todo galope.

—¿Por qué no querrá acercarse a mí? —preguntó Iris.

—Porque a los caballos no les gusta que les griten —dijo Walter.

—Oh —dijo Iris.

Al otro día, Iris le trajo un regalo a Lluvia.

—Lluvia, ven —dijo Iris—. Te traje una de las galletitas sabrosas que hace el abuelo.

Pero Lluvia no le hizo caso.

—¿Por qué no me hace caso? —preguntó Iris.

—Porque a veces los caballos se azoran fácilmente —le contestó Walter.

—Walter, ¿qué les gusta a los caballos? —volvió a preguntar Iris.

—A los caballos les gusta que los llamen con un chasquido, que les den de comer zanahorias y que los acaricien.

—Hmmm —dijo Iris pensativa.

2. EL SUEÑO DE IRIS SE HACE REALIDAD

Al día siguiente, Iris y Walter fueron a ver a Lluvia. Le llevaron zanahorias. Tenían esperanzas de que esta vez se acercara a ellos. Habían hecho un plan. Iris le enseñó una zanahoria a Lluvia.

—Ven acá, Lluvia —dijo, pero Lluvia no venía—. ¿Por qué no viene adonde mí?

—Hazle un chasquido a ver si viene —dijo Walter.

Iris llamó a Lluvia con un chasquido una y otra vez. Lluvia caminó hacia atrás. Caminó hacia los lados. Pero no se acercó a Iris.

—Creo que no le caigo bien a Lluvia —dijo Iris.

—A lo mejor te tiene miedo —dijo Walter.

—No tengas miedo, Lluvia —dijo Iris.

Todos los días, Iris y Walter fueron a ver a Lluvia. Todos los días, Iris le hacía chasquidos y le ofrecía una zanahoria.

Y un día, lentamente, Lluvia se acercó a Iris. Iris sintió en la mano el aliento caliente de Lluvia. Lluvia se le quedó mirando. Y de un mordisco ¡se tragó la zanahoria!

—Oh —dijo Iris.

¿Qué **preguntas** te has planteado hasta ahora? ¿Cómo pueden ayudarte tus conocimientos sobre la **estructura del cuento** a mantenerte atento al desarrollo de los sucesos?

Iris y Walter siguieron visitando a Lluvia día tras día. Le daban zanahorias. Le acariciaban el cuello. Le cantaban canciones muy dulces al oído. Y un buen día, Iris se montó en el lomo de Lluvia.

—¡Agárrate bien, Iris! ¡Agárrate bien! —gritó Walter—. ¡No te sueltes!

Y Lluvia echó a correr. Sobre el lomo de Lluvia, Iris cabalgó por las verdes praderas y pasó por el bosque de pinos hasta llegar a un brillante riachuelo.

—¡Walter! ¿Me viste? —preguntó Iris.

—Eres muy valiente, Iris —dijo Walter.

—Gracias —dijo Iris.

—¿Me dejas montar a Lluvia? —preguntó Walter.

—¡Pues, claro que sí! —dijo Iris.

Cómo consultar el glosario

Al igual que un diccionario, este glosario presenta las palabras en orden alfabético. Para localizar una palabra, sólo debes rastrear su primera o primeras letras.

Con el fin de ahorrar tiempo, lee primero las palabras guía que aparecen en la parte superior de cada página. Éstas indican la primera y la última palabra que se incluyen en esa página. Lee esas palabras guía para saber si la palabra que buscas se encuentra en ese grupo, siguiendo el orden alfabético.

El siguiente es un ejemplo de una entrada del glosario:

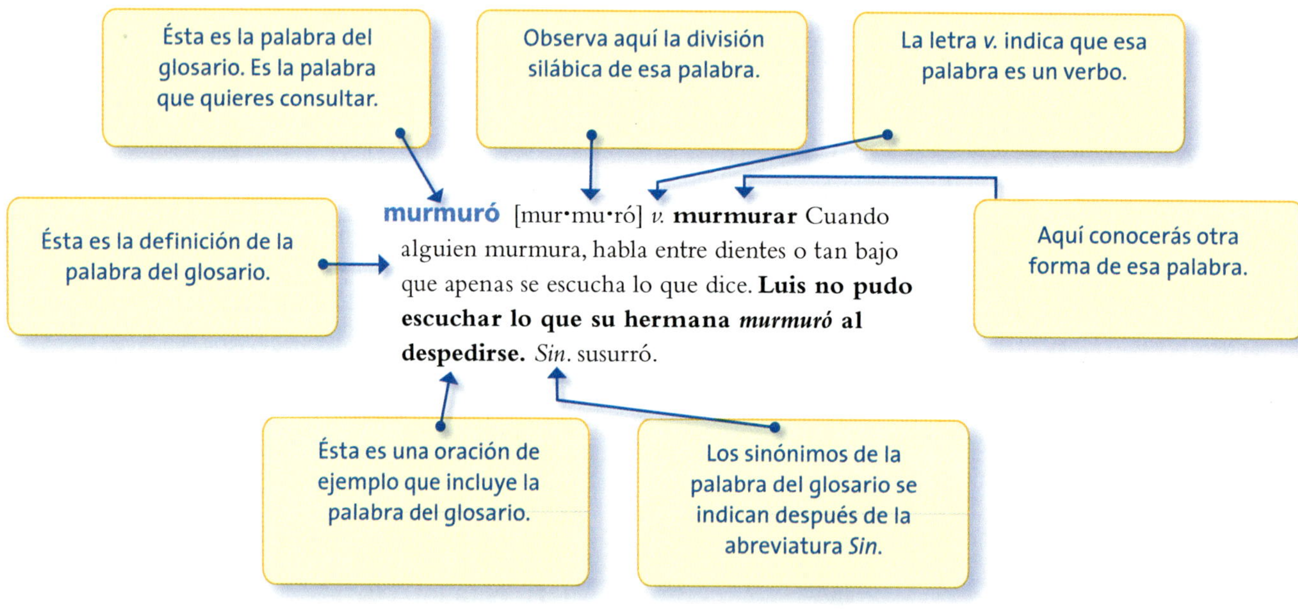

Origen de las palabras

En este glosario encontrarás algunas notas sobre el origen de las palabras o sobre cómo surgieron y cambiaron esas palabras. Frecuentemente, las palabras tienen antecedentes interesantes que pueden ayudarte a recordar lo que significan.

Origen de las palabras

uniforme La palabra *uniforme* proviene del latín *uniformis,* que significa "una sola forma". Por eso, si todos se visten con un mismo tipo de ropa, se dice que llevan uniforme.

La división silábica

Las palabras se dividen en sílabas. Cada sílaba constituye un sonido o un conjunto de sonidos. Las sílabas siempre tienen por lo menos una vocal. En el caso de los diptongos, la sílaba tiene dos vocales, y en los triptongos, la sílaba tiene tres vocales.

REGLAS DE LA DIVISIÓN SILÁBICA

Cada vocal se agrupa con la consonante anterior a ella.

ca·mi·sa   **ma·ña·na**   **a·bue·la**

Las siguientes combinaciones de consonantes son inseparables: bl, br, cl, cr, dr, fl, fr, gl, gr, pl, pr, tr.

blu·sa   **glo·bo**

A excepción de las combinaciones anteriores, cuando hay cualquier otra pareja de consonantes entre dos vocales, cada consonante se agrupa en una sílaba diferente.

bal·sa   **lin·ter·na**

Cuando hay tres consonantes juntas y hay una de las combinaciones de consonantes inseparables, la combinación inseparable se queda junta y la otra consonante se separa y forma parte de la otra sílaba.

tem·blar   **ren·glón**

Cuando hay cualquier otro grupo de tres consonantes, dos consonantes se agrupan con la primera vocal y la otra consonante con la segunda vocal.

cons·tan·te   **ins·tan·te**

Cuando hay cuatro consonantes juntas, se agrupan dos con una sílaba y dos con la otra.

mons·truo   **ins·tru·men·to**

Nota
• **divide las palabras en sílabas**

Abreviaturas: *adj.* adjetivo, *adv.* adverbio, *s.* sustantivo, *v.* verbo, *Sin.* Sinónimo, *Ant.* Antónimo, *Fig.* Figurativo

absorben [ab·sor·ben] *v.* **absorber** Las cosas que se mojan en un líquido, absorben el líquido. **Las toallas *absorben* el agua**. *Sin.* embeben

aclarar [a·cla·rar] *v.* Cuando aclaras algo, estás poniendo en claro o explicando una cosa que antes estaba confusa. **Los detectives se reunieron para *aclarar* un misterio.** *Sin.* esclarecer

agitaba [a·gi·ta·ba] *v.* **agitar** Algo que se agita, se mueve o remueve constante y fuertemente. **La palmera se *agitaba* con el viento**. *Sin.* sacudía

agradable [a·gra·da·ble] *adj.* Algo o alguien es agradable cuando su presencia hace sentir bien a los demás. **El tiempo estuvo muy *agradable* el fin de semana**. *Sin.* placentero

alberga [al·ber·ga] *v.* **albergar** Un árbol alberga o refugia a las aves que duermen en él durante la noche. **El mar *alberga* millones de seres vivos**. *Sin.* hospeda

alentó [a·len·tó] *v.* **alentar** Cuando alientas a una persona, le estás infundiendo esperanza y confianza en sí misma. **El discurso del entrenador *alentó* a los jugadores a ganar el campeonato.** *Sin.* entusiasmó

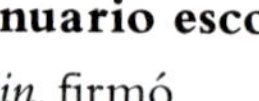

LENGUAJE ACADÉMICO

artículo de revista Un *artículo de revista* es un escrito breve que aparece en una revista y que proporciona información sobre un tema específico. **artículo informativo** Un *artículo informativo* ofrece información sobre una persona o tema en específico y aparece en una revista o periódico.

asamblea [a·sam·ble·a] *s.* Una asamblea es un grupo de personas que se reúne para un fin común. **La escuela organizará una *asamblea* para premiar a los ganadores del concurso de lectura**. *Sin.* reunión, junta

asean [a·se·an] *v.* **asear** Cuando los animales se asean, se limpian o bañan. **Los gatos se *asean* lamiendo su pelaje**. *Sin.* limpian

atrevió [a·tre·vió] *v.* **atrever** Si alguien se atreve a hacer algo es porque está decidido a hacer algo arriesgado. **Luis se *atrevió* a acariciar el oso del circo**. *Sin.* arriesgó

aturdido [a·tur·di·do] *adj.* Cuando estás aturdido, te sientes confundido y no puedes pensar adecuadamente. **El ganador quedó *aturdido* al recibir la sorpresiva noticia de su éxito y no supo qué decir**. *Sin.* atolondrado

aullido [au·lli·do] *s.* Un aullido es un chillido largo y melancólico que dan los lobos, los perros y otros animales. **En esa noche de luna llena oí un *aullido* en el bosque.**

autografió [au·to·gra·fió] *v.* **autografiar** Si alguien te autografía alguna cosa, esa persona escribe su nombre allí. **Mi mejor amigo me *autografió* el anuario escolar**. *Sin.* firmó

autografiar

avisa [a·vi·sa] *v.* **avisar** Si algo o alguien avisa alguna cosa, está comunicando un mensaje o una señal importante. **El detector de humo nos *avisa* si hay fuego en la casa**. *Sin.* alerta, notifica

B

balbuceó [bal·bu·ce·ó] *v.* **balbucear** Cuando una persona balbucea es porque duda al hablar o lo hace con dificultad o muy lentamente. **Por no haber estudiado, Martín *balbuceó* al responder las preguntas del maestro**. *Sin.* titubeó

banquete [ban·que·te] *s.* Si vas a asistir a un banquete, participarás en una comida o cena especial donde se sirven muchos platillos. **En el *banquete* de este año habrá muchas frutas y dulces**. *Sin.* festín

banquete

bastante [bas·tan·te] *adv.* Si tienes bastante de una cosa, tienes lo justo o de más de esa cosa. **Mi mamá compró *bastante* comida para toda la semana**. *Sin.* suficiente

LENGUAJE ACADÉMICO

biografía Una *biografía* es la historia de una persona escrita por otra persona.

boletín informativo Un *boletín informativo* presenta información sobre una organización a una persona o a un grupo de personas.

breve [bre·ve] *adj.* Algo que es breve tiene muy corta duración. **La clase tendrá un *breve* descanso antes de proseguir con el examen**. *Sin.* corto

C

calmaba [cal·ma·ba] *v.* **calmar** Calmarse significa recuperar la tranquilidad. **Mi cachorro se *calmaba* cuando me veía llegar a casa**. *Sin.* tranquilizaba

camuflaje [ca·mu·fla·je] *s.* Cuando algo está camuflado, se confunde con su entorno. **En el invierno, el pelaje de la liebre ártica se torna blanco como la nieve para que le sirva de *camuflaje***.

Origen de las palabras

camuflaje La palabra *camuflaje* proviene del verbo italiano *camuffare*, el cual significa "disfrazar o engañar". Esta palabra comenzó a popularizarse durante la Primera Guerra Mundial, cuando los soldados se mezclaban entre las tropas enemigas para robar sus armas.

chillaba [chi·lla·ba] *v.* **chillar** Cuando algo o alguien chilla, llora con quejidos muy agudos y largos. **El niño *chillaba* porque su mamá no quería comprarle un juguete**. *Sin.* lloraba

chirrían [chi·rrí·an] *v.* **chirriar** Si algo o alguien chirría es porque produce un sonido agudo y desagradable. **Algunos pájaros *chirrían* tan alto que molesta a los oídos**. *Sin.* chillan

coincidencia [coin·ci·den·cia] *s.* Una coincidencia es cuando dos cosas ajenas suceden como si se hubieran planeado. **Fue una *coincidencia* que Laura y Sandra fueran a la fiesta con un vestido idéntico**. *Sin.* casualidad

columna de consejos Una *columna de consejos* ofrece sugerencias sobre cómo podría resolverse un problema y se publica en un periódico o en una revista.

columnas [co·lum·nas] *s.* **columna** Una columna es la estructura alta y cilíndrica que sostiene parte de un edificio. **El techo de la entrada está sostenido por seis *columnas* de mármol.**

columnas

comunican [co·mu·ni·can] *v.* **comunicar** Cuando dos personas o animales se comunican, comparten información. **Una de las muchas maneras en que las personas se *comunican* es por medio de la conversación.**

Origen de las palabras

comunicar La palabra *comunicar* proviene del latín *comunicatus*, que significa "compartir".

confieso [con·fie·so] *v.* **confesar** Cuando tú confiesas algo, estás diciendo la verdad sobre algo malo que hiciste. **Si no *confieso* que yo rompí la ventana, podrían castigar a alguien más por mi culpa.** *Sin.* admito

consejos [con·se·jos] *s.* **consejo** Cuando le das un consejo a alguien, le dices a esa persona lo que tú piensas que debería hacer. **Los *consejos* de mi mamá son muy útiles a la hora de decidir qué ropa ponerme.** *Sin.* sugerencias

consultamos [con·sul·ta·mos] *v.* **consultar** Cuando consultas a alguien, le estás pidiendo información. **Ayer *consultamos* a nuestro entrenador para que nos explicara cómo podíamos saltar más alto.**

cuento popular Un *cuento popular* es un relato de una determinada cultura que se transmite de generación en generación.

cultura [cul·tu·ra] *s.* Una cultura es el conjunto de costumbres y tradiciones de un grupo social. **En la *cultura* occidental, la gente suele darse la mano para saludarse.**

curioso [cu·rio·so] *adj.* Cuando algo resulta curioso es porque llama mucho la atención o despierta el interés de quien lo observa. **Siempre me ha parecido muy *curioso* cómo se comunican los animales entre ellos.** *Sin.* interesante

D

demostración [de·mos·tra·ción] *s.* Una demostración es cuando muestras públicamente cómo se hace una cosa o cómo funciona. **Adriana hará una *demostración* de una nueva técnica en el juego de baloncesto.** *Sin.* prueba

demostración

desilusionada [de·si·lu·sio·na·da] *adj.* Una persona se siente desilusionada o descontenta si algo no salió como esperaba. **Rebeca se sintió *desilusionada* al ver que su regalo no era el cachorrito que esperaba.** *Sin.* decepcionada

desmaya [des·ma·ya] *v.* **desmayarse** Cuando una persona se desmaya, pierde el conocimiento por unos momentos. **Si alguien se *desmaya*, debemos mantener la calma y pedir ayuda.** *Sin.* desfallece

despedir [des·pe·dir] *v.* Despedir es decirle adiós a alguien o pedirle que se vaya. **Al *despedir* la clase, el director nos pidió que lo hiciéramos en orden.**

determinada [de·ter·mi·na·da] *v.* **determinar** Una cosa determinada es algo en particular. **A Miriam sólo le gusta una clase de música *determinada*.**

> **LENGUAJE ACADÉMICO**
>
> **diario** Un *diario* es un registro personal de sucesos que ocurren todos los días.

distinguir [dis·tin·guir] *v.* Cuando alguien distingue algo, observa las diferencias entre una cosa y otra. **Es muy difícil saber *distinguir* el cilantro del perejil.** *Sin.* diferenciar

disuelven [di·suel·ven] *v.* **disolver** Cuando algo se disuelve, se mezcla completamente con un líquido. **Los granos de sal se *disuelven* en el agua.** *Sin.* diluyen

dominar [do·mi·nar] *v.* Cuando dominas algo o a alguien, tienes control sobre esa cosa o persona. **Con mucha práctica y disciplina aprendí a *dominar* el piano.**

edición [e·di·ción] *s.* Una edición es la publicación regular de un periódico o una revista. **Carlos se entusiasmó mucho cuando recibió por correo la nueva *edición* de su revista favorita.**

elevada [e·le·va·da] *adj.* Una cosa que está elevada, está por encima de la superficie o de su posición normal. **Colocaron una vía *elevada* en el camino para los ciclistas.** *Sin.* alta

elogió [e·lo·gió] *v.* **elogiar** Si una persona elogia a otra, le dice que aprecia mucho algo que hizo. **El maestro *elogió* a los alumnos por sus hermosos dibujos.** *Sin.* alabó

encubren [en·cu·bren] *v.* **encubrir** Las cosas se encubren para ocultarlas y evitar que se descubran. **Muchos animales carnívoros *encubren* los restos de sus presas para comérselos después.** *Sin.* esconden

> **LENGUAJE ACADÉMICO**
>
> **ensayo fotográfico** Un *ensayo fotográfico* presenta información principalmente a través de fotos y textos breves.
>
> **entonación** La *entonación* es subir y bajar la voz de manera natural cuando lees en voz alta.

evadiendo [e·va·dien·do] *v.* **evadir** Cuando evades algo o a alguien, evitas a esa persona o cosa. **Los futbolistas son muy buenos *evadiendo* los pies de sus contrincantes.** *Sin.* evitando

experto [ex·per·to] *s.* Un experto es alguien que sabe mucho sobre un tema en particular. **Nuestro entrenador es un *experto* en judo.** *Sin.* especialista

> **LENGUAJE ACADÉMICO**
>
> **expresión** Leer en voz alta con *expresión* significa usar la voz de manera que describa apropiadamente las acciones del cuento y los sentimientos de los personajes.

extravía [ex·tra·ví·a] *v.* **extraviar** Cuando algo o alguien se extravía, no está en el lugar donde debería estar. **Si una persona se *extravía*, la policía hará todo lo posible por localizarla.** *Sin.* pierde

F

fábula Una *fábula* es un cuento corto que enseña una lección sobre la vida. La fábula suele incluir animales que se comportan como personas.

ficción histórica La *ficción histórica* es un relato inventado que se desarrolla en una época del pasado, con personas, lugares y sucesos que sí existieron o pudieron haber existido.

ficción realista La *ficción realista* es un cuento que podría suceder en la vida real.

frasear *Frasear* es agrupar las palabras en partes pequeñas o frases cuando lees en voz alta.

G

género El *género* en literatura es un estilo de escritura, como el género de ficción o el de no ficción.

generosos [ge·ne·ro·sos] *adj.* **generoso** Las personas generosas se sienten bien al compartir lo suyo con los demás. **Mis amigos fueron muy *generosos* al compartir su almuerzo cuando supieron que yo olvidé el mío en casa.** *Sin.* dadivosos

guión noticiero Un *guión noticiero* es un texto que se lee para un público y comunica información sobre sucesos importantes.

H

hambre [ham·bre] *s.* **1.** Hay hambre cuando no hay alimento para todo el mundo. **El *hambre* puede ser causada por una prolongada sequía en una determinada área.** *Sin.* hambruna **2.** Cuando alguien tiene hambre es porque tiene ganas y necesidad de comer. **Camila tiene *hambre* porque no almorzó.**

humillada [hu·mi·lla·da] *v.* **humillar** Si te sientes humillado o humillada es porque alguien te ha ofendido gravemente. **Alicia se sintió *humillada* al saber que Susana no la había invitado a su fiesta de cumpleaños.** *Sin.* ofendida

I

imagina [i·ma·gi·na] *v.* **imaginar** Cuando imaginas algo, crees ver y sentir lo que estás pensando. ***Imagina* un mundo sin pobreza.** *Sin.* Supón

imitar [i·mi·tar] *v.* Si imitas a alguien, estás haciendo lo mismo que esa persona. **A Diana le gusta *imitar* la forma en que se visten sus primas.** *Sin.* copiar

independiente [in·de·pen·dien·te] *adj.* Una persona independiente es una persona que hace algo por sí misma. **Mi hermano menor es un poco más *independiente* desde que aprendió a amarrarse los cordones de los zapatos.**

información en línea La *información en línea* es la que se obtiene a través de los sitios de Internet.

intruso [in·tru·so] *s.* Un intruso es alguien que se entromete sin derecho en los asuntos ajenos. **Me pareció ver un *intruso* escuchando nuestra conversación.** *Sin.* entrometido

invención [in·ven·ción] *s.* Una invención es algo completamente nuevo que alguien ha hecho. **Esta *invención* de los científicos hará la vida más fácil para todos.** *Sin.* invento

investigaciones [in·ves·ti·ga·cio·nes] *s.* **investigación** Cuando se realiza una investigación, se reúne toda la información posible sobre un tema determinado. **La NASA ha realizado innumerables *investigaciones* sobre el espacio sideral.** *Sin.* estudios

irresistible [i·rre·sis·ti·ble] *adj.* Algo que es irresistible despierta el deseo de tenerlo. **El olor de las pizzas era tan *irresistible* que no pude evitar entrar a la pizzería.**

laberinto [la·be·rin·to] *s.* Un laberinto es un lugar con caminos confusos hechos a propósito para hacer difícil encontrar la salida. **Encontrar tu casa fue como caminar dentro de un *laberinto*.**

laboratorio [la·bo·ra·to·rio] *s.* Un laboratorio es un lugar donde se realizan experimentos. **El científico trajo equipos nuevos para su *laboratorio*.**

leyenda Una *leyenda* es un cuento basado en sucesos del pasado y suele contener datos verdaderos.

libro de texto Un *libro de texto* es un libro que se usa en las escuelas para enseñar una materia.

línea cronológica Una *línea cronológica* es una gráfica que muestra fechas de sucesos del pasado en el orden en que éstos ocurrieron.

lustradas [lus·tra·das] *v.* **lustrar** Si algo está lustrado es porque tiene brillo. **Las botas lucen más *lustradas* cuando se cepillan.** *Sin.* brillantes

medios [me·dios] *s.* Los medios son las cosas que necesita una persona o animal para su desarrollo. **En el patio de la casa, mi perro tiene todos los *medios* que necesita: una casita, agua y alimento.** *Sin.* recursos

molestan [mo·les·tan] *v.* **molestar** Cuando alguien molesta a una persona o animal, lo incomoda o le causa problemas. **Los visitantes del zoológico nunca *molestan* a los animales.** *Sin.* enfadan

mudado [mu·da·do] *v.* **mudar** Cuando alguien o algo se ha mudado, ha cambiado de forma, sitio o condición. **Este otoño, el arce ha *mudado* su verdor en un follaje rojizo y marrón.** *Sin.* cambiado

murmuró [mur·mu·ró] *v.* **murmurar** Cuando alguien murmura, habla entre dientes o tan bajo que apenas se escucha lo que dice. **Luis no pudo escuchar lo que su hermana *murmuró* al despedirse.** *Sin.* susurró

N

LENGUAJE ACADÉMICO

no ficción La *no ficción* proporciona datos e información sobre personas, lugares y cosas.

no ficción descriptiva La *no ficción descriptiva* explica información e ideas.

O

obedece [o·be·de·ce] *v.* **obedecer** Cuando obedeces, haces lo que se te ordena. **Un ciudadano ejemplar *obedece* siempre las leyes**. *Sin.* respeta, acata

obsequió [ob·se·quió] *v.* **obsequiar** Cuando alguien obsequia algo, está dando esa cosa gratuitamente. **Mi mamá *obsequió* sus flores preferidas a la escuela para que adornaran el jardín escolar**. *Sin.* donó

olor [o·lor] *s.* Un olor es el aroma de cualquier cosa. **A Roxana le fascina el *olor* de las flores en la primavera**. *Sin.* aroma

olor

P

partículas [par·tí·cu·las] *s.* **partícula** Las partes diminutas de una cosa se llaman partículas. **Silvia limpió las *partículas* de polvo que cubrían la pantalla de la computadora**.

patrullando [pa·tru·llan·do] *v.* **patrullar** Las personas autorizadas patrullan un área para vigilarla y protegerla. **Los policías estuvieron *patrullando* mi calle toda la noche**. *Sin.* vigilando

pincha [pin·cha] *v.* **pinchar** Cuando alguien pincha algo, está picando esa cosa con un objeto puntiagudo. **René *pincha* las papas con el tenedor para llevárselas a la boca**. *Sin.* pica, clava

plena [ple·na] *adj.* **1.** Cuando te encuentras en plena tarea, significa que estás en el centro de ella. **Andrés y Maritza estaban en plena discusión del proyecto**. *Sin.* medio **2.** Si una cosa está plena es porque no le falta nada más para estar completa. **No hay felicidad más *plena* que la que se siente cuando cumplimos nuestros deberes**. *Sin.* completa

LENGUAJE ACADÉMICO

poesía La *poesía* usa ritmo e imaginación para expresar ideas y sentimientos.

postales Las *postales* pueden enviarse sin sobre y por correo, y, por lo general, tienen una imagen en una de sus caras.

precisión Cuando lees con *precisión*, lo haces sin cometer ninqún error.

protege [pro·te·ge] *v.* **proteger** Cuando proteges algo, lo pones a salvo. **Norman se *protege* la cabeza con un casco de ciclista**. *Sin.* resguarda

Origen de las palabras

proteger La palabra *proteger* proviene del verbo latino *protegere*. El prefijo *pro–* significa "en frente", mientras que la raíz *tegere* quiere decir "cubrir". Entonces, cuando proteges a alguien, te pones en frente de esa persona como si fueras un escudo.

pudre [pu·dre] *v.* **pudrir** Cuando algo se pudre, se echa a perder y no sirve más. **Si el tomate se *pudre*, no tendremos más remedio que echarlo a la basura.**

LENGUAJE ACADÉMICO

puntuación Para leer correctamente un texto, te será muy útil poner atención a la *puntuación*, como la coma y el punto.

raída [ra·í·da] *adj.* La ropa que está raída, luce vieja y muy usada. **Esta blusa *raída* me servirá para trabajar en el jardín.**

recitó [re·ci·tó] *v.* **recitar** Cuando recitas, dices en voz alta algo que te aprendiste antes de memoria. **Alicia *recitó* los nombres de los 50 estados de la Unión Americana sin mirar ni una sola vez el mapa.**

recomienden [re·co·mien·den] *v.* **recomendar** Cuando recomiendas algo, estás diciendo que eso te parece muy bueno. **Queremos que los maestros nos *recomienden* algunos libros para leer.** *Sin.* sugieran

recursos [re·cur·sos] *s.* **recurso** Un recurso es dinero, materia prima o cualquier cosa que puede usarse en beneficio de algo. **Los *recursos* forestales son importantes para la vida de todo el planeta.**

repararlo [re·pa·rar·lo] *v.* **reparar** Cuando algo se rompe, necesita repararse. **El auto se rompió y el mecánico debe *repararlo* antes de la carrera.** *Sin.* arreglarlo

retazos [re·ta·zos] *s.* **retazo** Los retazos son pedazos de tela que se cosen juntos para hacer colchas y tapices. **Mi abuelita hizo una colcha de *retazos* con la ropa que le quedó pequeña a mi hermana.** *Sin.* retales

retazos

LENGUAJE ACADÉMICO

ritmo Leer a un *ritmo* adecuado significa leer a la velocidad correcta.

ritmo de lectura Tu *ritmo de lectura* es la velocidad máxima en que puedes leer un texto sin equivocarte, pero siendo capaz de comprender lo que lees.

sabio [sa·bio] *adj.* Una persona sabia es aquella que juzga bien las cosas y toma buenas decisiones. **Alfredo es muy *sabio* al elegir frutas y cereales en su desayuno.** *Sin.* inteligente

sacuden [sa·cu·den] *v.* **sacudir** Cuando sacudes algo, mueves de un lado a otro rápidamente una cosa. **Los sapos *sacuden* la lengua para atrapar insectos.** *Sin.* agitan

señal [se·ñal] *s.* Una señal es un sonido o acción que transmite un mensaje. **La luz verde del semáforo es una señal que les indica a los conductores que pueden proseguir.**

sacudir

sílaba Una *sílaba* es la parte más pequeña de una palabra y contiene el sonido de una o más vocales o una o más consonantes.

solicitar [so·li·ci·tar] *v.* Cuando solicitas un puesto, estás pidiendo que se te dé un trabajo. **Roberto llamará a la compañía telefónica para *solicitar* trabajo**. *Sin.* pedir

sospecho [sos·pe·cho] *v.* **sospechar** Cuando sospechas de alguien, crees que esa persona ha hecho algo. **Sospecho que Néstor se comió mi barra de chocolate**.

suspenso En un relato de *suspenso*, algo extraño sucede y sólo se aclara al final del cuento.

susurra [su·su·rra] *v.* **susurrar** Cuando la voz o las cosas susurran, producen sonidos muy suaves. **Escucha como *susurra* el viento entre las hojas de los árboles**.

talento [ta·len·to] *s.* Cuando una persona hace algo muy bien, es porque tiene talento para hacerlo. **El *talento* de Ramón para cantar es asombroso**. *Sin.* don

tareas [ta·re·as] *s.* **tarea** Una tarea es un deber sencillo que tienes que hacer aun cuando no te agrade. **Mi mamá me pidió que la ayudara a hacer las *tareas* de la casa si quería salir al parque**. *Sin.* quehaceres

televidentes [te·le·vi·den·tes] *s.* **televidente** Un televidente es la persona que ve la televisión. **La nueva programación del canal deportivo decepcionó a muchos *televidentes*.**

traduzca [tra·duz·ca] *v.* **traducir** Si traduces algo, estás diciendo o escribiendo algo de un idioma a otro. **Le pediré a Isabel que me *traduzca* del inglés al español esta carta que recibí de Londres**. *Sin.* interprete

trazarte [tra·zar·te] *v.* **trazar** Cuando alguien se traza un plan, está pensando en lo que debe hacer para conseguir su objetivo. **Si quieres mejorar tu ritmo de lectura, debes *trazarte* un plan para lograrlo**.

tutor [tu·tor] *s.* Un tutor es la persona que ayuda a otra con las tareas escolares. **César tiene un tutor que lo ayuda a estudiar matemáticas después de la escuela**. *Sin.* mentor

uniformes [u·ni·for·mes] *s.* **uniforme** Los uniformes son las prendas idénticas que visten los miembros de un grupo para verse todos parecidos. **Juan pudo reconocer a sus compañeros de equipo gracias a sus *uniformes*.**

uniforme

Origen de las palabras

uniforme La palabra *uniforme* proviene del latín *uniformis*, que significa "una sola forma". Por eso, si todos se visten con un mismo tipo de ropa, se dice que llevan uniforme.

vergüenza [ver·güen·za] *s.* Si sientes vergüenza es porque una situación o persona te hace sentir inseguro o apenado. **Gracias a que he practicado mucho, no siento más *vergüenza* cuando leo en voz alta.**

Índice de títulos y autores

Los números de página en color verde se refieren a información biográfica.

Estándares de contenido académico de lengua y literatura en inglés

1.0   Análisis de las palabras, fluidez y desarrollo sistemático del vocabulario

Los estudiantes comprenden las características básicas de la lectura. Seleccionan modelos de letras y saben traducirlas al lenguaje oral mediante el uso de la fonología, la división en sílabas y las partes de la palabra. Aplican este conocimiento para conseguir una lectura fluida tanto en voz alta como en silencio.

Decodificación y reconocimiento de palabras

1.1   Conocer y usar familias de palabras complejas al leer (p. ej., *-ight*) para decodificar palabras que no son familiares.

1.2   Decodificar palabras normales de varias sílabas.

1.3   Leer en voz alta y con fluidez y exactitud un texto narrativo y expositivo con el ritmo, la entonación y la expresión adecuados.

Desarrollo del vocabulario y de conceptos

1.4   Utilizar el cocimiento de antónimos, sinónimos, homófonos y homógrafos para determinar el significado de las palabras.

1.5   Demostrar el conocimiento de los niveles de especificidad entre palabras apropiadas para el grado y explicar la importancia de dichas relaciones (p. ej., perro/mamífero/animal/seres vivos).

1.6   Utilizar el contexto de las oraciones y las palabras para encontrar el significado de palabras desconocidas.

1.7   Utilizar el diccionario para aprender el significado y otras características de palabras desconocidas.

1.8   Utilizar el conocimiento de prefijos (p. ej., *un-, re-, pre-, bi-, mis-, dis-*) y sufijos (p. ej., *-er, -est, -ful*) para determinar el significado de las palabras.

2.0   **Comprensión de lectura**

Los estudiantes leen y comprenden material adecuado para el grado escolar. Hacen uso de una variedad de estrategias de comprensión cuando sea necesario (p. ej., producir y responder preguntas esenciales, hacer predicciones, comparar información proveniente de varias fuentes). Las selecciones de *Recommended Literature, Kindergarten Through Grade Twelve (Literatura recomendada, de Kindergarten a duodécimo grado)* ilustran la calidad y la complejidad de los materiales que deben leer los estudiantes. Además de la lectura escolar normal, para cuarto grado, los estudiantes leen medio millón de palabras anualmente, incluyendo una amplia variedad de textos narrativos y expositivos adecuados para el grado escolar (p. ej., literatura clásica y contemporánea, revistas, periódicos e información en Internet). En tercer grado, los estudiantes logran un progreso substancial hacia esta meta.

Características estructurales de los materiales informativos

2.1   Usar títulos, tablas de contenidos, encabezamientos de capítulos, glosarios e índices para localizar la información en el texto.

Comprensión y análisis de textos adecuados para el grado escolar

2.2   Formular preguntas y respaldar las respuestas mediante la conexión del conocimiento previo con la información literal que se encontró y se infirió del texto.

2.3   Demostrar la comprensión mediante la identificación de respuestas en el texto.

2.4   Recordar puntos fundamentales del texto y hacer y modificar predicciones sobre la información posterior.

2.5   Distinguir la idea principal y los detalles de apoyo en el texto expositivo.

2.6   Extraer la información apropiada y significativa del texto, incluyendo problemas y soluciones.

2.7   Seguir instrucciones escritas sencillas de varios pasos (p. ej., cómo armar un producto o jugar un juego de mesa).

3.0   Comentario y análisis literarios

Los estudiantes leen y responden a una gran variedad de obras significativas de literatura infantil. Distinguen entre las características estructurales del texto y los términos y los elementos literarios (p. ej., tema, argumento, ambientación, personajes). Las selecciones de *Recommended Literature, Kindergarten Through Grade Twelve (Literatura recomendada, de Kindergarten a duodécimo grado)* ilustran la calidad y la complejidad de los materiales que deben leer los estudiantes.

Características estructurales de la literatura

3.1 Distinguir formas comunes de literatura (p. ej., poesía, drama, ficción, no ficción).

Análisis narrativo de textos adecuados para el grado escolar

3.2 Comprender argumentos básicos de cuentos fantásticos clásicos, mitos, historias folclóricas, leyendas y fábulas de todo el mundo.

3.3 Determinar cómo son los personajes de acuerdo con lo que dicen o hacen y de acuerdo a cómo los representa el autor o el ilustrador.

3.4 Determinar el tema subyacente o el mensaje del autor en un texto de ficción y no ficción.

3.5 Reconocer las similitudes de sonidos en palabras y modelos rítmicos (p. ej., aliteración, onomatopeya) en una selección.

3.6 Identificar al hablante o narrador en una selección.

1.0 Estrategias de la expresión escrita

Los estudiantes escriben oraciones y párrafos claros y coherentes que desarrollan una idea central. Su expresión escrita refleja que consideran al público y el propósito. Los estudiantes progresan a través de etapas del proceso de expresión escrita (p. ej., escritura previa, borrador, revisión y edición de versiones sucesivas).

Organización y enfoque

1.1 Crear un solo párrafo:

    a. Desarrollar una oración sobre un tema.

    b. Incluir hechos y detalles simples que sirvan de apoyo.

Caligrafía

1.2 Escribir de manera legible en cursiva o bastardilla unida, usando márgenes y espaciamiento correcto entre letras dentro de una palabra y dentro de las palabras en una oración.

Investigación

1.3 Comprender la estructura y organización de diferentes materiales de referencia (p. ej., diccionario, diccionario de sinónimos, atlas, enciclopedia).

Evaluación y revisión

1.4 Revisar los borradores para mejorar la coherencia y la progresión lógica mediante el uso de una rúbrica establecida.

2.0   Aplicaciones de la expresión escrita (los géneros y sus características)

Los estudiantes escriben composiciones que describen y explican objetos, hechos y experiencias familiares. La expresión escrita del estudiante demuestra un dominio del inglés estándar estadounidense y las estrategias de redacción, investigación y organización delineadas en el estándar de expresión escrita 1.0.

Mediante el uso de las estrategias de expresión escrita de tercer grado delineadas en el estándar de expresión escrita 1.0, los estudiantes podrán:

2.1   Escribir textos narrativos:

   a. Brindar un contexto dentro del cual tiene lugar una acción.

   b. Incluir detalles bien escogidos para desarrollar el argumento.

   c. Brindar un entendimiento profundo sobre el motivo por el cual el incidente seleccionado es memorable.

2.2   Escribir descripciones que usen detalles sensoriales concretos para presentar y respaldar impresiones unificadas de personas, lugares, cosas o experiencias.

2.3   Escribir cartas personales y formales, notas de agradecimiento e invitaciones:

   a. Mostrar su percepción del conocimiento e intereses de la audiencia y establecer un propósito y un contexto.

   b. Incluir la fecha, el saludo correcto, el cuerpo, la conclusión y la firma.

Los estándares para las convenciones del idioma inglés oral y escrito se han incluido entre los de expresión escrita y comprensión auditiva y expresión oral debido a que estas convenciones son esenciales para ambos conjuntos de destrezas.

1.0   Convenciones para el idioma inglés oral y escrito
Los estudiantes escriben y hablan con dominio de las convenciones del idioma inglés estándar apropiadas para este grado escolar.

Estructura de las oraciones

1.1   Comprender y ser capaz de usar oraciones declarativas, interrogativas, imperativas y exclamativas completas y correctas por escrito y oralmente.

Gramática

1.2   Identificar sujetos y verbos que están en concordancia e identificar y usar pronombres, adjetivos, palabras compuestas y artículos correctamente por escrito y oralmente.

1.3   Identificar y usar correctamente los tiempos verbales pasado, presente y futuro por escrito y oralmente.

1.4   Identificar y usar sujetos y verbos correctamente cuando hablen y escriban con oraciones simples.

Puntuación

1.5   Usar la puntuación correcta en fechas, ciudad y estado, y títulos de libros.

1.6   Usar comas en fechas, lugares y direcciones y para elementos en serie.

Uso de las mayúsculas

1.7   Usar las mayúsculas correctamente en nombres geográficos, días feriados, periodos históricos y eventos especiales.

Ortografía

1.8   Deletrear correctamente palabras de una sílaba que tienen combinaciones, contracciones, compuestos, modelos ortográficos (p. ej., *qu*, consonant doubling, changing the ending of a word from *-y* to *-ies* when forming the plural), y homónimos comunes (p. ej., *hair-hare*).

1.9   Organizar palabras en orden alfabético.

1.0   **Estrategias de la comprensión auditiva y la expresión oral**
Los estudiantes escuchan críticamente y responden apropiadamente a la comunicación oral. Se expresan oralmente de manera que conducen al oyente a comprender las ideas importantes mediante el uso del fraseo, la inflexión y la modulación correctos.

Comprensión

1.1   Relatar, parafrasear y explicar lo que ha dicho un orador.

1.2   Conectar y relacionar experiencias, apreciaciones e ideas previas con las del orador.

1.3 Responder preguntas con la elaboración apropiada.

1.4 Identificar los elementos musicales del lenguaje literario (p. ej., rimas, sonidos repetidos, aparición de onomatopeya).

Organización y producción de la comunicación oral

1.5 Organizar ideas cronológicamente o alrededor de puntos de información importantes.

1.6 Proveer un comienzo, un desarrollo y un final, incluyendo detalles concretos que desarrollan una idea central.

1.7 Utilizar vocabulario claro y específico para comunicar las ideas y establecer el tono.

1.8 Aclarar y enriquecer las presentaciones orales mediante el uso de herramientas apropiadas (p. ej., objetos, dibujos, tablas).

1.9 Leer en voz alta prosa y poesía con fluidez, ritmo y tiempo, utilizando la entonación apropiada y los modelos vocales para enfatizar pasajes importantes del texto leído.

Análisis y evaluación de la comunicación oral y de los medios de comunicación

1.10 Comparar ideas y puntos de vista expresados en los medios de difusión e impresos.

1.11 Distinguir entre las opiniones del orador y los hechos verificables.

2.0 Aplicaciones de la expresión oral (los géneros y sus características)

Los estudiantes producen relatos breves y presentaciones orales acerca de las experiencias e intereses familiares que se organizan alrededor de un enunciado de tesis coherente. El habla del estudiante demuestra un dominio del inglés estándar estadounidense y de las estrategias de producción y de organización delineadas en el estándar de comprensión auditiva y expresión oral 1.0.

Mediante el uso de las estrategias de la expresión oral de tercer grado delineadas en el estándar de comprensión auditiva y expresión oral 1.0, los estudiantes podrán:

2.1 Hacer breves presentaciones narrativas:

a. Brindar un contexto para un incidente que es el tema de la presentación.

b. Brindar una apreciación sobre el motivo por el cual el incidente seleccionado es memorable.

c. Incluir detalles bien escogidos para desarrollar personaje, ambientación y argumento.

2.2 Planear y presentar interpretaciones dramáticas de experiencias, historias, poemas u obras de teatro con una dicción, inflexión, tempo y tono claros.

2.3 Hacer presentaciones descriptivas que utilicen detalles sensoriales concretos para plantear y apoyar impresiones unificadas de personas, lugares, cosas o experiencias.

Acknowledgments
For permission to translate/reprint copyrighted material,
grateful acknowledgment is made to the following sources:

*Aladdin Paperbacks, an imprint of Simon & Schuster Children's
Publishing Division:* Cover illustration by Felicia Marshall
from *Loved Best* by Patricia C. McKissack. Cover illustration
copyright © 2005 by Felicia Marshall.

Boyds Mills Press, Inc.: From *Aero and Officer Mike: Police Partners*
by Joan Plummer Russell, photographs by Kris Turner
Sinnenberg. Text copyright © 2001 by Joan Plummer
Russell; photographs copyright © 2001 by Kris Turner
Sinnenberg. Published by Caroline House, an imprint of
Boyds Mills Press.

Curtis Brown, Ltd.: "Good Books, Good Times" from *Good
Books, Good Times* by Lee Bennett Hopkins. Text copyright
© 1990 by Lee Bennett Hopkins. Published by HarperCollins
Publishers. From *Loved Best* by Patricia McKissack. Text
copyright © 2005 by Patricia McKissack. Published by
Aladdin Paperbacks, an imprint of Simon & Schuster
Children's Publishing Division.

Children's Book Press, San Francisco, CA, www.childrensbookpress.org:
"Keys to the Universe/Las llaves del universo" from *From the
Bellybutton of the Moon/Del Ombligo de la Luna* by Francisco
X. Alarcón, illustrated by Maya Christina Gonzalez. Text
copyright © 1998 by Francisco X. Alarcón; illustrations
copyright © 1998 by Maya Christina Gonzalez.

DK Publishing: "The Shepherd Boy and The Wolf" from *The
Lion & the Mouse: And Other Aesop's Fables*, retold by Doris
Orgel, cover illustration by Bert Kitchen. Text copyright
© 2000 by Doris Orgel; cover illustration copyright © 2000
by Bert Kitchen.

Harcourt, Inc.: *The Babe & I* by David A. Adler, illustrated by
Terry Widener. Text copyright © 1999 by David A. Adler;
illustrations copyright © 1999 by Terry Widener. Illustrations
by Christine Davenier from *Iris and Walter: True Friends*
by Elissa Haden Guest. Illustrations copyright © 2001 by
Christine Davenier.

HarperCollins Publishers: *One Small Place in a Tree* by Barbara
Brenner, illustrated by Tom Leonard. Text copyright © 2004
by Barbara Brenner; illustrations copyright © 2004 by Tom
Leonard.

Heinemann-Raintree, Chicago, IL: From *Schools Around the World*
by Margaret Hall. Text copyright © 2002 by Heinemann
Raintree Library, a division of Reed Elsevier Inc.

Henry Holt and Company, LLC: *A Pen Pal for Max* by Gloria
Rand, illustrated by Ted Rand. Text © 2005 by Gloria
Rand; illustrations copyright © 2005 by Ted Rand.

Beverly J. Letchworth: From "Be a Birdwatcher" by Beverly J.
Letchworth in *US Kids* Magazine, March 2000.

*Margaret K. McElderry Books, an Imprint of Simon & Schuster
Children's Publishing Division:* From *The Day Eddie Met
the Author* by Louise Borden, cover illustration by Adam
Gustavson. Text copyright © 2001 by Louise Borden; cover
illustration copyright © 2001 by Adam Gustavson.

Beverly McLoughland: "Surprise" by Beverly McLoughland.
Originally appeared in *Cricket* Magazine, 1985.

National Geographic Society: From *How Animals Talk* by Susan
McGrath. Text copyright © 1987 by National Geographic
Society.

Random House Children's Books, a division of Random House, Inc.:
"The Singing Marvel" from *Birds Do the Strangest Things*
by Leonora and Arthur Hornblow. Text copyright © 1965
by Random House, Inc.; text copyright renewed 1993 by
Leonora and Arthur Hornblow and Random House, Inc.

The Rosen Publishing Group, Inc.: From *I Live in a Town* by
Stasia Ward Kehoe. Text copyright © 2000 by The Rosen
Publishing Group, Inc.

Rosenstone/Wender: From *Iris and Walter: True Friends* by Elissa
Haden Guest. Text copyright © 2001 by Elissa Haden Guest.

Scholastic Inc.: *A Tree Is Growing* by Arthur Dorros, illustrated by
S. D. Schindler. Text copyright © 1997 by Arthur Dorros;
illustrations copyright © 1997 by S. D. Schindler. *Stone Soup,*
retold and illustrated by Jon J Muth. Copyright © 2003
by Jon J Muth. *Ruby the Copycat* by Peggy Rathmann.
Copyright © 1991 by Margaret Rathmann.

Writers House LLC, on behalf of Tony Johnston: "A Beagle Speaks
of Noses" and "Guide Dog" from *It's About Dogs* by Tony
Johnston. Text copyright © 2000 by Tony Johnston.
Published by Harcourt, Inc.

Photo Credits
Placement Key: (t) top; (b) bottom; (l) left; (r) right; (c) center;
(bg) background; (fg) foreground; (i) inset
12 Jane Wooster Scott /SuperStock; 41 Dale Higgins; 42 (bl)
Royalty-Free/Corbis; 42 (tc) Steve Kaufman/Corbis; 46 Rick
Orrell/Shutterstock; 54 (bl) Michael Newman/PhotoEdit;
76 Kerry Bowman/Black Star; 77 David Toerge/Black Star;
88 Lincoln Potter/Danita Delimont Stock Photography; 90 (c)
Charles Crust Photographer; 90 (bl) WizData,inc./Alamy;
91 (tc) © Michael Newman/PhotoEdit; 91 (bl) © Will Hart/
PhotoEdit; 92 (tc) Lincoln Potter/DanitaDelimont.com; 92 (br)
Penny Tweedie/CORBIS; 93 (r) imagebroker/Alamy Images;
93 (bcl) Royalty-Free/Corbis; 94 (bl) Bill Bachmann/Omni
Photos; 94 (cl) Mark Downey/Lucid Images; 95 (tc) Pamina-
Photo Image Library/Alamy Images; 96 (bl) Benvenuti/
gtphoto; 96 (tc) John Birdsall/Almay Images; 97 (bcl) Janine
Wiedel Photolibrary/Alamy Images; 97 (tcr) Spencer Grant/
PhotoEdit; 98 (br) Jose Luis Pelaez, Inc./Corbis; 98 (tl) Tom
Wagner/CORBIS SABA; 99 (b) ALAN ODDIE/PhotoEdit
Inc.; 99 (tc) Dynamic Graphics, Inc.; 100 (bl) Robin Sachs/
Photo Edit; 100 (tc) Royalty-Free/Corbis; 101 (bc) Bob
Daemmrich/PhotoEdit; 101 (tr) Ross Whitaker; 102 (bl) M.
Timothy O Keefe/Omniphoto; 102 (c) Rubber Ball/Getty
Images RF; 103 (bc) Strauss/Curtis/CORBIS; 104 (bl)
Dinodia Photo Library; 104 (tr) Neil Cooper/Alamy Images;
109 (tr) The Image Bank; 112 (bl) PhotoDisc; 113 (tr) NASA;
114 (bl) Bill Howe/Alamy; 114 (cr) NASA-DFRC; 117 IFA
Bilderteam/eStock Photo -- All rights reserved.; 119 NASA/
JPL/Phil Degginger/www.color-pic.com; 120 DigitalVision/
eStock Photo -- All rights reserved.; 120 (bc) NASA/Photo
Researchers, Inc.; 121 (tc) NASA/Contributor/Getty (editorial);
122 Michael Bechner/Shutterstock; 122 (bc) Richard Ross/
Corbis; 124 Joseph De Sciose/Jupiter images; 124 (bc) NASA
or National Aeronautics and Space Administration; 125 (bc) AP
Images; 126 FA Bilderteam/eStock Photo -- All rights reserved.;
126 (tc) NASA Johnson Space Center; (NASA-JSC); 127 (bc)
Photo By Nasa/Getty Images; 128 (c) Image by © CORBIS;
128 NASA, ESA, and A. Nota (STScI/ES/Corbis; 129 (c) Roger
Ressmeyer/Corbis; 130 (c) NASA/Photo Researchers, Inc; 130
Sebastian Kaulitzki/shutterstock; 131 (bc) NASA/Handout/
Getty (editorial); 132 (c) © NASA/CORBIS SYGMA; 132 Bryan
Allen/www.color-pic.com; 133 (bc) Photo By Nasa/Getty
Images; 134 (cl) Tom Tschida/NASA/epa/Corbis; 135 (t) Doug
Baker/NASA; 135 (b) Reuters/Corbis; 137 (tr) NASA-KSC;
152 Carmen Lomas Garza Rights Managed; 155 (bl) Bettmann/
CORBIS; 156 (bl) Library of Congress; 157 (cr) Photonica;
185 (tr) Kris Hundt/Black Star; 185 (bl) Lisa Quinones/Black
Star; 186 (cr) Bettmann/Corbis; 186 (c) Corbis; 186 (bl) Corbis;
186 (c) Kit Kittle/Corbis; 186 (c) Swim Ink 2, LLC/Corbis;
187 (tr) Ariel Skelley/Corbis; 187 (cl) Bettmann/Corbis; 187 (c)
Bettmann/Corbis; 187 (bl) Credit; Associated Press, AP;
Photographer; John Rooney, Staff; 187 (br) Peter Jones/Reuters/
Corbis; 189 (tr) The Granger Collection; 195 (bl) Rudi Von
Briel/PhotoEdit; 196 (t) Ioan Nicolae; RF/Shutterstock; 198 (t)